科学的根拠(エビデンス)で子育て

EVIDENCE

教育経済学の最前線

Makiko Nakamuro
中室牧子

ダイヤモンド社

はじめに

子育てにかかるお金はどんどん高くなっている

教育や子育てにはかなりのお金がかかります。

文部科学省によれば、学用品や給食費など、子どもを学校に通わせることにかかる1年あたりの費用の平均は、公立小学校で約11万円、公立中学校で約17万円です。ところが、学習塾や習いごとなどにかかる費用は、なんとその2倍以上に上ります。

小学校や中学校から私立に通わせている家庭ではもっとお金がかかっています。学費に加え、学習塾や習いごとの費用などをすべて合わせた1年あたりの教育費の平均は、小学校で167万円、中学校で144万円というのですから驚きです。[*1]

しかも、子どもを私立に通わせている家庭が支払った教育費は、景気動向にほとんど影響を受けず、一貫して上昇を続けています。約10年間で、小学校で約20万円、中学校で約16万円も増加しました。この間、日本経済がデフレを経験していたとは、とても信じられません。

こんなにもお金がかかるのに、中学受験は全盛期。２０１５年以降、受験者数は右肩上がりで増加し続け、首都圏では小学6年生の2割近くが中学受験を経験するそうです。教育や子育てにはお金だけではなく、時間もかかります。最近では「時間貧困」という言葉まで生まれ、子育て世代が十分な育児、家事、余暇の時間を取れないことが問題になっています。

子育てに成功した親の話はアテにならない

子どもの教育にここまで多くのお金や時間を費やして、それに見合うような効果があるのだろうか。そんな風に考えたことのある人は少なくないはずです。

しかし、この問いに答えることは容易ではありません。つい、子育てに成功したという親や、優秀な生徒を育てたという指導者の回顧録のようなものに答えを求めてしまいがちですが、これらの情報に触れるときには注意が必要です。

なぜなら「**生存者バイアス**」があるからです。

生存者バイアスとは、事故の生存者の話だけを聞いて、事故のリスクを過小評価してしまうことです。本当はその事故で多数の死者が発生していたとしても、死者の話を聞くことはできませんから、生存者の話だけを聞いて、事故にあっても自分も死ぬことはないと都合よく解釈してしまうということが生じるのです。

教育や子育てに関する情報に触れるときにも同じことが生じ得ます。**多くのお金や時間をかけて子育てに成功した人の話に耳を傾けるだけでは、まったく同じことをしていたのに失敗した人や、あまりお金や時間をかけなかったのに成功した人の話を知ることはできない**からです。

こんな風に考えてみると、教育に効果があるのかどうかを正確に知るためには、ある教育を受けた人、受けなかった人、両方の話をある程度たくさん集めて比較することが必要になりそうです。しかも、その教育を受けてから何十年も経ったあとで、大人になったその人たちが本当に成功しているのかどうかを確認する必要もあります。

果たして、そんなことが可能なのでしょうか。

「データ」を使えば、教育・子育ての効果がわかる

結論から言うと、それは可能です。

なぜそんなことを断言できるのか、その理由を説明するために、少しだけ私自身のこと

を紹介させてください。

私は**教育経済学**を専門にしている研究者です。ひょっとすると、『「学力」の経済学』(ディスカヴァー・トゥエンティワン、2015年)の著者として知ってくださっている方がいるかもしれません。自慢ではありませんが、これは教育や子育てについて書かれた本としては異例の37万部もの売上となり、発売後10年近く経ってもなお、多くの方が手に取ってくださっています。

教育経済学とは、教育にかかるお金や時間、意思決定や成果を経済学の観点で分析する学問分野です。そして、私たち経済学者は、教育や子育てについて分析するとき、「データ」を使います。

最近では、何十万人、何百万人という単位の子どもたちの成績、行動、進路などが含まれる**ビッグデータ**もあります。それだけではありません。1人の人間を生まれたときから長期にわたって調査の対象にし続けたデータの蓄積も進みました。

これによって、**子どもの頃のある時点で受けた教育が、大人になってからの就職、収入、昇進、結婚、健康、そして幸福感などに与える影響を明らかにすることができる**ようになりました。1人の人間の一生のみならず、親、子、孫と3世代を連続で調査したデータまで出てきて、祖父母が孫に与える影響までもが研究の対象になっています。

本書では、さまざまなデータを駆使して得られた**科学的根拠**（エビデンス）に基づいて、教育や子育てに有益な提案をします。

成績よりも受験よりも「学校を卒業したあと役に立つ」教育こそ重要

ここで、本書が考える教育の「成果」について触れておきたいと思います。

私たちは、学校を卒業して社会に出ると、急に「勉強だけできても役に立たない」と感じることが多くなります。実際に、企業が新卒採用で重視することの上位3つは、学生の「コミュニケーション能力」「主体性」「チャレンジ精神」だそうです。[*2] 結婚相手に求めることの上位3つは、男女ともに、「人柄」「家事・育児に対する能力や姿勢」「仕事への理解と協力」だそうです。[*3] 意外にも、こうしたランキングで、「学力」や「学歴」が上位に入ってくることはありません。

子どもたちが小さい頃には口うるさく勉強、勉強と言っておきながら、大人になったら急に「勉強だけできても役に立たない」「必要なのはコミュ力や家事力だ」などと言いだすのはあんまりではないでしょうか。

なぜ、こんな辻褄の合わないことになってしまうのか。それは私たちが、成績や受験のような短期的な成果にばかり目を向け、長期的な成果を軽視してきたからではないでしょうか。

しかし、**教育や子育ては、短期的な成果よりも長期的な成果のほうが重要**です。たとえば、社会に出てから華々しく活躍していれば、小学校のときの成績不振や中学受験の失敗など、過去の笑い話に過ぎなくなるからです。

ですから本書は、成績や受験といった「学校の中での成功」だけをゴールにはしません。**学校を卒業したあとにやってくる、人生の本番で役に立つ教育とは何かを問うていきます。**

信頼できる「エビデンス」で、あなたの子育てを助けます

最後に、本書のセールスポイントを明確にしておきます。

本書の内容は、**すべて国際的に権威ある学術雑誌に掲載された信頼性の高いエビデンスに基づいています。**学術論文は、研究者の才能、努力、忍耐（そして時々、執念）を結集して、世に送り出されたものです。「どのような教育に効果があるのか」という問いに鮮やかに答えた、優れた学術論文も多く存在しますから、これを知っておくことは有用です。

ところが、学術論文を正しく読み解くことは簡単ではありません。英語で書かれていま

すし、専門用語や数式なども遠慮なく使われます。しかも、論文の購読は有料で、1本につき数千円を支払わなければならないこともあります。

そして論文とひとくちに言っても、質の異なる膨大な量の論文がありますから、どれが信頼性が高いのか、どれが主流の見解なのか、どれが注目されている新たな発見なのかということがわかりにくいという問題もあります（残念ながら、今流行の生成ＡＩであっても、この判断は難しいと思われます）。

ですから、本書では、教育経済学の研究に長年携わってきた専門家である私自身の知識と経験を総動員して、**信頼性の高い学術論文の内容をできる限りわかりやすく説明**するように努めました。

そして本書を特徴づけるものとして、敢えて次のようなエビデンスを含みました。１つ目は、**「効果がなかった」「悪影響があった」ことを示したエビデンス**です。

実は、教育はお金や時間をかければかけるほど良いというものではありません。中には、さんざんお金や時間をかけたのに、子どもに悪影響をもたらした教育法も存在します。専門家が開発したものや、善意で生み出された教育法であったとしても、それが効果的であるという保証はどこにもありません。私たちが過去の失敗を繰り返さないためにも、「効果がなかった」「悪影響があった」というエビデンスを知ることには意味があります。

2つ目に、**世の中の通説とは逆のことを示すエビデンス**です。実は、こうしたエビデンスは驚くほど世の中に知られていません。固く信じていることを疑う人が少ないからでしょう。ですから、本書の中には、いまだ専門家以外にはあまり知られておらず、皆さんをあっと驚かせるであろうエビデンスもたくさん含めました。

しかし、読み進めていただく上で注意していただきたいことがあります。本書における「エビデンス」とは、あくまである集団に対する平均的な効果を指しています。このため、そのエビデンスがすべての子どもに当てはまるとは限りません。それぞれの子どもの個性を踏まえて、活かしていくことが大切です。

また、本書は、経済学を学んだことがない人にもその面白さを味わってもらいたいと考えて、数式や専門用語をほとんど用いていません。それがゆえに、専門家から見れば、説明が不十分だとか、単純化されすぎていると感じる部分もあるかもしれません。どうか本書の内容を正しい教育や子育ての決定版だと信じ込むことなく、皆さん自身が調べたり、考えたりすることのきっかけとしていただければと思います。

「結局は、人が人を教育するのである」。これは、私がまだ大学生だった頃、優れた研究者でもあり文芸評論家でもあった故・江藤淳先生が慶應義塾大学の最終講義でおっしゃったひとことです。[*4]

私たちのほとんどが、人生のどこかで「人を育てる」役割を担います。時に親として、教員として、指導者として、上司として、先輩として、誰かを育てていかなければなりません。それにもかかわらず、人を育てるための効果的な方法や技術を学ぶ機会は多くありません。

本書はデータや経済学、それが生み出すエビデンスの力を使って、「人を育てる」あなたを助けます。

目次

科学的根拠(エビデンス)で子育て——教育経済学の最前線

第2章 学力テストでは測れない「非認知能力」とは何なのか？

第3章 非認知能力はどうしたら伸ばせるのか?……68

第4章

親は子育てに時間を割くべきなのか？……89

第5章 勉強できない子をできる子に変えられるのか？……124

第6章

「第1志望のビリ」と「第2志望の1位」、どちらが有利なのか？ …… 150

第9章

日本の教育政策は間違っているのか？……212

第10章 エビデンスはいつも必ず正しいのか？……255

第1章

将来の収入を上げるために、子どもの頃に何をすべきなのか？

将来の収入を上げるために、子どもの頃にやっておくべきことベスト3

私たちの「人生の本番」は、学校を卒業したあとにやってきます。

経済学では、「将来の収入」は、学校を卒業したあとの教育の成果の1つだと考えます。将来、高い収入を得られるように子どもを育てることが子育ての成功だなどと言われると、抵抗を感じる人は多いかもしれません。しかし、子どもたちが、将来しっかり稼ぐ力を身に付けて、経済的に独立することは大切なことです。慶應義塾の創設者である福澤諭吉もかつて「金銭は独立の基本なり、これを卑しむべからず」という名言を残しています。

第1章から第3章では、子どもたちが将来しっかり稼ぐ力を身に付けられるよう、3つの方法をご提案します。それは、（1）スポーツをする、（2）リーダーになる、（3）非認知能力を高める、という3つです。この章では、前の2つを取り上げます。

スポーツをすることは将来の収入を上げる

「将来しっかり稼ぐ大人に育てる」方法の1つ目は、子どもたちがスポーツをするよう仕向けることです。子どもの頃のスポーツ経験が将来の収入に良い影響を与えることを明らかにしたエビデンスは多くあります。

たとえば、パデュー大学のジョン・バロン教授らは、アメリカの**高校で課外活動としてスポーツをしていた男子生徒は、スポーツをしていなかった同級生と比べて、高校を卒業して11〜13年後の収入が4・2〜14・8%も高い**ことを明らかにしています。[*1] 同じくアメリカの、しかし別のデータを用いた研究では、高校でスポーツの部活動をしていた男子生徒の卒業から16年後の収入が、部活動をしていなかった生徒より21・4%も高いことを示しています。[*2]

どうして、子どもの頃のスポーツ経験が、大人になってからの収入を上げるのでしょうか。主に2つの理由があると考えられています。

理由1 採用で有利になる

1つ目は、企業がスポーツ経験のある人を好んで採用したいと考えるからです。

ノルウェーで行われた研究は、求人を出している企業に対して、写真や経歴などはすべて同じで、スポーツ経験の有無だけが違う架空の履歴書をランダムに送り、面接に呼ばれる確率にどのくらい差が出るかを調べました。

その結果、**スポーツ経験があると書かれた履歴書を送ると、面接に呼ばれる確率が約2ポイントも高くなる**ことが示されました。[*3] ちなみに、「ポイント」というのはパーセント(%)の差分に用いられます。たとえば、50%から51%になった場合は、1ポイント高くなったことになります。ポイントとパーセントを混同しないようにして読み進めてください。ここでの2ポイントの増加はかなり大きな変化です。

しかも、建設業や介護職など体力の求められる仕事では、この効果は約2倍になるということですから、企業は、スポーツをしていた人は体力があると考えており、そういう人を積極的に採用しようとしたことがわかります。

理由2 忍耐力やリーダーシップが身に付く

2つ目は、スポーツ経験によって、忍耐力、リーダーシップ、責任感、社会性などが身に付くと考えられるからです。

前出のノルウェーの研究は、大規模な**行政記録情報**（出生届など、行政が日々の業務を通じて記録した情報）を用いて、同じ家庭で育った14万人のきょうだいを比較する研究もしています。遺伝的にも似ており、同じ家庭で育ったきょうだいのうち、片方がスポーツをして、もう片方がしなかったケースで、将来の収入にどれくらい差が出るかを調べたのです（このように、きょうだいや双子を比較する手法を「**きょうだい固定効果法**」と呼びます）。

分析の結果、**きょうだいのうち、スポーツをしていたほうの年収が、スポーツをしていなかったほうよりも約4%高い**ことがわかりました。

このように、スポーツ経験があることによる賃金の上乗せ分を、スポーツの「**賃金プレミアム**」と言います。そして、この賃金プレミアムのほとんどが、きょうだいのうちスポーツをしていたほうの忍耐力、リーダーシップ、責任感、社会性などの「**非認知能力**」が高いことによるものだとわかったのです。[*3] 非認知能力については、このあと第2章で詳しく説明します。

スポーツをしても勉強はおろそかにならない

スポーツをすると、その分勉強がおろそかになってしまうということはないのでしょうか。1日は24時間しかありませんから、スポーツに時間を割けば、その分勉強する時間が減ってしまうかもしれません。これを経済学では、**「時間配分の代替効果」**と呼びます。

しかし、その心配には及びません。**週1〜2回のスポーツは、週に30分程度テレビやスマホを見る時間を減らす**ことを示したエビデンスがあります。[*4] つまり、時間配分の代替効果は「スポーツをする時間」と「勉強する時間」とのあいだで生じるのではなく、テレビやスマホのような「受動的な活動の時間」とのあいだに生じているのです。

それどころか、スポーツをすることは学力を高めることがわかっています。たとえば、ドイツのデータを用いた研究は、**3〜10歳のときに放課後にクラブでスポーツをした経験があると、小学校の成績が偏差値で1・9も高くなる**ことを明らかにしています。

ところが、小学生から高校生のあいだにスポーツをすることは良い効果があるというエビデンスが多いのに対して、大学生については研究の結果が分かれています。[*5] 大学でのスポーツ経験者の約半数はスポーツ未経験者よりも卒業後の収入が低くなっているのです。

したがって、大学生にとってはスポーツをすることが必ずしも良い結果になるとは限らないということになるでしょう。[*6] 大学生にとっては、「スポーツをする時間」と「勉強する時間」のあいだに代替関係があるのかもしれません。

スポーツの良い効果は女子のほうが大きい

また、スポーツの効果には、**異質性**があります。異質性とは、経済学者がよく使う専門用語の1つで、個人の特徴や属性によって異なる効果が生じることです。たとえば、「性別の異質性」と言えば、男女で効果が異なることを意味します。この言葉は、このあとも本書を通じて何度か登場しますから、覚えておいてください。

意外かもしれませんが、実はスポーツの良い影響は、女子のほうが大きいという複数のエビデンスがあるのです。アメリカのデータを用いたある研究では、**小学校の週あたりの体育の時間が0〜35分だったところを70〜300分に増やしたときに、男子には影響しなかったものの、女子の学力が上がった**ことが示されています。[*7]

これ以外にも、アメリカで1972年に行われた法改正を利用した有名な研究もあります。少し背景を説明すると、アメリカ議会は、1972年に公民権法を改正し、公立学校における男女差別を禁止しました。その結果、スポーツをする女子生徒の割合を男子生徒と等しくなるまで高めなければならなくなったのです。

法改正が行われる前年の1971年には、アメリカの高校における女子のスポーツ参加率の平均は7％程度にすぎず、男子の50％には遠くおよびませんでした。それが、改正から6年後の1978年には30％程度にまで上昇しました。

この状況に注目したのがミシガン大学のベッツィ・スティーブンソン教授です。男子生徒と同率にするという目標を達成するために、スポーツをする女子生徒を大幅に増加させなければならなかった州と、もともとスポーツをする女子生徒が多かったので小幅の増加にとどまった州を比較したのです。

その結果、スポーツをする女子生徒が大幅に増加した州では、彼女らのその後の教育水準も高まっていたことがわかりました。**女子のスポーツ参加率の増加は、彼女らの教育年数を0・12年伸ばし、大学進学率を3ポイント上昇させ、卒業後に就労する確率を1・5ポイントも高めました**[*8]。

ちなみに、スティーブンソン教授の用いた研究の方法を、「**自然実験**」と呼びます。人為的に実験をするのが難しいような状況でも、制度や法律の変更によって生じる偶然を利用して、あたかも実験が行われたかのような状況を見出したのが特徴です。

スポーツをすると欠席が減り、自尊心が高まる

スポーツの好影響は、学力や学歴、収入にとどまりません。

スポーツをすると、欠席が減少することを示したエビデンスがあります。これには異質性があり、もともと成績が悪かった生徒に効果が大きいことがわかっています。[*9]

また、**スポーツをすると自尊心に良い影響がある**ことを示したエビデンスもあります。[*10]

そして、**高校在学中の女子生徒のスポーツ参加率が10ポイント高くなることで、その後の成人女性の検挙数が人口1000人あたり約0・5人減少し、犯罪が減った**ことが示されています。スポーツの良い影響は当の生徒たちに対してだけでなく、広く社会全体にもたらされる便益があると言えるでしょう。[*11]

ところが、子どもたちがスポーツをする機会として大切にされていた放課後の「部活動」は、廃止・縮小の動きが出てきています。部活動の指導は教員が担っていることが多く、教員の長時間労働の要因となっているからです。特に中学校教員は、1日あたり平均41分、休日には2時間9分もの時間を部活動の指導に充てていることを示した調査もあります。[*12]教員の「タダ働き」で部活動を維持することは望ましくありません。[注1]

しかし、子どもたちが放課後にスポーツをする機会を確保しつつ、教員の労働時間の削減に成功している例が出てきています。

たとえば、埼玉県戸田市は、中学校の部活動指導をプロの指導員を擁する一般企業に委託することで、教員の負担を減らしつつ部活動を充実させています。東京都渋谷区のように、近隣の中学校が合同で部活動をしている自治体もあります。要するに部活動の「シェア」です。

これに加えて公費のみならず一部は受益者負担にするなどして、部活動指導の報酬をきちんと確保する。教員がみずから希望して部活動指導にあたる場合は、兼業・兼職を認めた上できちんと追加的な報酬を支払う。さまざまな手段を講じて、放課後に子どもたちがスポーツをする機会を充実させることが重要です。

リーダーになることも将来の収入を上げる

「将来しっかり稼ぐ大人に育てる」方法の2つ目は、子どもたちが積極的にリーダーになるよう仕向けることです。

そもそも、リーダーとしての経験をほかのさまざまな経験と区別して数値化することができるのでしょうか。

カリフォルニア大学サンタバーバラ校のピーター・クーン教授らは、アメリカの高校生についての豊富な情報が含まれた複数のデータを用いた研究を行いました。[*13]

なかでもとりわけ「才能調査」は、アメリカの40万人もの高校生が、丸2日間、400問もの質問を含むアンケート調査やインタビューに協力して行われた大規模な調査で、高校生の行動や人格、能力に関するさまざまな情報が含まれています。

「才能調査」のデータによれば、22・0％の男子生徒が、3年間の高校生活のあいだに少なくとも1度は部活動のキャプテンや生徒会の会長などのリーダーを経験しているということです。

これ以外にも、「自然と人がついてきてくれるかどうか」とか「自分は影響力があるほうだと思うか」といったリーダーとしての資質に関する自己評価の質問や、「50人以上の前で話をすることがあるか」とか「会議の議長をすることがあるか」といったリーダーとしての行動を問う質問もありました。

さらに、この調査の対象になった高校生たちは、9～13年後にもう一度インタビューされましたから、クーン教授らは、高校時代のリーダー経験が就職したあとの収入に与える影響を調べることができました。

分析の結果、**高校時代にリーダーシップを発揮した経験がある人は、そうした経験のない人に比べると、高校を卒業して11年後の収入が4〜33％も高くなる**ことが示されたのです。

もう少し具体的に言うと、高校時代に運動部のキャプテンだった男性は、部活動に参加してはいたもののキャプテンではなかった人と比較すると、11年後の収入が4・2％も高くなります。

また、リーダーシップに関する自己評価が上位3％の人たちは、自己評価が平均以下の人たちよりも11年後の収入が16・2％も高くなります。リーダーとしての行動を取った頻度が上位3％の人たちは、頻度が平均以下の人たちよりも11年後の収入が32・5％も高くなるということがわかったのです。

加えて、高校在学中にリーダーだった人は、高校を卒業して11年後に管理職に就く確率も高くなっていました。リーダー経験の賃金プレミアム（リーダー経験があることの賃金の上乗せ分）は、彼らが将来管理職になったときにもっとも大きくなることが示されています。

しかし、リーダー経験が、キャリアのどの時期に有利に働くかについては、いくぶん見解が分かれています。クーン教授は、管理職になったあと、つまりキャリアの中盤に影響が大きいことを示していますが、むしろキャリアの初期や採用の時点で有利になることを示すエビデンスもあります。

中でも、スウェーデンの3つの有名大学における「学生組合」の選挙データを用いた研究は有名です。[*14]

スウェーデンでは、大学の経営に関する意思決定は、学長・副学長を含む14人のボードメンバーが行うことが法律で定められています。この14人の中には、学生の代表として、学生組合のリーダーも含まれ、彼ら彼女らも参加します。このため、学生組合のリーダーの役割は非常に重く、本格的な選挙が行われることが知られています。しかし、政治家を選ぶ選挙とは異なり、世論調査もありませんので、立候補する学生自身は自分が当落線上にいるのかどうかはよくわかりません。

この状況を利用して、当落線上ぎりぎりのところで選挙に勝ってリーダーに選出された人と、逆にぎりぎりのところで負けてリーダーになれなかった人を比較したのがスウェーデンの国立研究機関である労働市場・教育政策評価機構のマーティン・ランディン准教授らです（このような分析手法を「**回帰不連続デザイン**」と呼びます）。

こうすることで、選挙の時点での周囲からの評価はほとんど変わらないのに、リーダーを経験できたかできなかったかという違いが生じ、リーダー経験がもたらす効果をより正確に知ることができます。

この研究では、**選挙に当選して実際にリーダーになった学生は、落選した学生に比べて、選挙後3年以内に高収入の仕事に就く確率が高い**ことがわかりました。

リーダーになると将来の採用や就職で有利になる

リーダー経験があると、採用で有利になることを示したエビデンスもあります。[*15] ベルギー北部のフランダースで、企業に対して架空の履歴書を送り、どのような経歴や経験を持つ人が面接に呼ばれるかを確かめる実験が行われたのです。700件の求人に対して、次のような4つのパターンの架空の履歴書がランダムに送られました。

●履歴書の4パターン

パターン1：成績は普通で、リーダー経験もない
パターン2：成績は良いが、リーダー経験がない
パターン3：成績は普通だが、リーダー経験がある
パターン4：成績も良く、リーダー経験もある

図1-1 リーダーになれば、採用・就職で有利になる

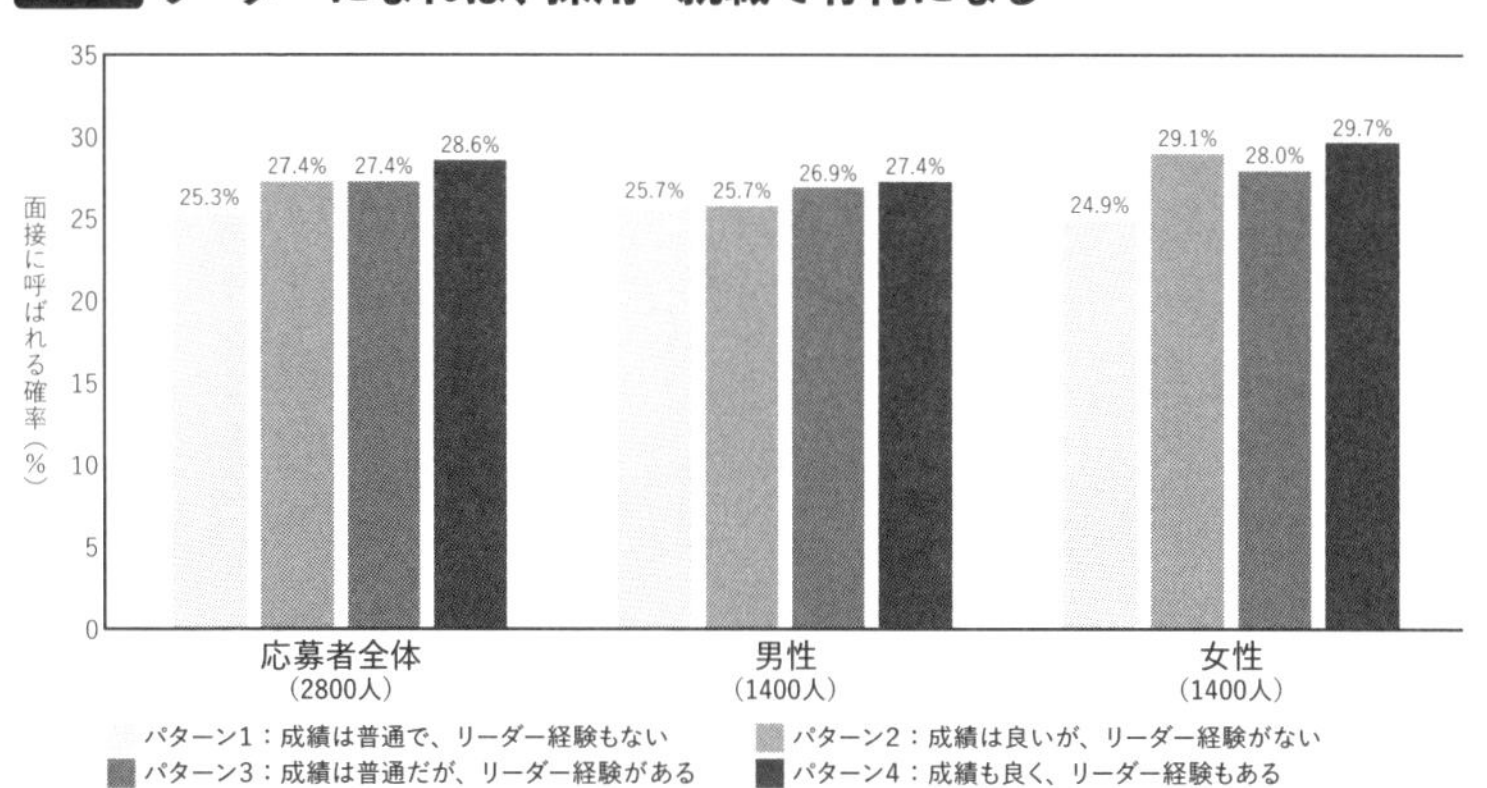

（注）棒グラフは、面接に呼ばれた確率を示す。履歴書はすべて架空のもので、大学時代の成績とリーダー経験について4つのパターンがある。ここでの成績優秀者は上位15%以内を指す。
（出所）Baert & Verhaest (2021)の 11頁のFigure 1を抜粋。

ちなみに、このような研究手法を、「**ランダム化比較試験**」と呼びます。医学の分野で治療や薬の効果を明らかにするために行われる「臨床試験」や「治験」も、ランダム化比較試験です。医学の分野では、「ゴールドスタンダード」とされる信頼性の高い研究手法です。これが近年、経済学でも広く用いられるようになってきました。マサチューセッツ工科大学のアビジット・バナジー教授らは、こうした変化を主導した功績によって、2019年にノーベル経済学賞を受賞しています。

本書では、これ以降も「実験」という表現を用いますが、特にことわりがない限り、すべてランダム化比較試験のことだと考えてください。

さて、この4パターンの架空の履歴書について、面接に呼ばれる確率を比較したのが**図1−1**です。**リーダー経験があることが記載された履歴書は、面接に呼ばれる確率が2・1〜3・3ポイントも高い**（パターン1と3および2と4を比較）ことがわかります。それだけでなく、これには異質性があり、特に履歴書に書かれた性別が女性の場合に大きな効果がありました。

優れた「上司」はチーム全体の生産量を大きく増加させ、部下が離職する確率を低下させることを明らかにしたエビデンスがあります。[*16] ですから、リーダー経験がある人は、将来の管理職候補として有望だというサインになって、採用で有利になるのかもしれません。

リーダーになると学力や学歴も高まる

学力や学歴についてはどうでしょうか。部活動のキャプテンや生徒会の会長をすることで、勉強がおろそかになってしまう「時間配分の代替効果」が生じないかということが気になるところです。

しかし、中国のデータを用いて行われた研究によれば、**リーダー経験があると学力はむしろ高くなる**ことがわかっています。[*17] 確かに**リーダーになることで勉強時間は減るのです**

が、勉強に対する意欲や自主性は高まり、勉強時間の減少を相殺して余りある効果を発揮するということです。

クーン教授らの研究でも、**リーダーの経験がある高校生は、同程度の学力でリーダーの経験がない高校生と比較すると、24%も4年制大学に行く確率が高く、38%も大学院に行く確率が高い**こともわかっています。リーダーになれば、学力や学歴も高まると言えるでしょう。

クーン教授の研究は男性のデータしか用いていませんでしたが、最近ではリーダー経験の賃金プレミアムは、女性のほうが大きいというエビデンスがあります。[*18] 中には**女性にとってのリーダー経験の賃金プレミアムは約8%**にも上るという推計もあるのです。

高校時代にリーダーだった女性は、卒業後に収入の高い管理職に就く傾向があることが理由のようです。研究によっては、管理職割合や収入の男女格差のほとんどは、男女のリーダー経験の差で説明できると主張するものもあるほどです。

リーダーシップは「才能」ではなく、習得できる「スキル」である

リーダーシップとは、生まれながらにして備わった才能なのでしょうか。前出のクーン

教授らが用いた「才能調査」には、生徒が高校生活で何回リーダーを経験したかのデータがあります。これを見ると、学校ごとに相当ばらつきがあり、リーダーとしての経験を積極的に積ませる学校と、そうでもない学校があることがわかります。

クーン教授らは、この学校ごとのばらつきを利用して、高校3年間で**リーダーとしての経験をより多く積んだ生徒のほうが、リーダーシップスキルが高くなっている**ことを発見しました。

私も大学のゼミで、なるべく多くの学生にリーダーの役割を経験してもらうように工夫しています。なぜなら、リーダーになった学生はみるみるうちにグループの意見をまとめて集約することや、大勢の前で説得力のある話をすることに上達していくからです。やはり、リーダーシップとは、天賦の才能として与えられたものではなく、経験を積むことによって習得できる「スキル」だと実感するのです。

では、子どもたちがリーダーになるよう促すにはどうしたらいいのでしょうか。政治学の研究では、約4000人の高校生と大学生を対象に、リーダーの代表格とも言える「政治家」に立候補しようという野心がどのように生まれるのかということを明らかにしています。*[19]

その答えは、親から立候補を勧められたとか、親と一緒に投票に行ったという経験にあるようです。ですから、親や周囲の大人が、子どもたちに対して積極的にリーダーシップをとるように働きかけることは有効でしょう。

そして、リーダーシップと性格の関係に注目してみると、「自分に自信がある」などの性格的な特徴はリーダーシップの有無とはほとんど相関がありません。その一方で、**「社会性」、つまり人々と共に過ごすことに喜びや楽しみを見出しているかどうかはリーダーシップと強い相関がある**こともわかっています。

そして、この「社会性」は、近年、経済学の研究が特に注目している「非認知能力」の1つなのです。次の章では、非認知能力とは何かを改めて述べつつ、「学校や家庭の中で非認知能力を伸ばすことができるのか」を検討していきます。

コラム

偏差値の高い学校に行くと、将来の収入は上がるのか？

「将来、しっかり稼ぐ大人に育てるための近道は、偏差値の高い大学へ行かせることだ」と考える人は多いかもしれません。しかし、有力な研究の多くが、偏差値の高い大学に進学することが将来の収入に与える効果はほとんどない、あってもきわめて小さいことを示しています。

有名な研究の1つは、マセマティカ研究所のステイシー・デール研究員らの研究です。[*20] デール研究員らは、2つのデータを突合して分析を行っています。1つは1976年にアメリカ国内の大学に入学した人が「どの大学に合格し、どの大学に不合格で、最終的にどの大学に進学したか」というデータです。もう1つは、その人たちの1996年時点の収入のデータです。

なぜそんな面倒くさいことをしなければならないのか、単純に偏差値の高い大学と低い大学の卒業生の収入を比較すればよいのではないか、と思った人もいるでしょう。なぜそうした比較では不十分なのか、皆さんもよくご存じのマンガ『ドラえもん』の設定を借りて説明します。

『ドラえもん』には、出木杉(できすぎ)くんという秀才の小学生と、のび太くんというあまり勉強が得意ではない小学生が登場します。仮に、出木杉くんが将来、偏差値の高い大学に進学し、のび太くんが偏差値の低い大学に進学したとします。そして、出木杉くんのほうがのび太くんよりも大学卒業後の収入が高かったとします。

この事実から、「偏差値の高い大学に行くことは将来の収入を上げる」と言えるでしょうか。

ここでちょっとした思考実験をしてみましょう。もし仮に、運命のいたずらで2人が同じ大学に行くことになったら、何が起きるでしょうか。そうなったとしても、出木杉くんのほうがのび太くんよりも大学卒業後の収入が高いのではないかと考えてしまうのは私だけではないでしょう。

本当に偏差値の高い大学を卒業することによって収入が高くなったのか、それとも偏差値の高い大学に行くことはその人の潜在能力の高さを反映したにすぎないのかは区別する必要があります。そのためには、出木杉くんが偏差値の高い大学を卒業したあとの収入と、出木杉くんのコピーロボットが偏差値の低い大学を卒業したあとの収入を比較することができれば理想的です。

しかし、残念ながら21世紀になった今もコピーロボットは発明されていません。ですから、データを駆使して、コピーロボットほどではなくても、十分に似通った人同士を比較

表1-1 デール研究員らの研究で用いられたデータ（仮想の事例）

	国立 ●●大学 [偏差値65]	私立 ▼▼大学 [偏差値60]	市立 ■■大学 [偏差値55]	私立 ◆◆大学 [偏差値50]	1976年の 進学先	1996年の 収入
Aさん	不合格	合格	合格	合格	▼▼大学	500万円
Bさん	不合格	合格	合格	合格	■■大学	500万円

（出所）Dale & Krueger（2002）の設定を基に筆者作成。

する必要があるのです。

デール研究員らの研究は、「同じ大学に合格し、同じ大学に不合格だった」という大学入試時点の能力の近い人同士が、偏差値の異なる大学に進学したケースを比較したものです。

もう少し詳しく説明すると、**表1－1**のように、1976年時点で同じ大学に合格し、同じ大学に不合格だったAさんとBさんという2人がいたと仮定します。しかし、この2人が最終的に進学先として選んだ大学が違っていたとします。

Aさんは合格した大学の中でもっとも偏差値の高い私立▼▼大学に進学しましたが、Bさんは、Aさんが進学した私立▼▼大学よりは偏差値が低いけれども、自分の関心のある分野が学べる地元の市立■■大学に進学しました。デール研究員らは、AさんとBさんの1996年時点の収入のデータを比較することで、偏差値の高い大学に行くことが収入に与える効果を明らかにしようとしたのです（研究では2人だけを比較したのではなく、1万5000人のデータを用いています）。

分析の結果は驚くべきものでした。**AさんとBさんの大学卒業後の収入にほとんど差はありませんでした。**つまり、**偏差値の高い大学に行くことが将来の収入を上げるという強い根拠はない**ということになります。デール研究員らは、より最近のデータを用いて追試を行ったとしても、同じ結論になることを確認しています。[*21]

それでは、偏差値の高い「高校」に行くことには意味があるのでしょうか。しかし、多くの研究は、これをも否定しています。これらの研究は将来の収入ではなく、高校入学後の学力への効果を見たものであることに注意が必要ですが、有名なのはテレビ番組などでもお馴染みのイエール大学の成田悠輔助教授が、ノーベル経済学賞を受賞したマサチューセッツ工科大学のヨシュア・アングリスト教授らとともに行った研究です。[*22]

成田助教授らの研究では、ニューヨークやシカゴといったアメリカの大都市の高校入試のデータを使いました。そして、偏差値の高い高校にギリギリ合格した生徒と、ギリギリ不合格だった生徒を比較する回帰不連続デザインを用いて、偏差値の高い高校へ行くことで学力が上がるかどうかを検討しています。この結果、**偏差値の高い高校への進学が入学後の学力を高める効果はほとんどない**ことが明らかになったのです。

本書の出版時点で、成田助教授らと同じ方法で偏差値の高い高校の効果を調べた研究は、アメリカ以外の国のデータを用いたものも合わせれば17報あります。このうち14報が学力に与える効果はゼロであることを示しており、残りの3報もゼロではないが効果は大きくないと結論づけています。

一方、東カリブ海の島国であるバルバドスのデータを用いた最近の研究は、**偏差値の高い高校へ行くことは、学力を高める効果は限定的でも、将来の幸福感にプラスの影響があること**を示しています。[*23]

第2章

学力テストでは測れない「非認知能力」とは何なのか?

学力テストの点数は将来の収入のほんの一部しか説明できない

「将来しっかり稼ぐ大人に育てる」方法の3つ目は、子どもたちの「非認知能力」を伸ばすことです。近年の経済学では、非認知能力の重要性を強調するエビデンスが多く蓄積されています。

そもそも非認知能力とは何なのでしょうか。学力テストやIQテストで計測することのできる能力を「認知能力」と呼びます。その「認知能力」に「非ず(あら)」というわけです。

英語では、noncognitive skillsと表現されますので、「能力」というよりは、「スキル」と表現するほうが正確なのですが、日本では非認知能力という呼び方が定着していますから、ここではそれに倣って非認知能力と呼ぶことにしましょう。

具体的には、どのようなものが非認知能力にあたるのでしょうか。

第1章で出てきた忍耐力、リーダーシップ、責任感、社会性などがこれにあたります。これらを測るには本章のコラム（63頁～）でご紹介しているような方法があります。非認知能力と言ってもその中身や測り方はさまざまで、とても一括りにできるようなものではありません。

それにもかかわらず、なぜ経済学者は「非認知能力」などという（雑駁な）呼称を用いるようになったのでしょうか。それは、経済学者が非認知能力に関心を持つようになった経緯と関係があります。

すでに第1章で見てきたように、経済学者は将来の収入がどのようにして決まるのか、それが子どもの頃の教育投資とどう関係があるのかということに強い関心があります。

かつては認知能力が重要だと考えられてきたのですが、2000年前後から、「認知能力が将来の収入の変動の一部だけしか説明できない」ことを示すエビデンスが増えてきました。たとえば、**学力テストの個人差は、将来の収入の個人差のせいぜい17％程度しか説明することができないし、IQの個人差に至ってはたった7％程度しか説明できない**というのです。[*1、注1]

つまり、経済学者の探求は、将来の収入の個人差を説明できる、認知能力以外の「何か」を突き止めようとしたところから始まり、それを一言で言いあらわそうとして「非認知能力」という言葉が生まれたというわけです。

このため、経済学の研究において「非認知能力」という言葉が用いられるときには、かなり広範なスキルや性格的な特徴を含み得るということに注意してください。

「非認知能力」は心理学や認知科学で長年研究されてきた

一方、経済学で非認知能力と呼ばれるものは、心理学や認知科学の分野では「**社会情緒的スキル**」とも呼ばれ、長く研究の対象になってきました。経済学者はむしろ新参者であり、非認知能力についてさかんに研究が行われるようになったのはごく最近のことです。

経済学の研究では、認知能力と非認知能力を独立したものとして扱うことが多いのですが、心理学では、これらは単純に二分化できないものと考えられています。たとえば、経済学では、学力テストやＩＱテストで計測できる限られた能力を認知能力と呼ぶのに対して、心理学では、たとえば「自制心」のような、経済学では非認知能力に分類されるようなものも、年齢によって認知能力と非認知能力にまたがるものとして解釈されたり、認知能力に含むものとして解釈されたりします。

心理学は人間の知能や心が成長していくプロセスそのものに焦点を当てて研究をしてきたのですが、経済学は収入などの将来の成果を予測できる能力やスキルは何かということを特定しようとしてきたので、同じことを研究しているようでもかなりアプローチが違っていると言えます。

しかし、そうしたアプローチの違いを乗り越えて、経済学者と心理学者の協働は急速に進んでいます。経済学と心理学が融合した「**行動経済学**」はその最たる例ですし、身近で言えば私の共同研究者も半分は心理学者ですから、経済学と心理学が急接近している実感があります。

とはいえ、教育経済学者である私が心理学の研究成果について詳しく解説することは私の能力を超えることですから、本章では経済学の分野で蓄積されてきたエビデンスを中心にご紹介します。

非認知能力は中年以降にこそ重要

さて、話を非認知能力に戻しましょう。私たちは時々、「勉強だけできても役に立たない」と言ったりしますが、一見負け惜しみのようなこのセリフが正しいことは多くのデータによって証明されています。

日本経済団体連合会（経団連）が実施している「新卒採用に関するアンケート調査」（2018年度）で、「選考にあたって特に重視した点」を見ても、1位はコミュニケーション能力（82・4％）で、以下、主体性（64・3％）、チャレンジ精神（48・9％）、協調性（47・0％）、誠実性（43・4％）と続きます。「学歴」や「学力」はほとんど重視されていません。[*2] 実は、海外の企業にも同様の傾向がありますから、[*3] 日本の企業だけが特別なわけではないのです。

企業が採用に当たって重視しているもの、これこそ非認知能力です。この分野の研究では、2000年にノーベル経済学賞を受賞したシカゴ大学のジェームズ・ヘックマン教授が有名ですが、ヘックマン教授も「非認知能力の重要性は、文化、地域、社会によらない」と主張しています。[*4]

経団連は大企業が中心ですから、非認知能力は、大企業で働くホワイトカラーにとって重要なだけではないかと思う人がいるかもしれません。

ヘックマン教授らは、[*5] 非認知能力が30歳時点の収入に与える影響を学歴別に算出しました。図2－1を見てください。**大企業で働くホワイトカラーが多い大卒の男性よりも、女性や高卒、短大・専門卒の男性にとって非認知能力の価値が高い**ことがわかります。

図2-1 女性や高卒、短大・専門卒の男性にとって非認知能力の価値が高い

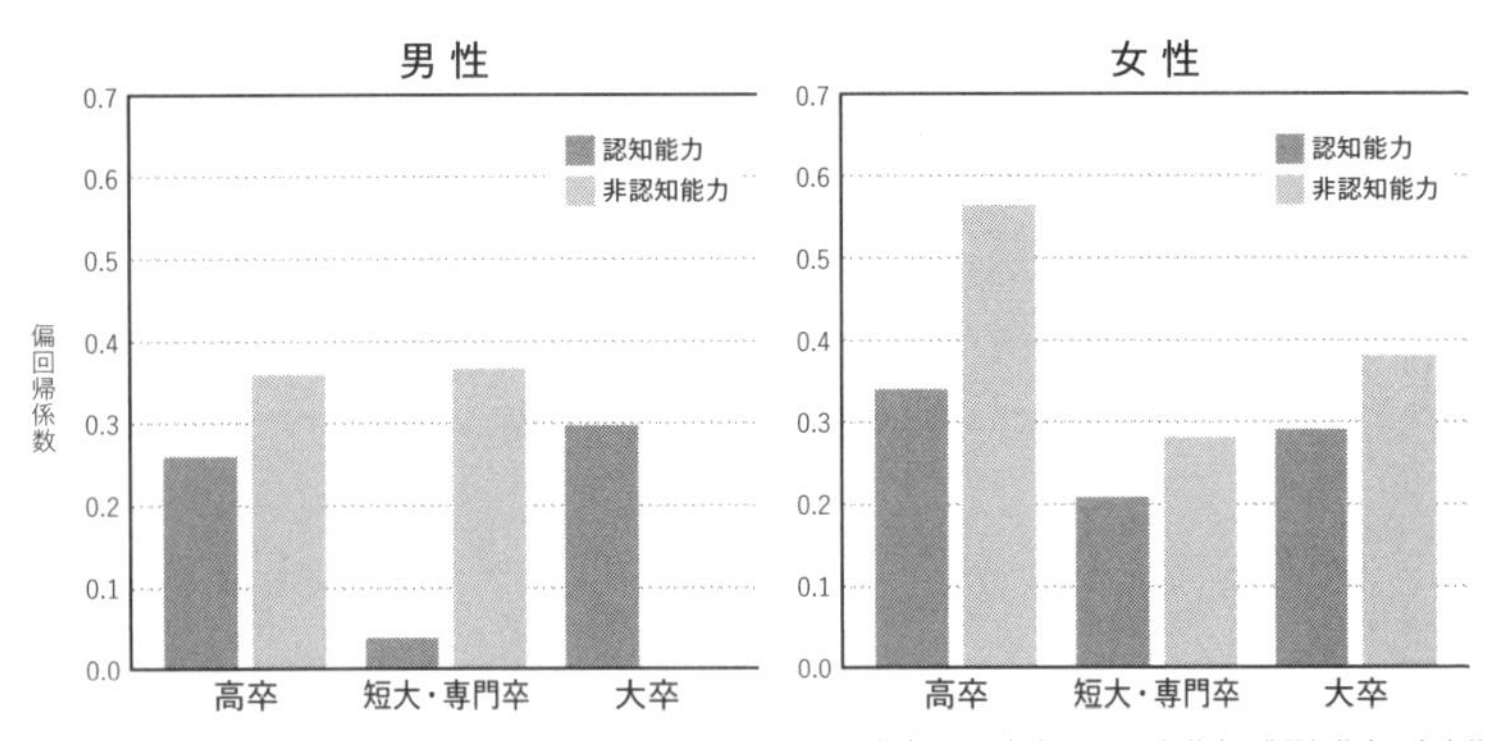

（注）1957～64年のあいだにアメリカで生まれた人の30歳時点の時間あたり賃金を説明変数として、認知能力と非認知能力の各変数で回帰したときの係数。認知能力は米軍の軍隊入隊試験の際に用いられる学力テストのスコア、非認知能力は「自尊心」や「統制の所在」の尺度を用いた。
（出所）Heckman, Stixrud & Urzua（2006）の440頁のTable 4を基に筆者改変。

この発見と整合的なのが、スウェーデンのデータを用いた研究です。[*6]

スウェーデンではすべての若者には軍隊に入隊する義務がありますが、入隊時に心理学の専門家による面接があります。この面接で計測された非認知能力のデータを分析したところ、**所得分布で下位10％に位置する人々にとっては、非認知能力の影響は、認知能力の2・5～4倍もの大きさである**ことがわかりました。

この理由は、非認知能力の高い男性は、失業する確率が低く、仮に失業したとしても、失業期間が短いからです。つまり、非認知能力は、経済的に不安定な人々が、失業のような不測の事態に見舞われたときに早く復活することを助ける力とも言えるの

図2-2 非認知能力の影響は40～60歳のあいだでもっとも大きくなる

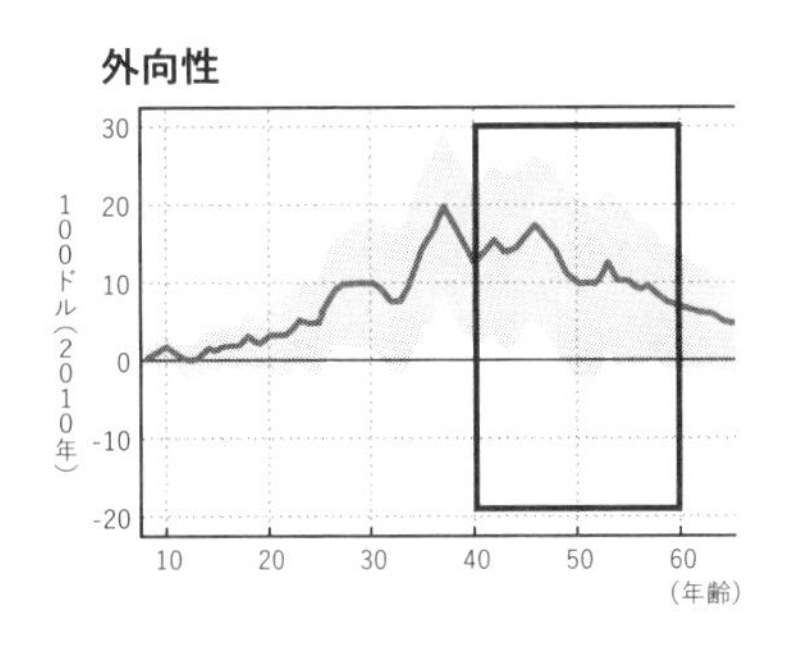

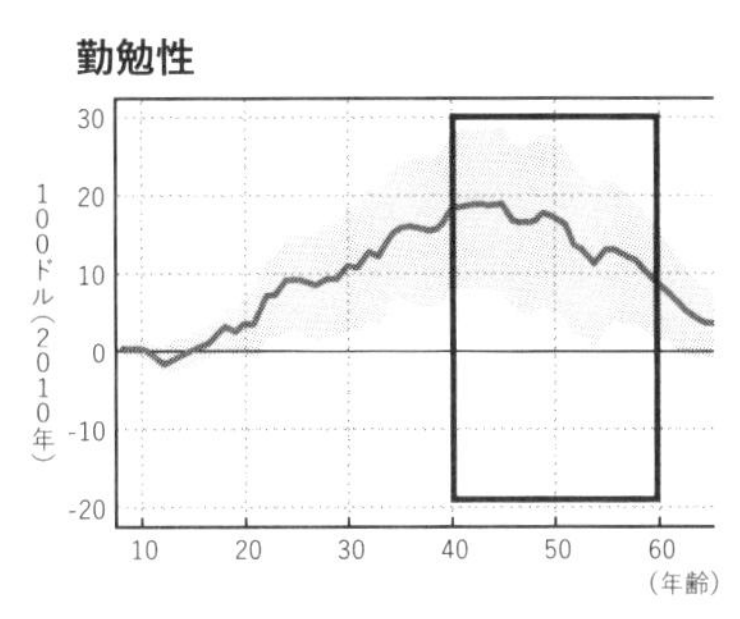

（注）年齢、学歴、親の社会経済的地位、きょうだいの数、出生時の状況の影響を制御し、賃金を被説明変数として、認知能力と非認知能力の各変数で回帰したときの係数。シャドーは5%信頼区間。
（出所）Gensowski（2018）の175頁のFigure 1を抜粋。

です。

それでは高学歴の労働者にとって、非認知能力は必要ないのでしょうか。アメリカで上位5%のＩＱの子どもたちを、１９２０年代の初頭からずっと追跡してきた「ターマン・サーベイ」と呼ばれる調査があります。

前出のヘックマン教授らの研究は30歳時点の収入との関連を見ていましたが、この研究では18～75歳というもっと長い人生スパンで見た場合、非認知能力と将来の収入の関連が何歳くらいのときに大きくなるのかということを調べています。そうすると、**図2－2**で示されているとおり、**40～60歳のあいだでもっとも大きくなる**ことがわかりました。[*7]

非認知能力はＩＱの高い男性にとっても重要であり、具体的には**「勤勉性」**や**「外向性」の影響が大きい**ことがわかります。仮に私たちに馴染みのある（平均50で分散が10の）偏差値で大きさをあらわすとすれば、**勤勉性の偏差値が10上昇すると、生涯収入の16・7％に相当する8550万円（57万ドル）、外向性の偏差値が10上昇した場合は14・5％に相当する約7350万円（49万ドル）も生涯収入が高い**傾向があります。[注2]

非認知能力は結婚や寿命とも関連している

ヘックマン教授らは、非認知能力は結婚や健康とも関連していることを示しています[*8]**（表2―1）**。

それだけではありません。過去に行われた34報の研究をまとめた**メタアナリシス**（複数の研究を統合したもっとも信頼性の高いエビデンス）によると、非認知能力は寿命とも関連していることがわかっています。**図2―3**で示されているとおり、**勤勉性や外向性は、経済力や認知能力よりも長生きと強い関連がある**のです。[*9]

ここで注意していただきたいことがあります。それは、非認知能力が重要だからといって、認知能力が不要だとは言えないということです。

表2-1 認知能力、非認知能力は結婚や健康とも関連

	男性		女性	
	認知能力	非認知能力	認知能力	非認知能力
35歳時点の年収	0.26	0.22	0.12	0.16
35歳時点の時給	0.27	0.16	0.22	0.17
35歳時点の労働時間	0.10	0.19	0.00	0.14
35歳までに刑務所に収監	0.17	0.15	0.00	0.08
35歳時点で生活保護	0.08	0.06	0.15	0.19
35歳時点で結婚	0.09	0.23	0.17	0.17
35歳までに4年制大学卒業	0.34	0.28	0.31	0.28
1992年の時点でうつ病	0.12	0.22	0.12	0.21

(注) 35歳時点の成果を認知能力、非認知能力の各変数で回帰したときの係数。認知能力または非認知能力によって説明される分散をあらわしている。非認知能力は「自尊心」や「統制の所在」などの尺度を用いており、認知能力は複数のIQテストを用いている。
(出所) Heckman, Humphries & Kautz (2014) 40-41頁のTable 1-5を基に筆者改変。

図2-3 非認知能力は寿命とも関連

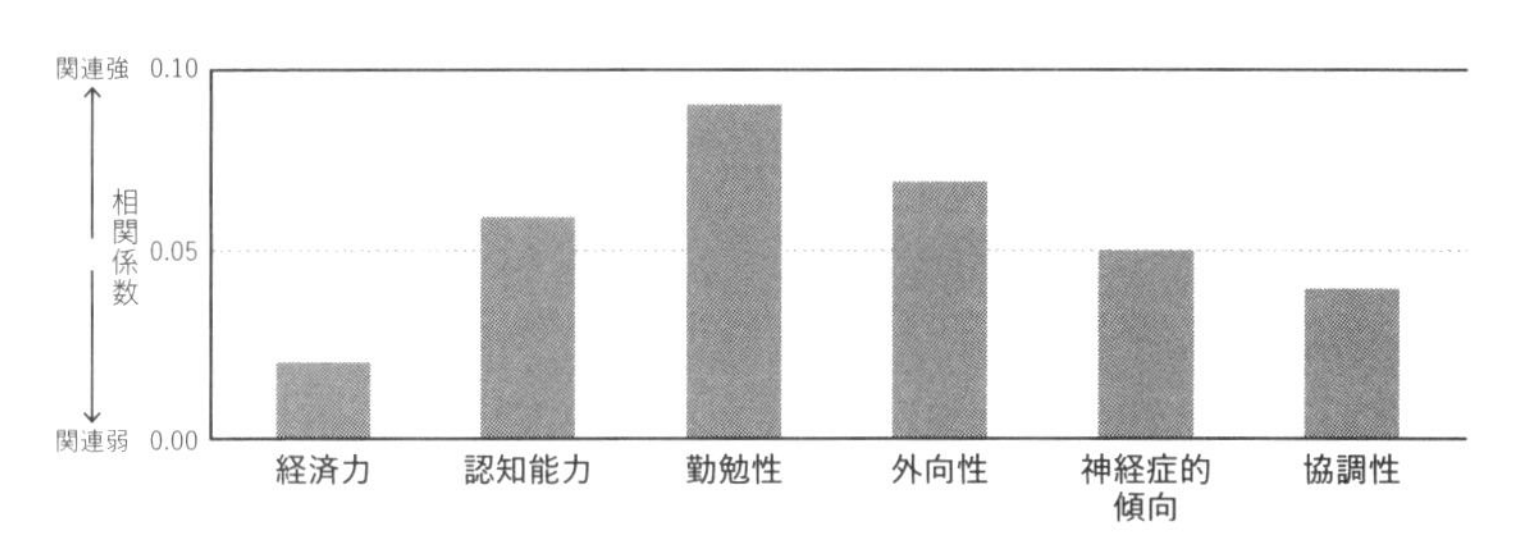

(注) 34報の研究をまとめたメタアナリシスの結果による。死亡と経済力、認知能力、勤勉性、外向性、神経症的傾向、協調性の相関係数を示したもの。研究の長さは最長71年間。
(出所) Roberts et al. (2007) の337頁のFigure 2を抜粋。

ヘックマン教授らの研究では、認知能力と非認知能力は別々のものでありながらも、両方が互いに影響し合って、将来の学歴や収入に影響すると説明しています。[*5] ある時点で獲得した非認知能力が、その後の教育投資の生産性を高め、認知能力を伸ばすことの助けになるというようなことが生じるわけです。

具体的には、小さい頃に勤勉さを身に付けた子どものほうが、のちのち学力が高くなりやすい、というようなことです。

ヘックマン教授らは、これを「技能が技能を生む」（skills beget skills）と表現しました。[*4] これは「複利」の仕組みによく似ています。複利とは「利子にもまた利子がつくこと」を指して言います。たとえば、100万円の元本を利子が5％の銀行に預けた場合、1年後には5万円増えて105万円になります。そしてさらにその翌年にはこの利子分5万円にも5％の利子が付いて、105万円が110万2500円にといった具合に、雪だるま式に増えていくのです。その結果、15年後には、預けたお金は207万8900円になっており、元本の100万円の2倍にもなります。人間の技能にも同じような性質があるというわけです。

非認知能力は学力を伸ばすが、その逆は起こらない

ヘックマン教授らは、子どもたちの人生を幼少期と青年期の2期間に分けて、それぞれの期間で認知能力と非認知能力がどのように影響し合うのかを分析しました。[*10]

その中で、ヘックマン教授らが明らかにしたことが2つあります。

1つ目は、**学校教育や親による教育投資は、幼少期のほうがより効果的**だということです。この理由は、ひとえに「技能が技能を生む」性質があるからです。人生の早い時期に投資を開始することで、あとになってより大きな利益を得られるというわけです。

2つ目は、**幼少期に身に付けた非認知能力は、その後の認知能力を伸ばすのに役立ちますが、その逆（幼少期の認知能力→その後の非認知能力）は観察されない**ということです。

ヘックマン教授の主張と整合的なエビデンスもあります。1980年代にカナダのモントリオールで、問題行動が顕著な7～9歳の男児に対して、非認知能力を伸ばすトレーニングが行われたことがあります。[*11]

このトレーニングは、自制心や社会性を高める目的で、週1回45分程度、2年間にわたって実施されました。

具体的には、「からかわれたときにどう反応するか」「怒りを感じたときにどう対応するか」「ほかの子どもに拒否されたらどう振る舞えばいいか」などについて、数人の大人と少人数の子ども同士のグループで話し合いをします。相手の気持ちを想像したり、自分の行動がどのような結果を引き起こすかを予想したりして、子どもたちは「自分の感情や衝動的な行動をコントロールする」方法を学びました。

このトレーニングによって、実際に子どもたちの自制心や社会性が高まったことが確認されています。

注目に値するのは、学力への影響です。子どもたちがこの**トレーニングを受けた直後の10代前半には変化がありませんでしたが、その後10代後半になってめきめきと学力が上がった**ことが確認されたのです。幼少期に身に付けた非認知能力が、あとになってから学力の向上をもたらしたのです。

さらには、その後の学歴、収入、結婚する確率までもが高まっていました。**年収については、20〜39歳までのあいだで、平均すると約61万円（5708カナダドル）も上昇しており、これはカナダ人の同世代の平均年収の20%にも相当**する金額ですから、かなり大きいと言えます。このトレーニングの**内部収益率**（平均的な利回り）はなんと17%にも上るということです（**図2−4**）。

図2-4 幼少期の非認知能力への投資は、将来の学歴、収入、結婚に影響する

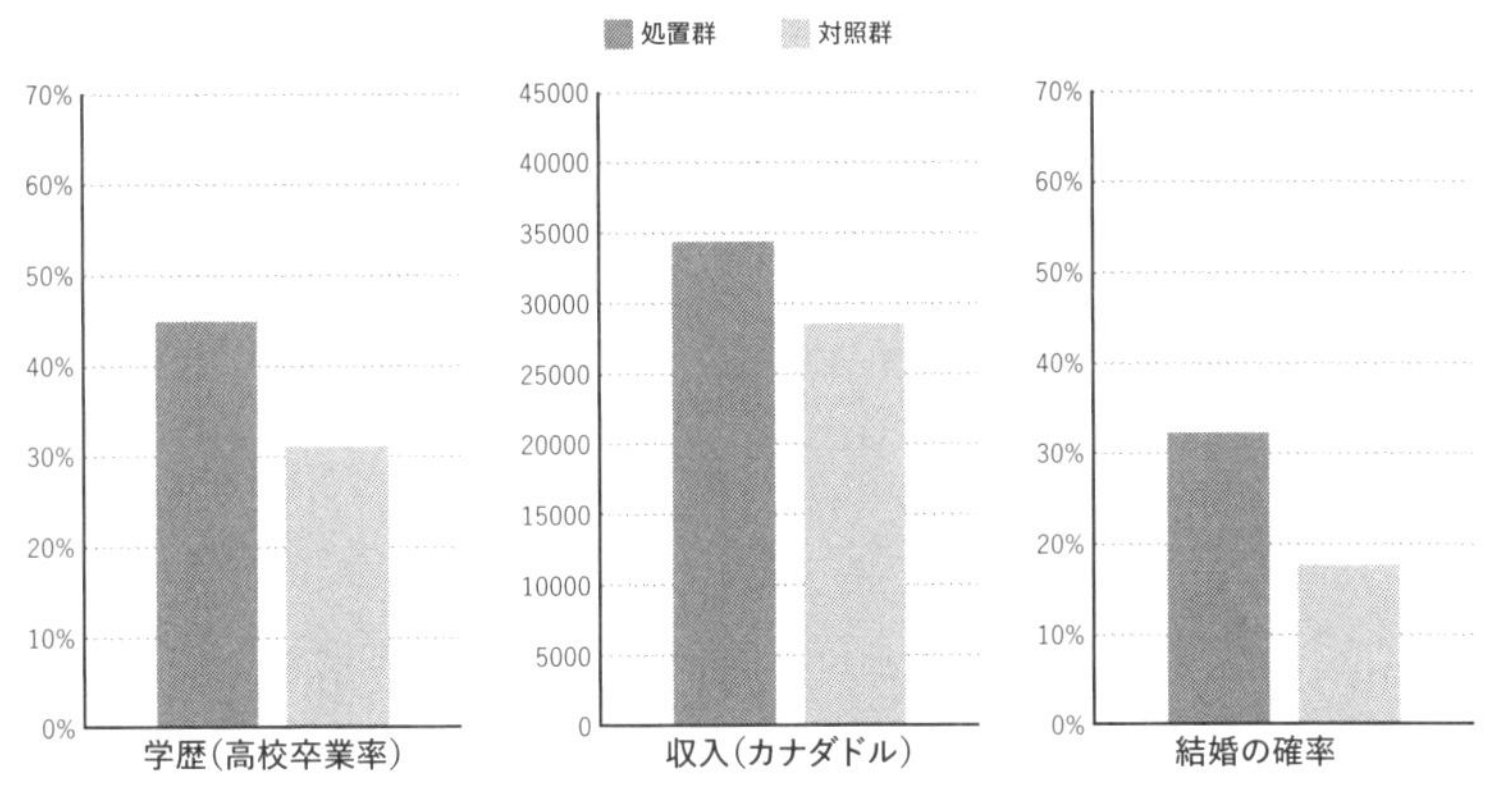

（注）「問題行動なし」に該当する子どもたちは、1984年のアンケート調査で問題行動が報告されている件数が下位30%の子どもたち。この子どもたちは実験には参加していない。
（出所）Algan, et al. (2022) の21頁のFigure 2を抜粋。

ヘックマン教授は、困難な状況にある子どもたちを救済しようと考えるのであれば、なるべく早期に、特に非認知能力を高めるような教育投資を行うべきであると主張しています。

子どもたちが大人になってからの「所得再分配」（社会保障給付などを通じ、所得の高い人から所得の低い人へ移転すること）よりも、困難な状況にある子どもたちに対して質の高い幼児教育を無償で提供するという「事前分配」のほうが社会としては割の良い投資になるというのです。*12

将来の収入を上げる 3つの非認知能力

さて、ここまでは非認知能力を一括りに

してきましたが、すでに述べたように非認知能力の中身はさまざまです。また、これらのエビデンスは海外のデータを用いたものですが、日本にも当てはまると考えてよいのでしょうか。

明治学院大学のイ・ソニョン准教授と大阪大学の大竹文雄特任教授らの研究によると、「協調性」は日本人の男性労働者にとっては収入にプラスになるが、アメリカ人の男性労働者にとってはマイナスになると報告されています。[*13]

しかも、日本では大企業ほど、アメリカでは中小企業ほど、この傾向が顕著であることもわかっています。つまり、国によらず非認知能力が重要であるということは一般論としては正しくとも、具体的にどの非認知能力が、どのような属性の人に、どのような影響を与えるのかということは丁寧に見ていく必要があるでしょう。そうした注意点を踏まえた上で、複数の地域や国のデータを用いて、将来の収入との関連が明らかになっている非認知能力を3つご紹介します。

非認知能力1 忍耐力——成績、貯蓄、健康が良い傾向

まずは、「忍耐力」です。子どもの頃や若い頃に、**忍耐力に欠けると、生涯収入が13%も低くなる**ことがわかっています。

それだけではありません。忍耐力がないと、**学校での成績が悪く、校則違反が多く、高校を中退する確率が高いだけでなく、大人になってから後悔する確率も高い**ことがわかっています。[*14] さらに、**飲酒量が多くなり、肥満になり、貯蓄率が低くなる**ことを示したエビデンスもあります。[*15]

忍耐力がないと、場当たり的な行動を取ってしまい、将来に備えた行動を取ることができないことの結果なのかもしれません。逆に、忍耐強い人は、健康、学力、学歴、生涯収入が高い傾向があるだけでなく、安定的な社会生活を送ることができているようです。[*16]

非認知能力2　自制心——借金、病気、薬物依存と関連

自分の感情や行動をコントロールできる「自制心」も重要です。ニュージーランドのダニーデンという小さな村で、1972〜73年生まれの1037人の子どもを長期にわたって追跡したデータがあります。これによれば、**3〜11歳のあいだに自制心が低かった人は、32歳時点での健康面や経済面、そして安定的な生活の面で不利**になっていました。[*17]

具体的には、**図2-5**で示されているとおり、子どもの頃に自制心が低いと、大人になったあと病気や薬物依存になりやすかったり、収入が低かったり、有罪判決を受けた割合が高いなど、多方面にわたって悪影響があるというのです。

図2-5 幼少期の自制心は32歳時点の健康、経済、社会生活と関連する

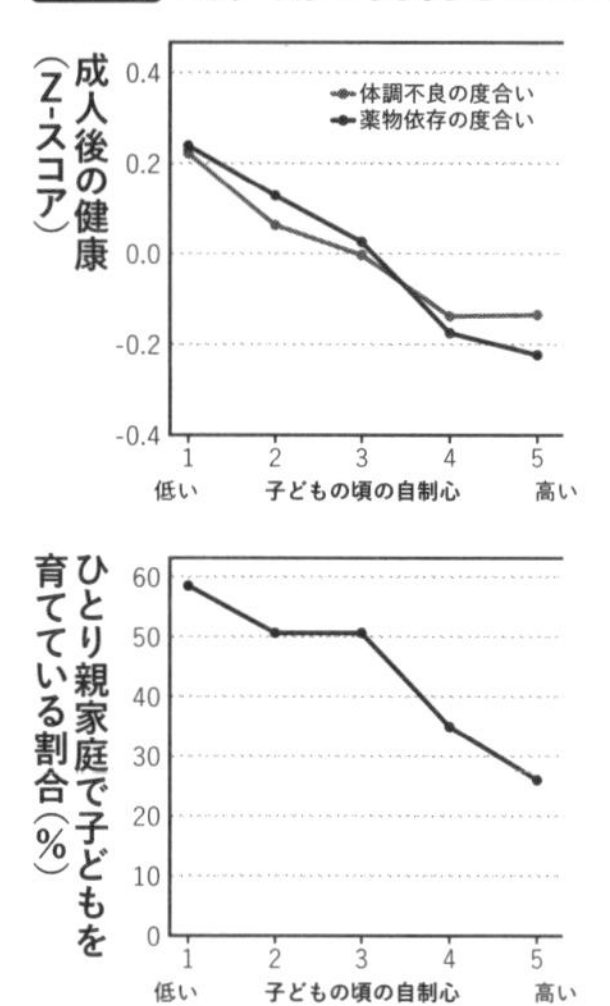

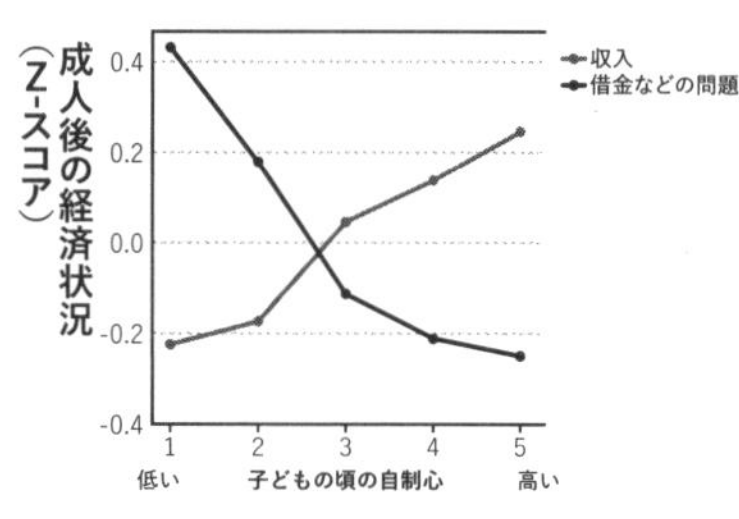

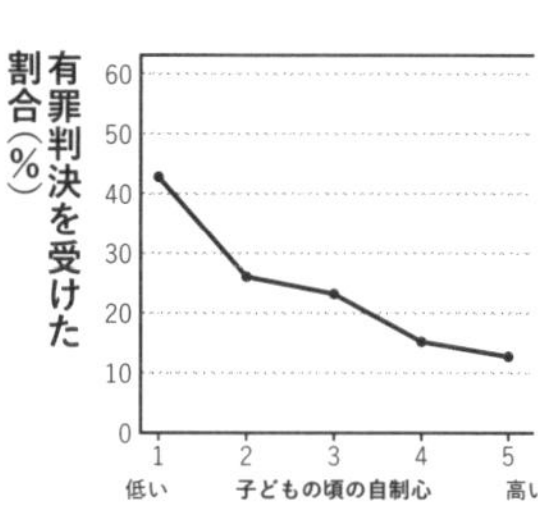

(注)自制心は、3歳、5歳、7歳、9歳、11歳の子どもを対象に、研究者、教員、保護者、子ども自身のアンケート調査をもとにした尺度。
(出所)Moffitt, et al.(2011)の2696頁のFig.2を基に筆者改変。

非認知能力3 やり抜く力
——仕事や結婚生活を定着させやすい

最後に「やり抜く力」です。アメリカのペンシルベニア大学のアンジェラ・ダックワース教授が、GRIT(グリット)と呼んで一躍有名になりました。「継続は力なり」とも言います。ダックワース教授は、もともとの才能よりも、困難や挫折に負けずに努力を続けることが重要であるということを、さまざまなデータを用いて立証しました。

やり抜く力が強い人は、成績が良く、学歴が高く、仕事や結婚生活を継続し、定着させていることがわかっています。[*18]

やり抜く力は「勤勉性」とも強い相関があり[*19]、勤勉性と将来の学歴や収入

の間にも強い正の相関があります。[*20、注3]

最近になればなるほど、非認知能力の重要性が増している

図2-6は、1957～64年生まれと1980～84年生まれの人々の非認知能力を比較しています。

ここでは特に、調整、交渉、説得などを行う「対人関係能力」という非認知能力に着目しました。

フルタイムで雇用される確率に与える影響を見てみると、認知能力の影響は、生まれた年による差がほとんどありません。しかし、**対人関係能力の影響は、1957～64年生まれよりも1980～84年生まれのほうが2ポイント近くも大きくなっているの**です。[*21]

このように、対人関係能力は、2000年代の労働市場において特に重要になってきていると指摘するのは、ハーバード大学のデビッド・デミング教授です。

デミング教授は、O*NET(オーネット)と呼ばれるアメリカの職業情報サイトのデータを用いて、1990年代以前と比較すると、**2000年代には高い対人関係能力を必要とする仕事が12ポイント増加したのに対し、高い認知能力を必要とするが、低い対人関係能力でよいと**

図2-6 対人関係能力がフルタイム雇用に与える影響は大きくなっている

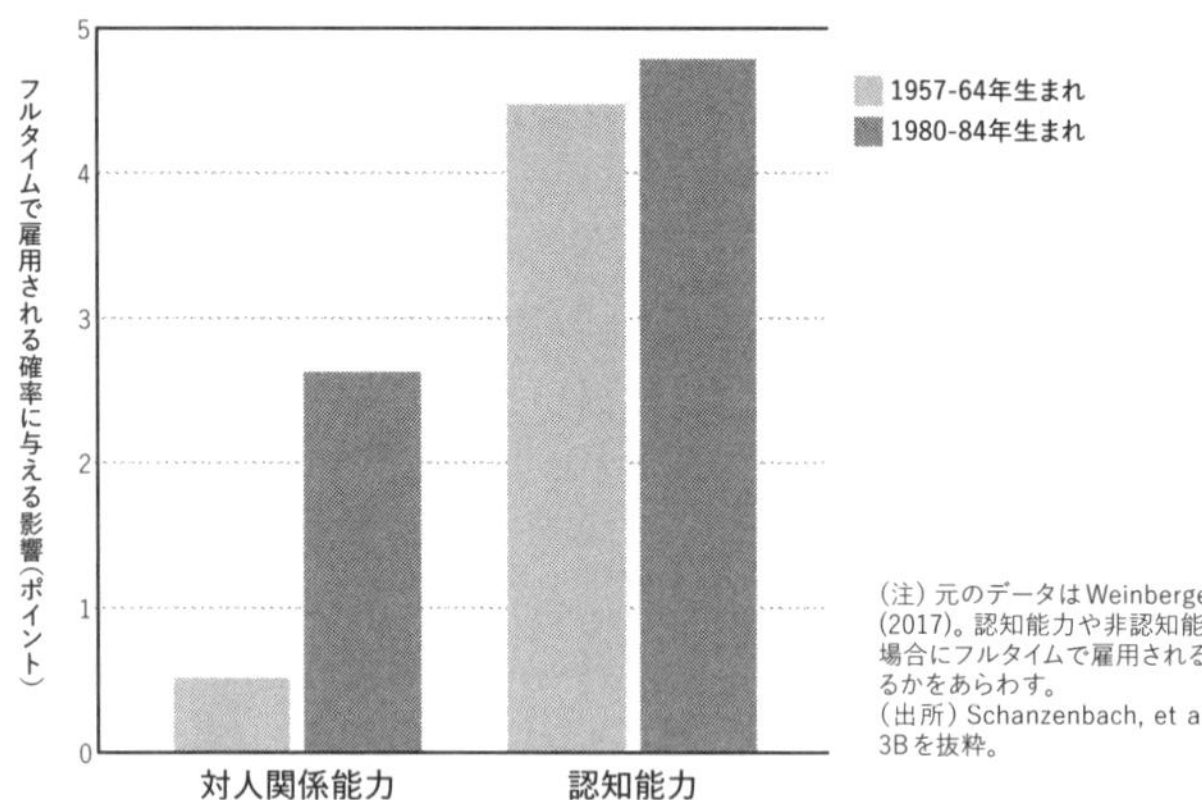

（注）元のデータはWeinberger（2014）およびDeming（2017）。認知能力や非認知能力が1標準偏差上昇した場合にフルタイムで雇用される確率が何ポイント上昇するかをあらわす。
（出所）Schanzenbach, et al.（2016）の3頁のFigure 3Bを抜粋。

図2-7 対人関係能力が必要な仕事が増えている

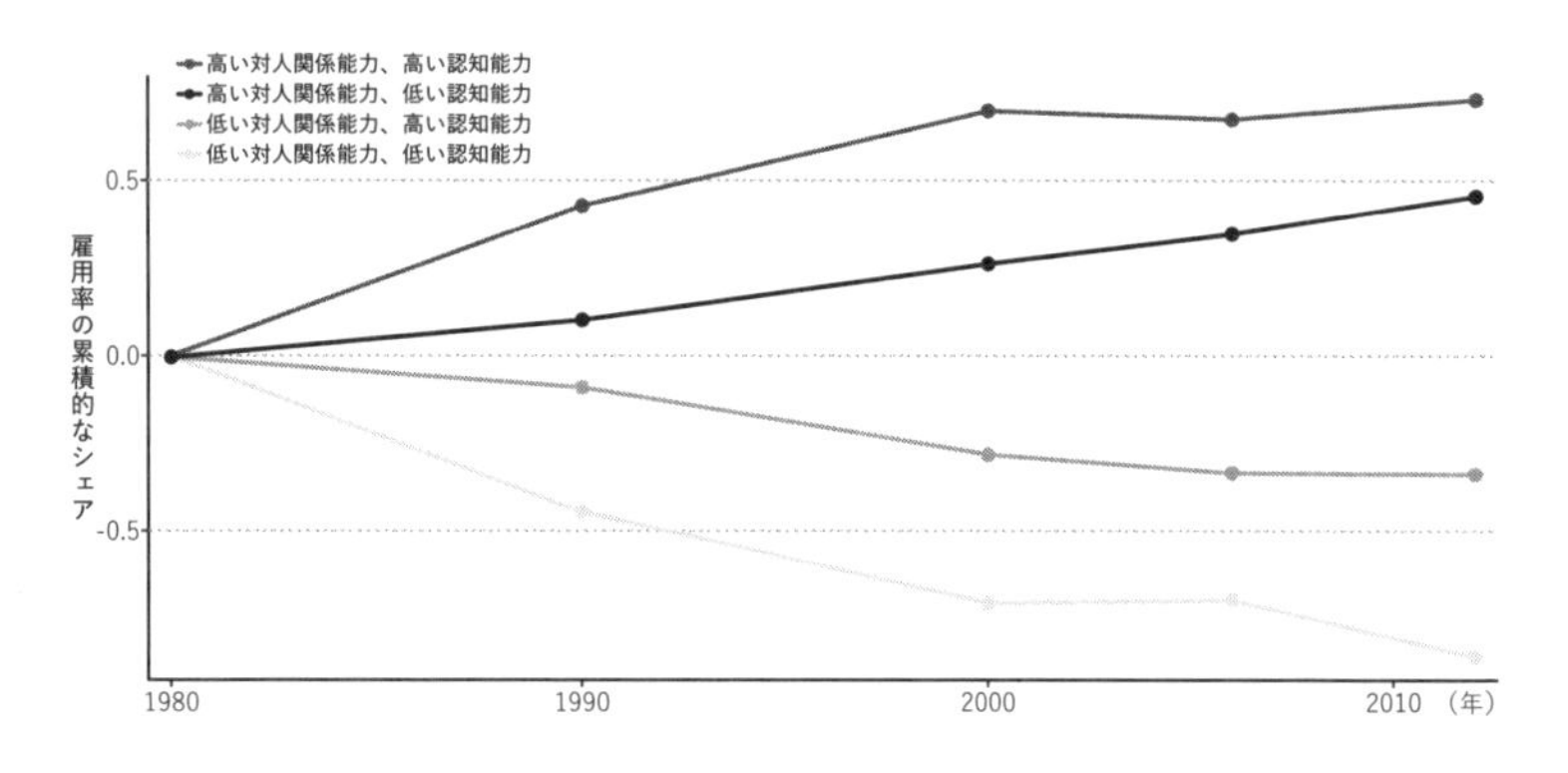

（注）O*NET のデータを用い、1980年代を基準にしたときの各年代における雇用のシェアに100をかけたもの。
（出所）Deming（2017）の1627頁のFigure 5を抜粋。

いう仕事は3ポイント低下したことを示しています。[22]

このことをよりわかりやすく示したのが**図2－7**です。１９８０年代からもっとも雇用の伸びが高いのは、高い認知能力と高い対人関係能力の両方を必要とする仕事です。

同様のことは別の研究でも示されており、認知能力と対人関係能力が共に高い労働者に支払われる賃金は、10年ごとに6ポイントずつ増加しているということです。[23] 認知能力と対人関係能力は相互に補完的なものだからです。

一方、もっとも雇用の伸びが低いのは、認知能力と対人関係能力の両方が低くてもよい仕事です。ここまでは特に違和感のある結果ではなく、当然のように思えます。

ところが、驚くべきは図２－７の真ん中の２つの折れ線グラフです。**高い対人関係能力を必要とするが、低い認知能力でよいという仕事の雇用率は一貫して上昇しているのに、高い認知能力を必要とするが、低い対人関係能力でよいという仕事の雇用率は一貫して低下している**ことがわかります。つまり、最近になればなるほど、非認知能力の重要性が増していることになります。

デミング教授らは、この理由について、「会社全体の調整や交渉にかかるコストを削減することができ、各々の労働者が専門性を高めて効率的に働くことを可能にする」からであると説明しています。

確かに、ＡＩやロボットなどの技術の進歩によって自動化や機械化が進み、仕事において、私たちに求められる資質は大きく変わってきています。特に、対人関係能力は自動化や機械化が困難ですから、そうした能力の価値が高くなるのは当然とも言えるでしょう。

また、デミング教授の別の研究では、**対人関係能力の高い人は「チームプレーヤー」としての資質に富み、チームプレーヤーは、自分だけでなく、チーム全体の生産性を向上させる**ということがわかっています。[*24] チームメイトをうまくやる気にさせて、努力を引き出すことに長けているというのです。チームワークが必要とされる職場環境ほど、対人関係能力が高く評価されるといってよいでしょう。

コラム

どうやって「非認知能力」を測るのか？

非認知能力の計測の仕方にはさまざまな方法があり、特に心理学の分野で研究が進められてきました。1つの方法は、自己申告のアンケート調査の回答をもとに計測する方法です。たとえば、「自尊心」であれば、「自分には価値があると感じる」というステートメントに対して、「とてもそう思う」から「まったくそう思わない」までの5つの選択肢から回答を求めます。表現を変えつつ、同じようなことを尋ねる複数の質問を繰り返し、それらを平均するなどしてまとめたものを自尊心の尺度とします。

人々の行動から、非認知能力を推し量ることもあります。たとえば、リスクに対する好みをあらわす「**リスク選好**」は、計測が難しいことが知られています。そのため、「雨が降りそうなとき必ず傘を持って行くか」とか、「ハイリスク・ハイリターンの株式投資を避けるか」など、実際の生活における行動から推測するというようなことです。これ以外にも、「**ラボ実験**」という方法を用いることもあります。ラボ実験とは、実験室で被験者を対象に行う仮想的な実験のことです。これについては第8章で詳しく説明します。

日本での例としては、群馬県と埼玉県で、県内の児童・生徒を対象に、非認知能力のデータを取っています。群馬県は２０２３年度から国際機関が実施する「社会情動的スキルに関する調査」に参加しています。これは、県内の全79校の高校1年生、３５２８人を対象にしています。日本以外にも、フィンランド、スペイン、中国など19か国・都市が参加しています。

埼玉県は、２０１５年から独自に「埼玉県学力・学習状況調査」を実施しています。これは、埼玉県のさいたま市を除く62自治体、約１０００校の公立の小学４年生から中学３年生までの約30万人を対象にしています。群馬県、埼玉県のいずれもが、児童・生徒へのアンケート調査によって非認知能力を計測しています。

こうした大規模調査の結果を見ても、非認知能力には個人差があることがわかります。どうして個人差が生まれるのでしょうか。

１つは家庭環境の影響です。**図２－８**で、埼玉県の小・中学生のデータを見てみると、親の社会経済的な地位が高いと、子どもの自己効力感、自制心、やり抜く力、向社会性、勤勉性が高い傾向があることがわかります。**図２－９**で群馬県の高校生のデータを見てみると、やはり家庭環境に恵まれると、創造力、寛容性、積極性、好奇心、社会性、達成動機、活力が高くなっています。しかし、海外と比較すると、家庭環境による格差はかなり小さいこともわかっています。

一方、家庭環境による非認知能力の格差は、最近のほうが大きくなってきていると指摘

図2-8 親の社会経済的地位による非認知能力の格差（埼玉県、小・中学生）

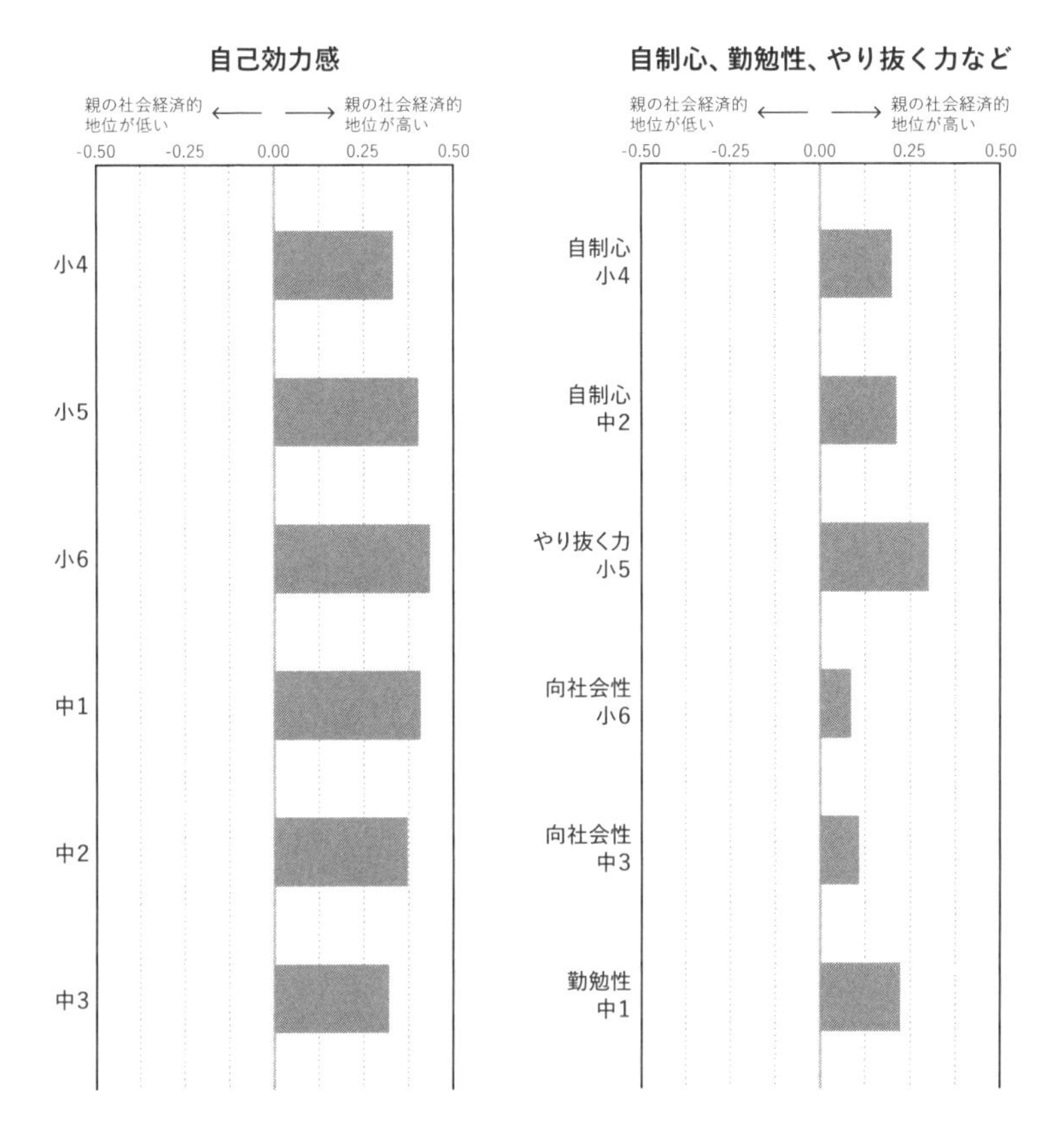

（注）2023年度時点の各学年における非認知能力を計測する尺度を平均0分散1に標準化した値を被説明変数として、家庭にある蔵書数が11 ～ 300冊であれば1、0 ～ 10冊であれば0を取るダミー変数で回帰したときの係数。各学校に固有の特徴（学校固定効果）を制御した。家庭にある蔵書数は親の所得や学歴と相関が強いことが示されているため（*25）、ここでは保護者の経済状況の代理変数として用いている。推定値が0より大きければ（プラスの値）、家庭の経済状況が良い児童・生徒のほうが非認知能力が高い傾向があることを意味する。ここではすべて0より大きくなっており、すべて5%水準で統計的に有意な差がある。
（出所）埼玉県学力・学習状況調査を基に筆者作成。

する研究もあります。1970年と2000年に生まれた子どもを比較した研究では、**親の学歴による非認知能力の格差は、2000年に生まれた子どものほうが大きい**ということです。[*26]

家庭環境以外にも、生まれ月による格差もあります。前出の埼玉県のデータを用いて、東京大学の山口慎太郎教授、サイバーエージェントの伊藤寛武氏と私が発表した論文では、**早生まれの子どもたちは勤勉性、自制心、自己効力感などの非認知能力が低く、学年が上がってもその差が縮まらない**こともわかっています。[*27]

しかし、非認知能力は学校や家庭で伸ばせることを示す研究が増加しています。具体的にどのような方法があるのか、第3章で見ていくことにしましょう。

図2-9 **親の社会経済的地位による非認知能力の格差**（群馬県、高校生）

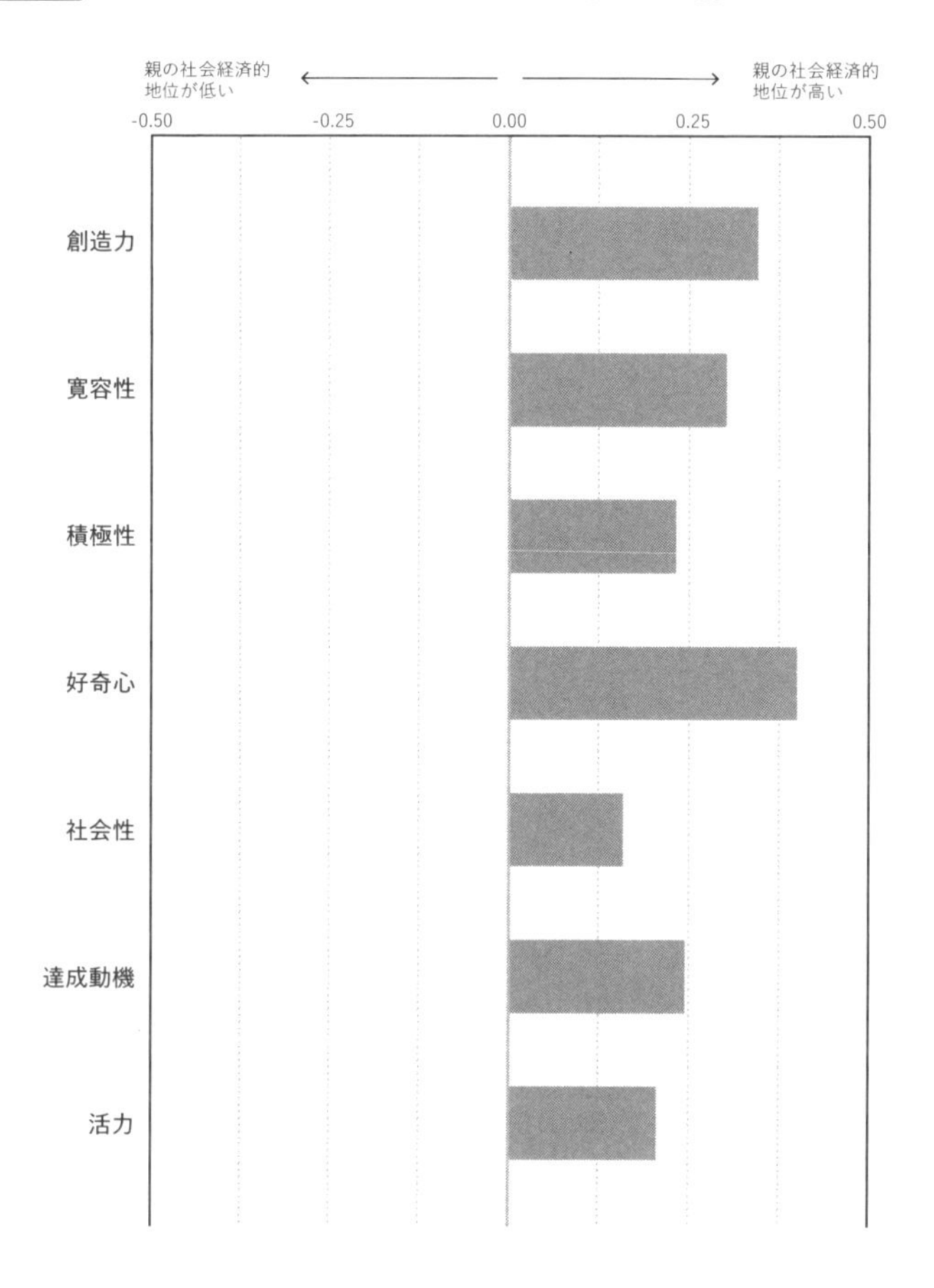

（注）親の経済的、社会的、文化的な地位をあらわすさまざまな変数（親の学歴、収入、職業等）を合成した指標の上位25%と下位25%の生徒の非認知能力の差。5%水準で統計的に有意な差があるもののみ表示している。
（出所）OECD SSES Round 2　国際報告書（第1弾）を基に筆者改変。

第3章

非認知能力はどうしたら伸ばせるのか？

音楽や美術は非認知能力を伸ばす

非認知能力を伸ばすには何をすればよいのでしょうか。第1章で見てきたスポーツやリーダーシップについて思い出してください。スポーツをすることによって養われる忍耐力や、生徒会や部活動を通して培われるリーダーシップもまた非認知能力です。つまり、スポーツやリーダーの経験は非認知能力を伸ばすために有効だと言えるでしょう。

非認知能力を伸ばすのに、音楽が有効だと指摘するエビデンスがあります。ドイツのデータを使った研究では、**高校卒業まで継続的に音楽活動をしていた生徒は、学校の成績が良いだけでなく、勤勉性が高く、外向的で、意欲的である**ことがわかっています[*1]。

音楽だけではなく、美術も有効です。**美術館に行って絵画を鑑賞する経験をした生徒は、**

他者への寛容性が高く、批判的思考力に優れていることを示したエビデンスもあります。[*2]

学校の中で、非認知能力を高めることはできないのでしょうか。最近では、公立学校の教育課程の中で非認知能力を伸ばす取り組みが行われています。

一連の研究を牽引しているのが、イタリアのフィレンツェにある国際研究機関、欧州大学院のスール・アラン教授です。

彼女の研究グループは、小学生向けに、「自制心」、「やり抜く力」、そして「好奇心」という非認知能力を育てる3つのプログラムを開発し、実際にこれらの非認知能力を伸ばすことに成功しています。

ここでは、子どもたちの「好奇心」を伸ばすプログラムについて詳しくご紹介します。[*3]

「好奇心」を伸ばすことに成功した授業

そもそも、好奇心は、より深く学ぶことへの原動力となります。これを掻き立てる1つの方法は、「既存の概念に疑問を抱かせる」ことです。そこで、教員、童話作家、映像制作の技術者、教育学者などさまざまな専門家がチームとなって教材づくりを行いました。

科目は理科です。そして、この理科の教材を使って各学校の担任の教員が授業ができるように、研修も行いました。

この教材の中身や授業の様子を撮影した写真が**図3－1**です。多くのアクティビティが含まれており、子どもたちが楽しんで学べるように工夫されています。

たとえば、この教材で「太陽系」について学ぶとき、担任の教員は「太陽系とは何か」などという小難しい説明から始めたりはしません。子どもたちに、宇宙の神秘についてのミステリー調の映像を見せるところから始めます。それから、子どもたちに対して、自分が興味を持ったところを率直に表現させたり、疑問を持ったところを質問させるようにします。こうすることで、子どもたちは授業の内容に関心を深め、みずから答えを探したり、調べたりするようになるのです。

既存の概念に疑問を抱かせることに重点を置いたこの教材を用いて、担任の教員は1年間、理科の授業を行いました。

好奇心が高まると知識が定着し、学力も上がる

このプログラムは子どもたちの好奇心を高めることに成功したのでしょうか。

ここで子どもたちの「好奇心」なるものをどのようにして測ればよいのか、という疑問

図3-1 非認知能力を伸ばす授業で使われた教材や授業の様子

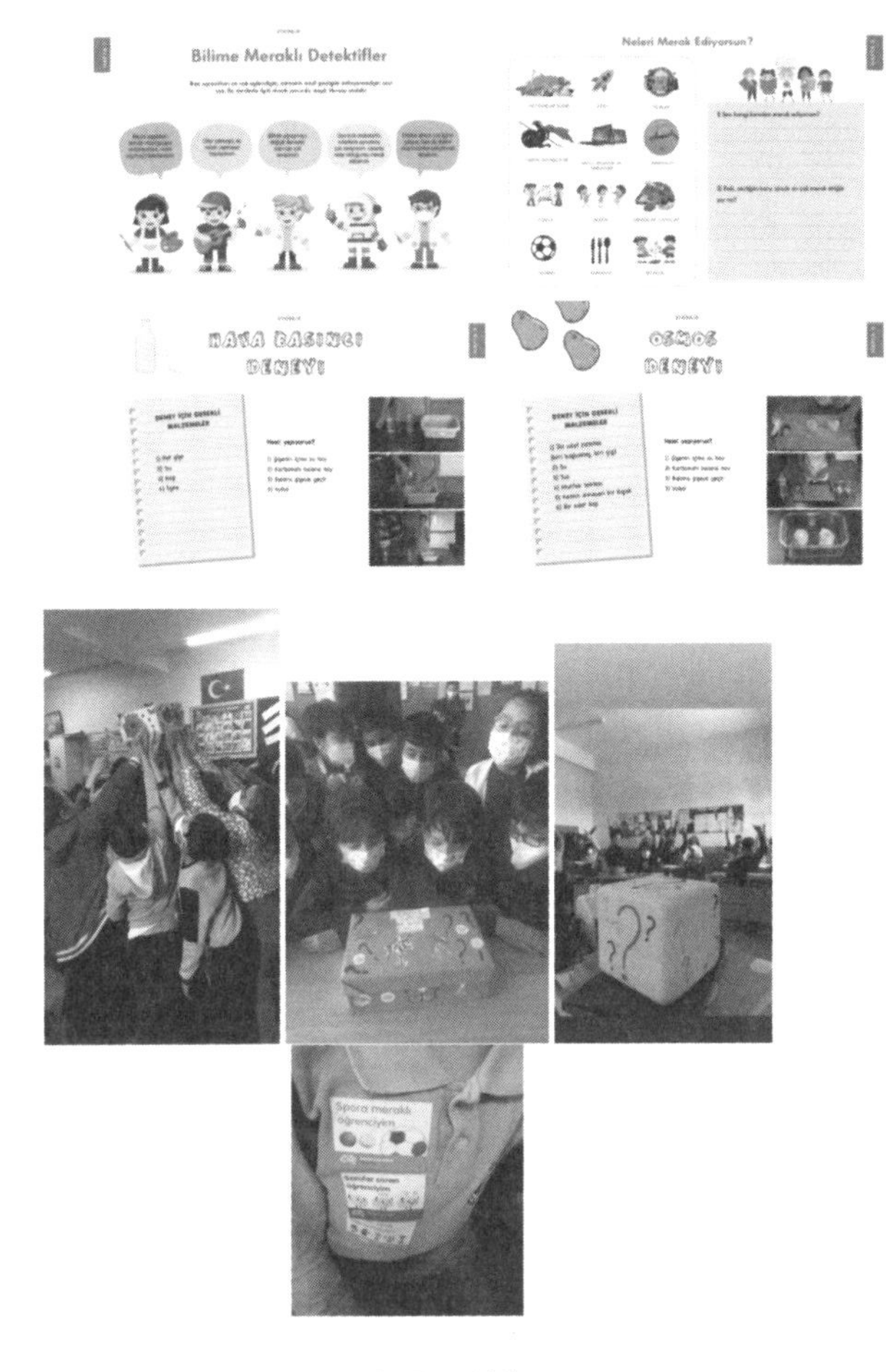

（出所）Alan & Mumcu (2023) の56頁のFigure A3および57頁のA5を抜粋。

が生じます。アラン教授らは、興味や関心を持った情報に対して、最大いくらまで支払ってもよいと思うかという**「支払意思額」**で子どもたちの好奇心を測りました。

まず教室で「宇宙」や「乗物」など、小学生が関心のあるテーマについて書かれた8冊のパンフレットを渡します。**図3－2**は、このパンフレットの表紙です。各冊子には、小学生があっと驚くような情報が含まれています。「宇宙」のパンフレットには「火星の夜明けの色は青」、「乗物」のパンフレットには「飛行機のブラックボックスの本当の色はオレンジ」といった具合です。

そして次に、子どもたちに10枚のトークン（そのときにしか使えないおもちゃの通貨）を渡し、このトークンを使えば人気の文房具と交換できること、8冊のパンフレットのうち1冊だけはトークンと交換できることを伝えます。ただし、文房具には値段がついているのに対して、パンフレットには値段がついていません。自分がパンフレットを手に入れるのに、10枚のうち何枚のトークンを使うのかを自分で決めるように指示されます。

しかし、自分が付けた値段が、クラスの平均を下回った場合、パンフレットを手に入れることはできず、10枚のトークンはすべて文房具と交換することになります。このため、自分が興味を惹かれたり、関心を持ったパンフレットを手に入れるためには、支払ってもよいと考える最大のトークンを使わなければならないのです。

図3-2 「好奇心」を測るために配られたパンフレットの表紙

（出所）Alan & Mumcu (2023) の41頁のFigure 2を抜粋。

アラン教授らは、子どもたちが自分が興味や関心を持ったものを手に入れるために支払ってもよいと考えたトークンの数が、子どもたちの興味や関心の支払意思額であり、「好奇心」を数値化したものだと考えました。

この理科の授業と教材の効果を検証するため、アラン教授らは、トルコの2つの州の公立小学校で2回のランダム化比較試験を行っています。1回目の実験では、プログラムの対象となる25校（**処置群**と呼びます）と、ならない25校（**対照群**と呼びます）をランダムに分け、比較しました。2回目の実験は、少し数を増やして、別の学校で行われ、処置群43校、対照群41校を比較しました。

理科の授業を1年間受けたあと、子どもたちの好奇心が高まったかどうかを見てみると、**処置群の子どもたちは対照群の子どもたちよりも支払意思額で計測した好奇心が高かった**ことがわかりました。平均して約4ポイント近くも高かったので、かなり大きな効果があったと言えます。

また、パンフレットの内容をどの程度覚えているかというテストをすると、処置群の子どもたちのほうがよく記憶していることもわかりました。つまり、**好奇心の高まりは知識の定着を促した**ことがわかります。

好奇心の向上は、学力にも影響するのでしょうか。**処置群の子どもたちよりも平均して約0・8も理科の学力テストの偏差値が高かった**ことがわかっています。学力に対する効果はプログラムが終了して3年たったあとも持続していました。好奇心の向上は学力向上にもつながり、その効果が長期にわたって持続することが示されたのです。

学校で他者に対する「思いやり」を育む

好奇心以外にも、「向社会性」や「利他性」を高めることにも注目が集まっています。

向社会性とは、一言でいうと「他者への思いやり」です。人格の中でも特に重要だと言えますし、人々の向社会性は社会全体に影響を及ぼします。

たとえば、環境問題が深刻化する現代のような社会においては、自分の利益だけを追求し、環境を破壊してしまっては、持続可能ではなくなってしまいます。自分のことだけでなく、他者を理解、尊重することの重要性が高まっていると言えるでしょう。

また、向社会性や利他性の高い人は、健康で、幸福感が高く、収入も高いというエビデンスがあります。[*4] 自分のことしか考えていない人が、他人から尊敬されたり大切にされたりするはずもありませんから、当然のことかもしれません。

しかし、他者への思いやりが大切だと頭ではわかっていても、実際に行動に移すのは難しい。自分の利益だけでなく、周囲や社会全体の利益を考えて行動しましょうと子どもたちに教えることは簡単ではありません。

そんな中、学校の中で子どもたちの向社会性が高まったことを示すエビデンスがあります。

インドのデリーでは、2007年に法改正が行われ、私立学校で、貧困世帯の子どもたちを無償で受け入れることが義務化されました。それまで私立学校の生徒はほとんどが経済的に恵まれた裕福な家庭出身の子どもたちでしたが、少なくとも生徒全体の20%が貧困世帯の子どもたちになったのです。

差別やスティグマが生じるのではないかとか、元々通っていた生徒の成績が下がるのではないかということが心配されましたが、そうしたことは生じませんでした。それどころか、アルファベット順で決まる座席で、**偶然、貧困世帯の同級生と席が近くなり、グループワークなどで一緒に過ごす時間が長くなった生徒たちは、より向社会的で寛大な気持ちを持ち、貧困世帯の同級生たちと親しく付き合った**ことが示されています。[*5]

多様な仲間たちとともに過ごし、相手の立場に立って考える経験は子どもたちの向社会性を身に付ける機会となります。

また、ドイツで小学2〜4年生、約600人の親子を対象に行われた実験では、NPOが大学生のボランティアを派遣し、約1年間子どもたちと密接にかかわりながら、**模範となる「年上の善き友人」の役割を果たしたときに、子どもたちの向社会性や利他性が高まった**ことが示されています。[*4]

この研究では、子どもが母親の向社会性から影響を受けていることも示されています。つまり、子どもの向社会性や利他性を高めるためには、身近な大人や友人の影響が大きいと言えそうです。

生徒の非認知能力を伸ばせる「先生」がいる

子どもたちの非認知能力に影響を与える身近な大人として、「先生」の影響を無視することはできません。

ノースウェスタン大学のキラボ・ジャクソン教授は、ノースカロライナ州の全公立中学校の3年生約57万人と、数学と英語のそれぞれの担当教員約6000人についての行政記録情報を用いて、教員が生徒の非認知能力を伸ばせるかどうかを検証しました。*6 この研究では、教員の影響を「**付加価値**」という指標で測ろうとしました。

付加価値とは何でしょうか。

この先の議論を理解するのに必要ですから、少し横道にそれて説明しましょう。教員の「質」を計測する指標として「付加価値」を最初に提案したのは、ノーベル経済学賞の候補者として頻繁に名前が挙がるハーバード大学のラージ・チェティ教授です。*7

付加価値とは、ある教員が教えた生徒の「学力の伸び」です。実際の研究ではもうちょっと統計的に複雑な方法で計算しているのですが、大雑把には「学力の伸び」であると理解して差し支えありません。

図3-3a 付加価値の高い教員が異動してきたことの影響

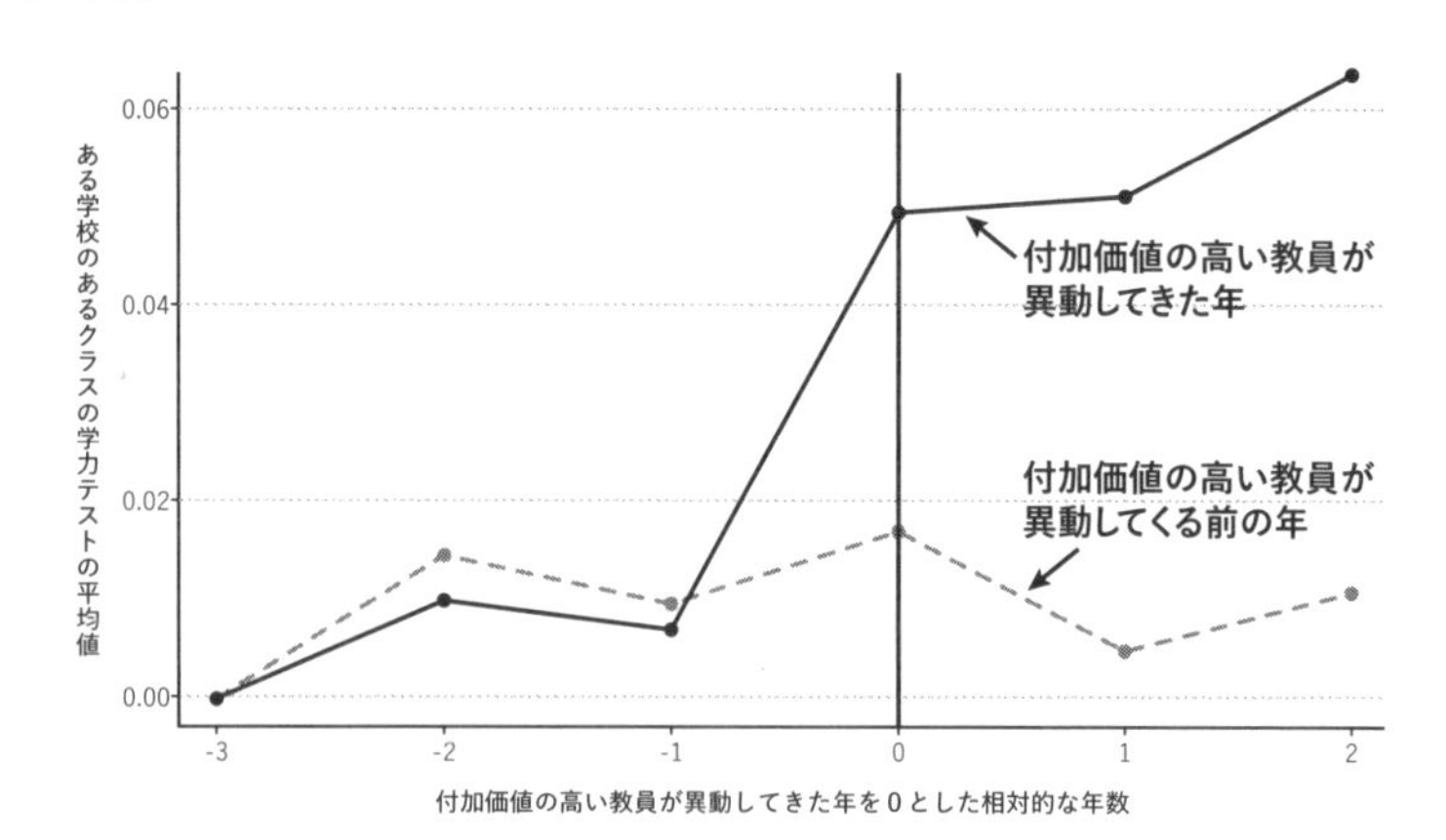

図3-3b 付加価値の低い教員が異動してきたことの影響

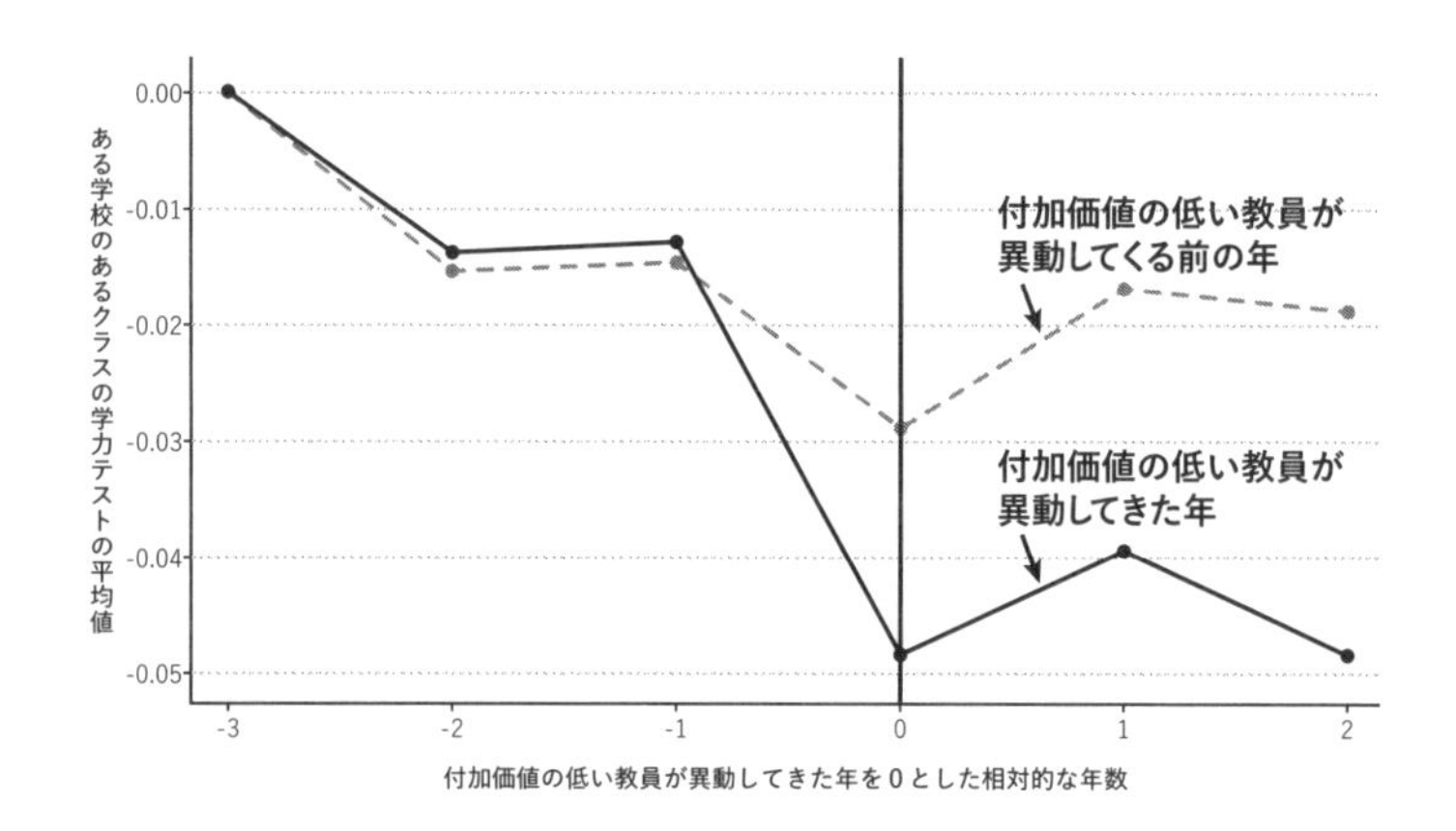

(注)点線は、付加価値で上位5%(または下位5%)の教員が異動してくる以前の、ある学校のあるクラスの学力テストの平均値。実線はT=0(年)のところで付加価値が上位5%(または下位5%)の教員が異動してきた場合の学力テストの平均値。
(出所)Chetty, et al. (2014b)の2620頁のFigure 3のPanel AおよびPanel Cを抜粋。

付加価値の高い教員が異動してきたことで何が起こるのかを見たのが、**図3－3a**です。付加価値が全体の上位5％の教員が異動してくると、クラスの平均点は急にぐっと上昇します。逆に付加価値が全体の下位5％の教員が異動してくると、**図3－3b**に見るように、急に下がってしまっています。教員の影響がとても大きいことがわかります。

チェティ教授らは、全米の大都市圏の公立小・中学校の約100万人の学力テストのデータと納税記録などの行政記録情報を用いて、**付加価値の高い教員は、ただ単に子どもの学力を伸ばしているだけでなく、大学進学率、将来の収入、貯蓄率を高め、10代で妊娠する確率を低下させている**ことを明らかにしたのです。

学力と非認知能力の両方を伸ばせる先生は少ない

チェティ教授らによって、教員が生徒の「学力」に与える影響を付加価値として測定することの妥当性は示されたと言えますが、ジャクソン教授は教員の付加価値として、生徒の学力の伸びだけでなく、「非認知能力の伸び」も含めたのです。[注1]

教員が生徒に与えるすべての効果のうち、学力は5分の1以下しか説明できていないと主張する研究もありますから、[*8] 学力の次には非認知能力の付加価値に関心が高まるのも当

図3-4 生徒の学力と非認知能力の両方を伸ばすことに長けた教員は少ない

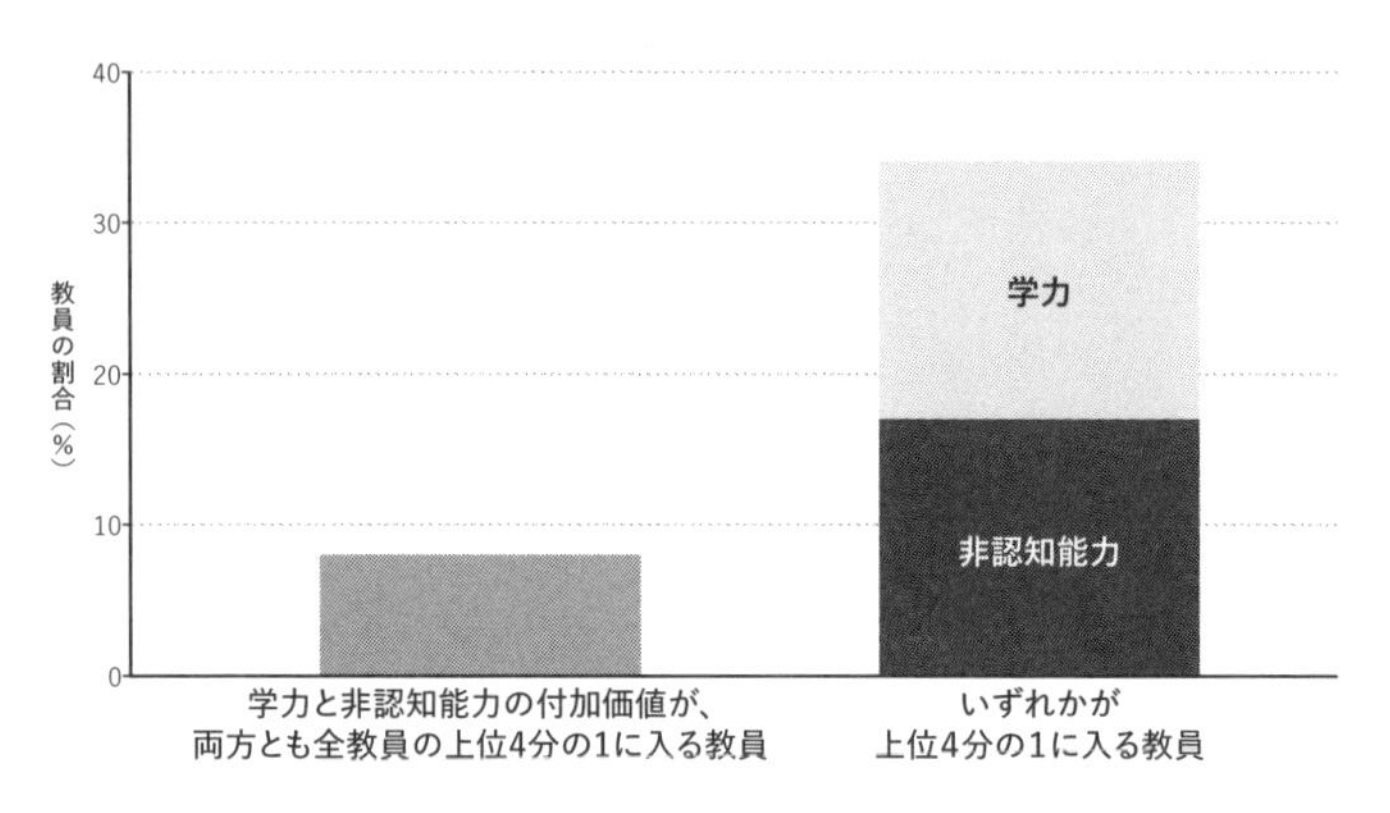

（注）Jackson（2018）を基に算出。
（出所）Schanzenbach, et al.(2016) の7頁のFigure 7Bを抜粋。

然のことと言えます。

ジャクソン教授の研究の結果、明らかになったことは主に3つあります。

1つ目は、学力で測った付加価値と、非認知能力で測った付加価値の相関はかなり低いということです。つまり、生徒の学力を伸ばすことに長けた教員と非認知能力を伸ばすことに長けた教員は違うということになるでしょう。

ジャクソン教授の研究結果をもとに作成された図3－4からも明らかなとおり、**生徒の学力と非認知能力の両方を伸ばすことに長けた教員は全体の10％にも満たないのですが、どちらか一方を伸ばすことに長けた教員は30％を超える**ということもわかりました。

図3-5 非認知能力の教員付加価値の影響は大きい

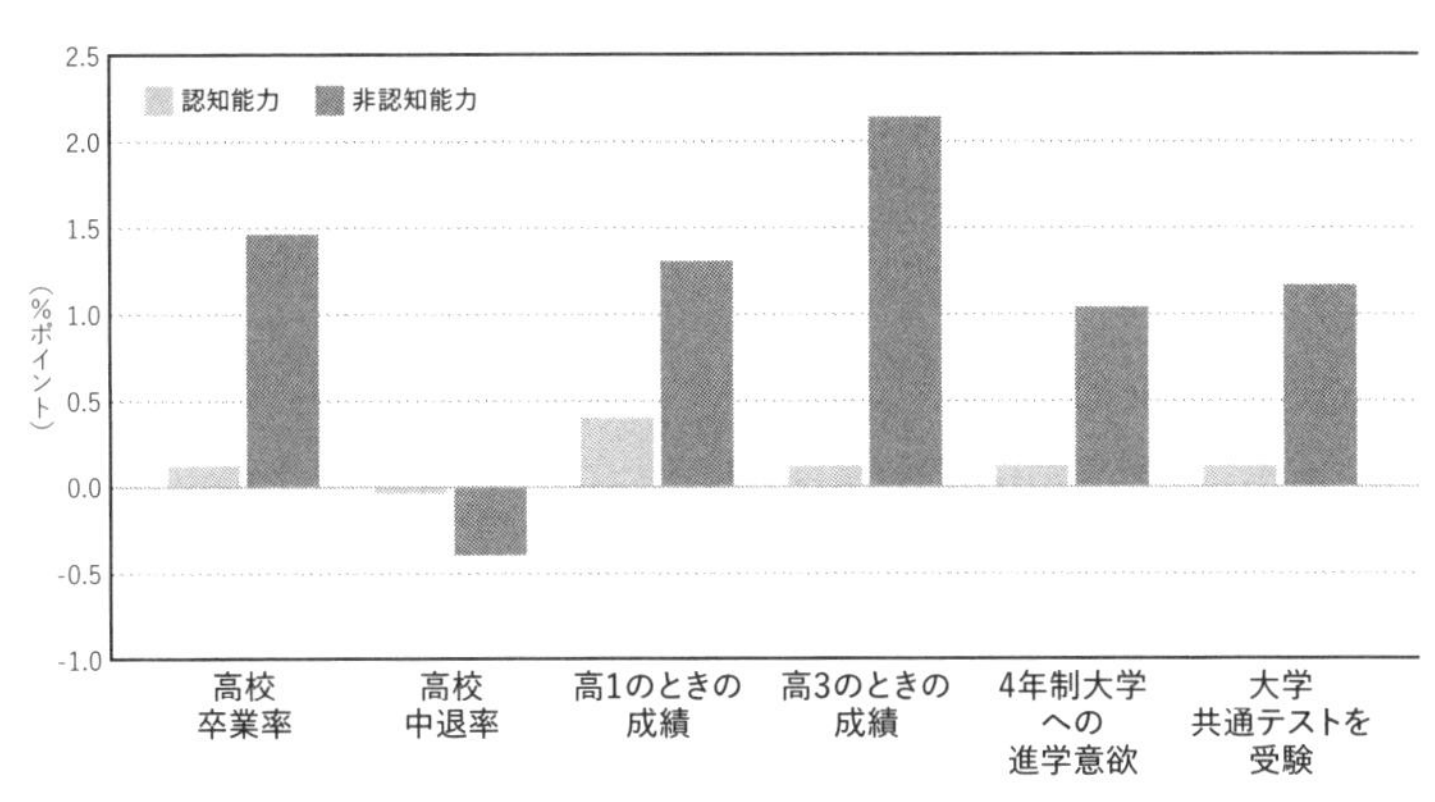

（注）中3のときに数学と国語を担当した11,856人の教員の学力と非認知能力の付加価値が1標準偏差（SD）上昇したとき、高校進学後の成果にそれぞれどの程度影響を与えているかを比較したもの。
（出所）Jackson（2018）の2102頁のTable 7を基に筆者改変。

一方、小学生のデータを用いた別の研究では、国語の学力テストで測った付加価値と数学で測った付加価値の相関は高いということがわかっています。[*9] つまり、学力を伸ばすことに長けた教員は、科目によらず、生徒の学力を伸ばすことができるようです。

2つ目に、将来の成果に与える影響を見てみると、認知能力で計測された付加価値よりも、非認知能力で計測された付加価値の影響のほうが大きいということです。

図3－5を見てください。仮に偏差値で大きさをあらわすとすれば、中学3年生のときに習った教員の「学力の付加価値」が偏差値で10上昇すると、そのクラスの生徒の高校卒業率は0・12ポイント上昇することがわかります。一方、「**非認知能力の付**

加価値」が偏差値で10上昇すると、高校卒業率は1・46ポイントも上昇するのです。

高校卒業率が1・46ポイント上昇すると言っても、その大きさがよくわからないかもしれませんので、どれくらいの経済価値があるのかを調べる必要があります。

ジャクソン教授は、一定の仮定の下で、高校を中退するのと、高校を卒業するのとでどれくらい生涯収入が異なるかを推計しています。それによると、**生徒1人あたり平均で約1815万円（12・1万ドル）もの生涯収入の差がある**というわけですから、個人にとってみればとても大きな影響があると言えるでしょう。

そして、中学3年生のときに習った教員の影響は、高校卒業率だけでなく、高校入学後の成績や中退、大学進学への意欲などにも影響しています。図3-5からも明らかなとおり、そのほとんどにおいて、「学力の付加価値」が高い先生よりも「非認知能力の付加価値」が高い先生の影響が大きいことがわかります。

どういう先生が非認知能力を伸ばせるのかはまだわかっていない

日本については、サイバーエージェントの伊藤寛武氏と財務省の田端紳氏が、埼玉県のある自治体の小学校のデータを用いて行った研究があります。[*10] ここでは、子どもの学力や非認知能力の変化のうち、教員の寄与がどの程度かを調べています。

それによると、主に2つのことがわかっています。

1つ目は、**教員は、子どもの学力よりも、非認知能力に対して大きな影響を与えている**ということです。2つ目は、**海外の研究と比較すると、日本の教員が子どもの学力に与える影響は小さい**ということです。

この理由ははっきりとはわかっていませんが、伊藤氏らは日本における標準授業時数や学習指導要領など統一化されたカリキュラムの影響によって、教員ごとの教科指導のばらつきが小さいことが影響しているのではないかと考察しています。

しかし、伊藤氏らの研究では、「どのような教員が子どもの非認知能力を伸ばせるのか」ということはよくわかっていません。性別、勤続年数、出身大学の偏差値などのさまざまな教員の特徴と非認知能力で測った付加価値のあいだにはほとんど相関が見られなかったのです。

実は、海外の研究でも同様に、非認知能力を伸ばすことに長けた教員が、子どもたちの将来の成果に影響を与えることはわかっていても、それがどのような特徴を持った教員なのかということについては定見は得られていません。[*11] この点は、今後の研究が俟たれるところです。

しかし、一連の研究から明らかなことは、子どもたちが身近にいる人たちから影響を受けて非認知能力を培っているということです。この分野で優れた研究業績のあるヘックマン教授は、近著で、非認知能力は「伸ばすことができるし、教えることもできる」と述べています。

コラム

「やり抜く力」は伸ばせるのか？

本章で登場したスール・アラン教授らは、子どもたちの「やり抜く力」を伸ばす教育プログラムの開発も手掛けました。[*12]

ここでもアラン教授らは、さまざまな分野の専門家と協力して、やり抜く力を伸ばす教育プログラムを作り、担任教員が授業の中で使えるように、研修を行いました。しかし、これは本章で先に紹介した好奇心を伸ばすプログラムとはいくぶん違っています。特定の科目の授業のやり方を変えるのではなく、子どもたちに対する励まし方や褒め方を変えるのが目的です。

具体的には、教員が子どもたちに声をかけるとき、手を替え品を替え、以下の4つを繰り返すよう求められました。

●子どものやり抜く力を伸ばすために、教員に求められた4つのポイント

ポイント1　目標を設定することが重要なこと

ポイント2　その目標を達成するためには、努力することが大切なこと

ポイント3　失敗や挫折を建設的に考えることが重要なこと
ポイント4　人間の能力というのは決して生まれつきのものではなく、努力によって変えられること

これには一体、どのような意味があるのでしょうか。アラン教授らは、やり抜く力の強い人は「**成長マインドセット**[*13]」を持っていると考えていました。

成長マインドセットとは「努力することで自分の能力を向上させることができると信じること」です。スタンフォード大学の心理学者、キャロル・ドゥエック教授が提唱したことで知られます。成長マインドセットを持つ人は、仮に失敗したとしてもめげずに、粘り強く取り組む傾向があることがわかっています。

このプログラムは、教員の励まし方や褒め方を変えることによって、子どもたちのマインドセットを変えようとしたのです。研修を受けたあと、担任の教員たちは、子どもたちを褒めるときには、良い「結果」だけではなく、「努力」を褒めるようになりました。たとえば、テストで95点を取ったという結果だけではなく、毎日宿題をきちんと提出したことや、授業中にたびたび良い質問をしたことなどの努力を褒めたのです。

このプログラムの効果を検証するため、アラン教授らは、トルコのイスタンブールにある公立小学校で2回の実験を行っています。1回目の実験では、教育プログラムの対象と

図3-6 学校で「やり抜く力」を伸ばす

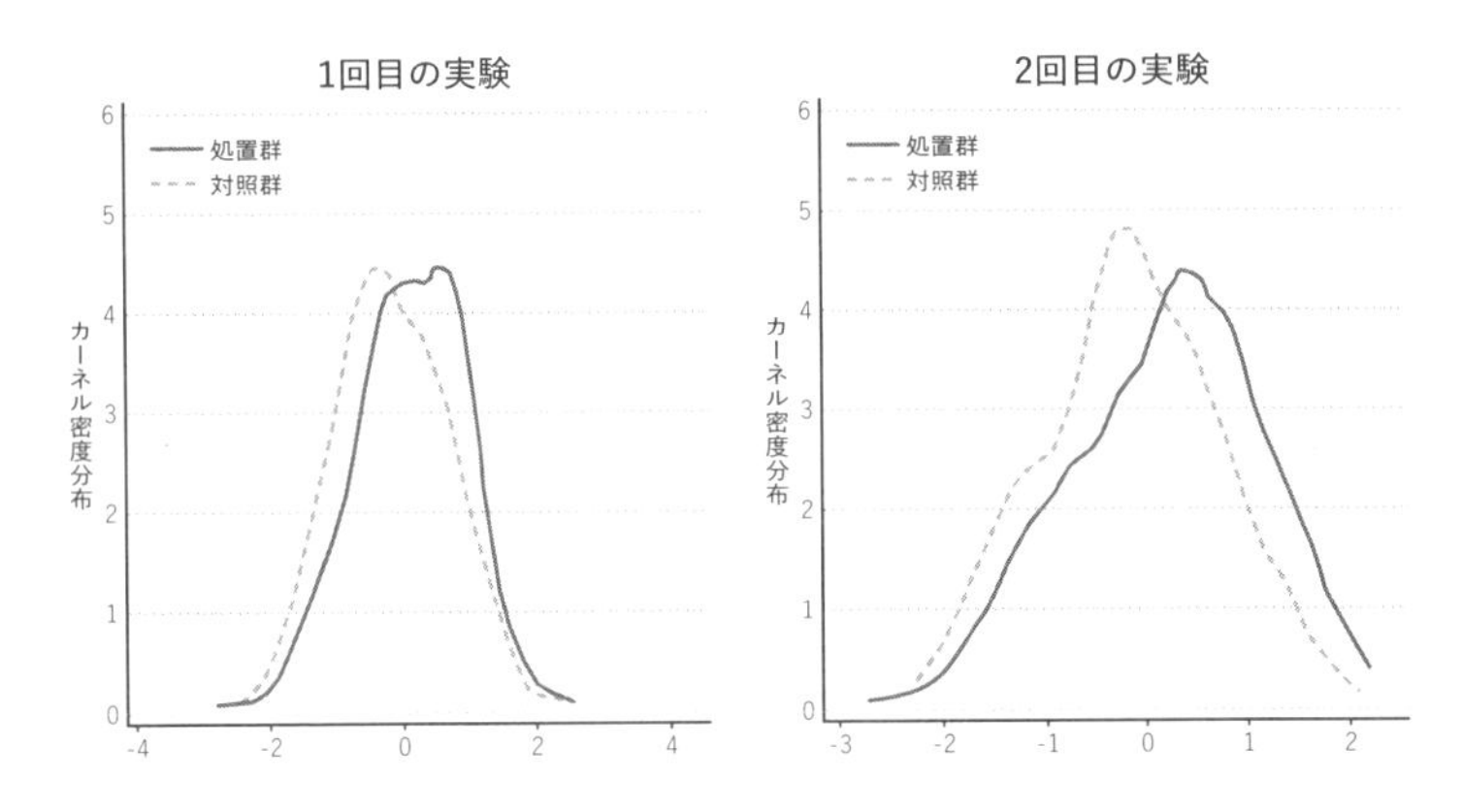

(注) 1回目の実験で15校の処置群と21校の対照群を比較。2回目の実験で、異なる8校の処置群と8校の対照群を比較。性別や学年などの基本的な属性では説明できない部分(残差)の分布。やり抜く力を計測するためのアンケート調査の回答を基にしている。
(出所) Alan, Boneva & Ertac (2019)の1156頁のFigure 3を抜粋。

なる15校（処置群）と、ならない21校（対照群）をランダムに分け、比較しました。2回目の実験は別の学校で行われ、処置群8校、対照群8校を比較しました。

やり抜く力を計測するには、標準的なアンケート調査を用います。2度の実験が終了したあと、**処置群の子どもたちのやり抜く力が、対照群の子どもたちよりも高かった**ことがわかります（**図3－6**）。

アラン教授らは、アンケート調査だけでなく、本当に子どもたちの行動が変わったかを確認するため、難しい計算問題を解くとご褒美がもらえるというゲームを実施しました。すると、**処置群の子どもたちは、たとえ解答を間**

違えたとしても、再び難しい問題にチャレンジし、最終的にゲームによって得られたご褒美の金額も多かったことがわかりました。

さらには、この教育プログラムが終了してから2・5年後に行われた追跡調査で、**処置群の子どもたちは、数学の学力テストの偏差値が2近くも高かった**こともわかりました。

つまり、ここでも非認知能力の向上は学力向上にもつながり、その効果は長期にわたって持続することが示されたのです。

第4章

親は子育てに時間を割くべきなのか？

子育て世代の「時間貧困」は深刻

最近では、夫も妻も両方就業している共働き世帯は増加の一途を辿っており、全体の64％に達しています。[*1]

共働き世帯の増加とともに問題になっているのが、子育て世代の「時間貧困」です。内閣官房の調査によれば、「子育てをして負担に思うこと」として、子育てに対する経済的な負担（55・6％）に次いで多いのが、「自分の自由な時間が持てない」（46・0％）というものです。これ以外にも、「夫婦で楽しむ時間がない」（16・3％）という回答も少なくありません。[*2]

慶應義塾大学の石井加代子・特任准教授らの調査によれば、6歳未満の子どもを育てる正社員共働き夫婦のうち、31・5％が十分な育児、家事、余暇の時間を取れない状況に陥っていることがわかっています。[*3]

「お金」だけではなく、「時間」の不足は子育て世代には深刻な悩みです。

親自身の自由な時間だけでなく、子育てに充てる時間のやりくりに悩み、子育てに十分時間が取れないことで、密かに罪悪感を抱えている人も多いのではないでしょうか。子どもの教育にお金を支払うことと同じように、子どもの教育に時間をかけることも、親が子どもに対して行う投資です。経済学では、お金の投資と区別して、「**時間投資**」と呼んでいます。

この章では、親の時間投資について考えます。

具体的な説明の前に、ちょっと横道にそれて、「**教育生産関数**」という分析枠組みについて説明させてください。教育生産関数は、教育における勉強時間などの「インプット」と、学力などの「アウトプット」の関係のことです。教育生産関数はこのあとも登場しますので、頭に入れておいてください。

親の時間投資は教育生産関数におけるインプットの1つです。親の時間投資というインプットは、子どもの学力などのアウトプットにどう影響しているのでしょうか。

最近の研究は、「生活時間調査」といって、家計簿をつけるように、親子の時間の使い方を記録したデータを用いているものが多く見られます。

学歴の高い母親ほど、子育てに時間をかけている

生活時間調査は、さまざまな国で行われています。16の欧米諸国の生活時間調査を比べた研究では、親の時間投資には、国によらず、共通のパターンがあることを発見しました。[*4] それは、多くの国で**学歴の高い親のほうが、子どもへの時間投資が長くなる傾向がある**ということです。

その一方で、外で働いているかどうかは、意外にも子どもへの時間投資にさほど大きな影響を与えていません。子どもが小学校に入ってしまうと、親が働いている時間帯は、子どもが家にいないことも多いため、外で働いている母親と専業主婦の母親とで、子どもと過ごす時間にそれほど大きな差は生じないというわけです。

1つの例として、イギリスの生活時間調査のデータが参考になります。イギリスで2000年に生まれた子どもを対象に行われた生活時間調査のデータは、母親の「勉強」への時間投資（本の読み聞かせや宿題の手伝いなど）と「体験」への時間投資（お絵描きや屋外での運動など）に分けることができます。

図4－1を見てください。イギリスでは、母親の学歴が上がると、子どもの勉強への時間投資は増える傾向があります。一方、母親が外で働いているかどうかは、子どもの勉強への時間投資にほとんど影響を与えていません。つまり、外で働いている母親は、専業主婦の母親と同程度に子どもの勉強への時間投資をしているということになります。

一方、体験への時間投資は、母親の学歴や雇用の両方とほとんど関係がなく、子どもの年齢による差もほとんどありません。

日本でも同じことが言えるのでしょうか。

イギリスとまったく同じ条件で比較するのは難しいのですが、日本でも厚生労働省が実施している「21世紀出生児縦断調査」のデータには、7～8歳の子どもを持つ母親の学歴や雇用と、子どもの勉強の時間や体験の頻度の情報が含まれています。

図4－2を見てください。母親の学歴が高いほうが、子どもの勉強と体験の両方で時間投資が増えるのは、日本もイギリスと同じのようです。

しかし日本では、専業主婦の母親のほうが子どもの勉強時間は長くなり、外で働く母親のほうが体験に積極的であることがわかります。つまり、海外とは異なり、日本では学歴だけでなく、外で働いているかどうかも影響を与えていることがわかります。

図4-1 イギリスの母親の時間投資のパターン

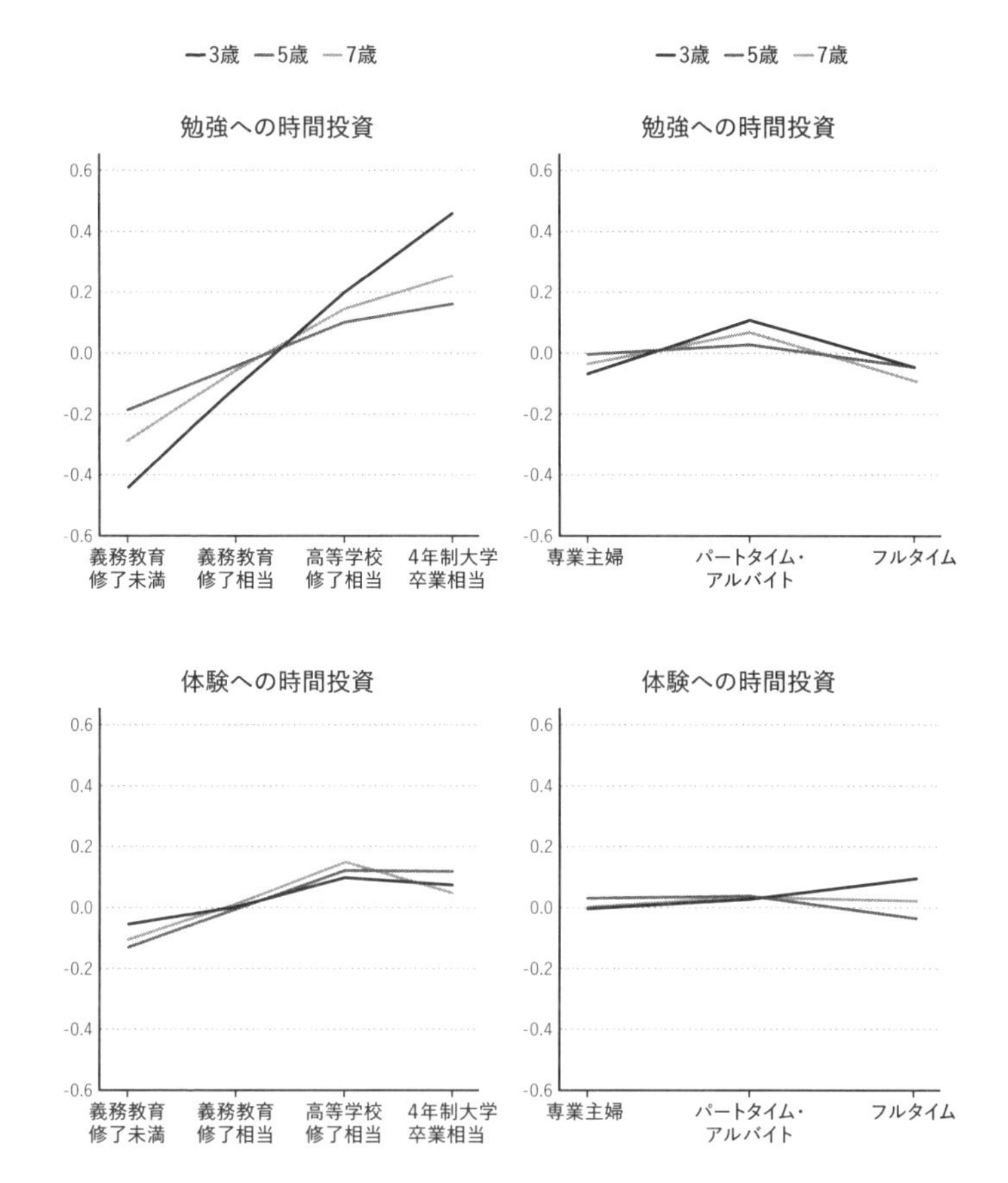

(注)ミレニアム・コホート研究に含まれる子どもとの過ごし方について、子どもと本を読む、読み聞かせをする、音楽を聴いたり歌を歌う、絵を描く、スポーツをしたり屋外で遊ぶ、屋内でゲームをする、宿題を手伝う、学校行事に参加する、PTAなどの活動に参加する(後者の3つは5歳と7歳のみ)のそれぞれの頻度を6件法または8件法で回答した質問項目を主成分分析を用いて統合し、勉強への時間投資と体験への時間投資と定義した。
(出所)Bono, et al.(2016)の108頁のFigure 4を抜粋。

図4-2 日本の母親の時間投資のパターン

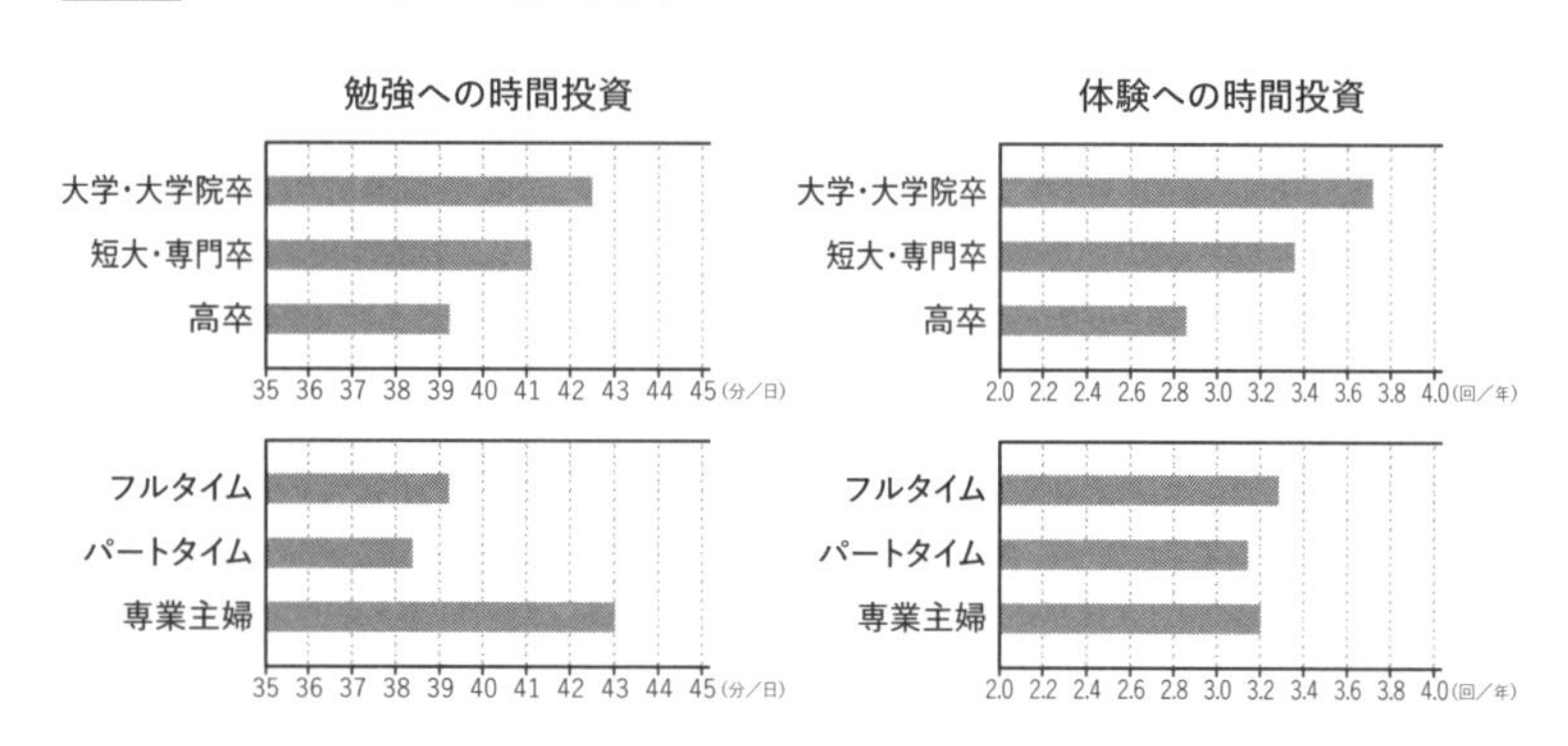

(注) 勉強への時間投資は、1日あたりの家庭での勉強時間(塾なども含む)であらわし、体験への時間投資は、1年間に行った自然体験(キャンプや海水浴など)、社会体験(農業や職業体験など)、文化的体験(動植物園や音楽、スポーツ観戦など)という3つの活動を、「まったくない」を1、「1～2回」を2、「3回以上」を3として集計した。
(出所) 21世紀出生児縦断調査(平成13年出生児)を基に筆者作成。

時間投資の効果は子どもの年齢が小さいときのほうが大きい

このような日本と海外の違いを念頭に置いた上で、イギリスの生活時間調査のデータを用いた分析の結果がどうなったかを見ていくことにしましょう。このデータを用いた研究では、勉強と体験、それぞれの時間投資が、3歳、5歳、7歳時点での子どもの認知能力や非認知能力に与える影響を明らかにしようとしました。[*5]

「どうして母親だけなのか」と思う人がいるかもしれません。実は、このデータが取られ始めた2000年頃には、父親よりも母親のほうが子どもと過ごす時間は圧倒的に長いという状況でした。ですから、母親を対象にした調査が多かったのですが、最近は徐々に状況が変わってきていますから、父親のデータも取られるようになってきました。父親に関するエビデンスも本章のあとのほうで紹介します。

まず、**母親の時間投資は、勉強か体験かによらず、子どもの認知能力や非認知能力を高めます**。[注1] 勉強への時間投資のほうが認知能力への効果が大きく、体験への時間投資のほうが非認知能力への効果が大きくなっています。しかし、勉強への時間投資も非認知能力を高めますし、体験への時間投資も認知能力を高める効果があります。なぜ体験への時間投資が認知能力を高めるかというと、さまざまな体験をすることで、考える力が身に付くからです。

そして、**時間投資の効果は、勉強か体験かによらず、子どもの年齢が小さいときのほうが大きい**ということもわかっています。このことは特に勉強への時間投資において顕著です。

具体的には、子どもが3歳時点では大きい勉強への時間投資の効果は、7歳時点ではほとんどゼロになっています。とはいえ、**3歳時点の時間投資の効果は、その後も持続する**ようです。3歳時点で行われた勉強への時間投資は、ことばの発達に影響を与え、それが5歳や7歳のときの認知能力を伸ばすことの助けになるというようなことが起こるからです。

このように、子どもの年齢が小さいときの時間投資の効果は持続するのですが、持続力が高いのは認知能力よりも非認知能力への効果のようです。**親の時間投資によって獲得した3歳時点の認知能力は、7歳時点で25〜50%程度しか持続していないのに対して、非認知能力は70〜90%程度が持続している**ことが確認されています。

アメリカの3〜16歳の子どもの生活時間調査を用いた研究においても、イギリスの研究と非常によく似た結果になっています。やはり、親の時間投資の効果は幼少期のほうが大きいようです。[*6] 認知能力よりも非認知能力への時間投資のほうが効果が持続する傾向があるという点も、イギリスと同じです。

ただし、イギリスの研究では、主に母親の時間投資に着目していましたが、アメリカの研究では、父親についても検討が行われており、**時間投資には、母親であっても父親であっても同じだけの価値があることが示されています。**

両方の研究が子どもが小さいときの親の時間投資の効果は大きいという結論になっていますが、子どもが大きくなったあとの時間投資には本当に意味がないのでしょうか。

実は、イギリスの最新の生活時間調査のデータを用いて、さらに学齢が大きい子どもへの影響を見た研究では、**子どもの年齢が7歳や11歳になった時点でも、親の時間投資が非**

表4-1 子どもが大きくなるにつれ、親の時間投資が減っていく

(1週間あたりの時間)	6～10歳	11～15歳
母親の時間投資	9.47	5.46
父親の時間投資	6.00	4.08
子ども自身の時間投資	4.08	5.12
うち読書	0.69	0.96
うち宿題	0.46	1.25

(注) アメリカの国立小児保健発達研究所 (National Institute of Child Health and Human Development) が収集したChild Development Supplementと呼ばれる調査のうち、1982～86年生まれと、1987～92年生まれの2つのコホートで調査対象となった726人の子どもを対象に集計。
(出所) Del Boca et al.(2017) の573頁の Table 1を基に筆者改変。

認知能力に与える効果は十分に大きいことが示されています。[*7] 特に、スポーツや読書、掃除や片付けなど、親と一緒に活動的に過ごす時間に意味があるようです。

子どもの成長とともに、親よりも子ども本人の時間投資が重要になる

小さい頃は親の時間投資が重要でも、子どもが大きくなると話は変わってきます。子どもは思春期にかけて、自分で自分の時間の使い方を決めるようになっていくからです。

表4-1を見てください。これはアメリカの生活時間調査のデータですが、子どもが11～15歳時点で、母親の時間投資と子ど

も自身の時間投資はほぼ同じくらいにまで差が縮まっていることがわかります。たとえば、宿題をするとか読書をするというような、子どもが自力で行う勉強への時間投資が増えていくからです。

そしてこのデータを用いた研究によれば、**子どもが11～15歳になる頃には、子ども自身の時間投資が認知能力に与える効果は、親の時間投資の効果を上回っている**ことがわかりました。

つまり、子どもの年齢が上がれば上がるほど、親の時間投資の効果は小さくなり、子ども自身の時間投資が重要になってくるというわけです。[*8]

加えて、この研究では、子どもの年齢の上昇とともに、今度はお金の投資の効果が大きくなることも示されています。子どもが大きくなれば、塾に通わせたり家庭教師を付けたりすることによって、お金で時間を買うことができるようになってくるということなのかもしれません。

ここまでは、あまり「どのように過ごしているか」を問わずに、親や子どもの時間投資について考えてきましたが、時間の過ごし方もまた重要です。同じ1時間でも子どもと一緒にじっとテレビを見ているような「受動的」な時間投資なのか、本の読み聞かせをするような「能動的」な時間投資なのかによっても、子どもに対する影響が異なるかもしれま

図4-3 能動的な時間投資と受動的な時間投資の効果

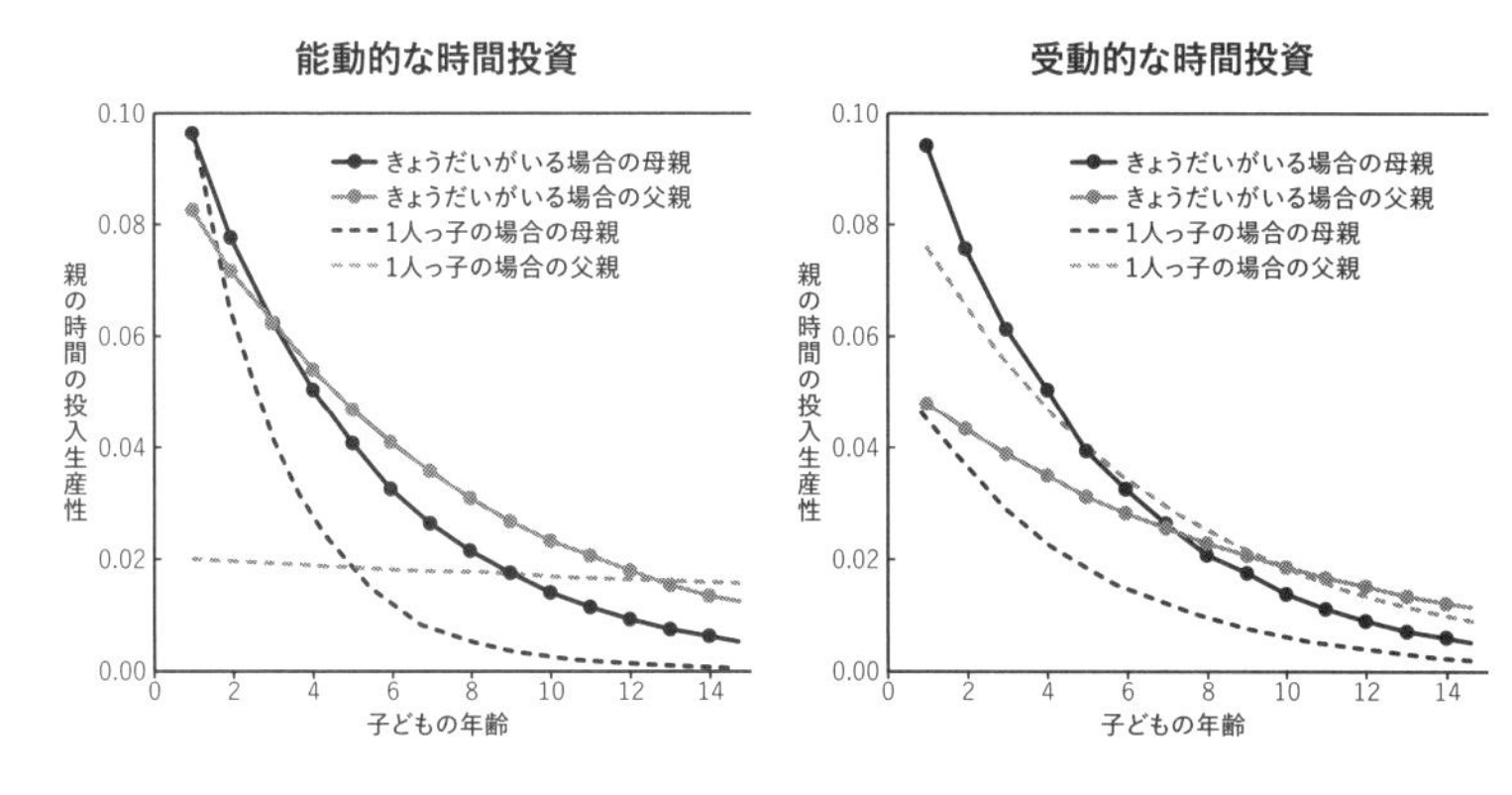

（注）構造推定という方法により、実際のデータを用いて、親の能動的または受動的な時間投資に対する選好パラメータを推定し、それを基にシミュレーションをした結果。
（出所）Del Boca et al.(2014)の172頁のFigure4と5を抜粋。

せん。

アメリカのデータを見てみると、親は子どもの年齢が小さいときには能動的な時間投資が多く、年齢が上がるとともに受動的な時間投資が増えていく傾向があることがわかります。

親の時間の使い方を、受動的なものと能動的なものに分けて、その効果の大きさを比較した**図4－3**を見てみましょう。[*6]

総じてみれば、**能動的な時間投資の効果は、幼少期には大きいのですが、子どもの年齢が上がるにつれて急速に小さくなっていく傾向がある**ようです。

一方で、受動的な時間投資の効果も、幼少期のほうが大きいようですが、能動的な時間投資に比べると、緩やかに小さくなっていくようです。

また、この研究では、これまであまり取り上げられることのなかった父親の時間投資も重要であることが示されています。

図4－3で、父と母の違いに注目してみると、母親の時間投資は幼少期のほうが効果が大きく、その後急速に小さくなっていきます。一方、父親の時間投資の効果は母親よりは小さいものの、その後の低下は緩やかです。父親の時間投資の価値は子どもの年齢とあまり関係がないというのは注目に値します。

一連の研究を大雑把にまとめてみると、**子どもの年齢が小さいときの親の時間投資は特に効果が大きいと言えそうですが、その重要性は、子どもの成長とともに低下していき、子ども自身の時間投資の重要性が増していく**ということになります。また、子どもの年齢が上がってくると、今度はお金による投資が意味を持つようになってくるというのも重要な点でしょう。

子どもと過ごす時間の質を高め、学力を上げたパンフレット

「親が子どもの教育にしっかり時間を割くことは重要だ」と頭で理解することはできても、

そう簡単に時間を捻出することはできません。日本人は労働時間が長いですし、状況によっては、子どもの教育よりも仕事が優先されることもあるでしょう。

このような中、デンマークで小学2年生の子どもを持つ約1500人の親を対象にした実験の結果は注目に値します。[*9]

この実験で行ったことは、親にパンフレットを配るという非常にシンプルなものでした。子どもに読み聞かせをするときに参考になるという謳い文句とともに配られたこのパンフレットに書かれていたのは、次のような内容でした。

●小学2年生の親に配られたパンフレットの内容

内容1　今は読み書きが苦手だったとしても、子どもの読み書きの能力は、読み聞かせなどを通じて、鍛えて伸ばすことができる。

内容2　子どもの読み書きの能力を高めるためには、読み聞かせをするときに、子どもに本の内容を要約させたり、質問をしたりすることが大切。子どもが面白がって、自発的に本を読む習慣を身に付けられるように促すこと。

内容3　読み書きの正確さを褒めるのではなく、子どもが本を手に取って、読もうとするという行為を褒めてあげること。

これらのメッセージは、第3章のコラムにも登場した「**成長マインドセット**[*10]」の考え方に基づいています。

成長マインドセットとは「努力することで能力を向上させることができる」と信じることです。成長マインドセットを持つ人は、失敗してもめげずに、粘り強く取り組む傾向があることがわかっています。

つまり、このパンフレットは、親のマインドセットを変えることを企図して作られたものです。そして、親たちが「今現在の学力が低くても、子どもが本を読むことを継続すれば、必ず読み書きの力がついて、学力が上がる」と信じることができるように、さまざまな工夫が施されていました。

このパンフレットには効果があったのでしょうか。

パンフレットを受け取った親の子どもは、受け取らなかった親の子どもと比べて、**3か月後の国語の学力テストの偏差値が2・6も高くなりました**。7か月後にもう一度テストをしてみると、多少小さくなったとはいえ、その効果は持続していたこともわかっています。

この実験が示したことは、一緒に過ごす時間の「長さ」だけが重要なわけではないということです。親が「子どもの能力というのは生まれつきのものではなく、努力によって変

える ことができる」という成長マインドセットを持つことで、子どもと過ごす時間の「質」を高め、実際に子どもの読み書きの能力を高めることに成功したのです。この発見は、親が十分な時間投資をできなくても、質を高めて限られた時間投資をより効果的なものにするための重要なヒントではないかと、私には思えます。

祖父母と同居すると、孫のコミュニケーション力が上がる

親が十分な時間投資をできない場合に、祖父母に力を貸してもらうことは良いことなのでしょうか。2019年に行われた調査によれば、祖父母と同居している子どもは小学6年生で19・8%、中学2年生で21・2%、高校2年生で21・3%となっています。[*11]

昔と比べれば祖父母との同居率は低下してきていますが、祖父母と一緒に暮らす子どもは少なくありませんし、子育てで頼りになる力強い味方だと感じている人は多いでしょう。

実は、日本だけではなく諸外国でも、外で働く母親が増えてきたことによって、孫の面倒を見ているという祖父母は増加しています。

ヨーロッパでは特に顕著です。イタリアでは、毎日孫の面倒を見ていると回答した祖父母が33・1%、ギリシャでは少なくとも週に1度は見ていると回答した祖父母がなんと

48・9%にも達しています。[12]

祖父母の存在によって母親が外で働きやすくなっているのは間違いありませんが、子どもの教育や健康にはどのような影響を与えているのでしょうか。このことには、世界的に関心が高まっていると言えます。

結論から言いますと、親のお金や時間の不足を祖父母が補うことで、孫の助けになります。[13] しかし、ヨーロッパのように福祉が充実している国では、保育所やベビーシッターなど、祖父母以外の助けを借りることもできるので、祖父母のもたらす影響は小さくなるようです。[14]

ただ、祖父母がかかわればすべてが良くなるというわけではありません。世界で行われた206の研究をまとめた**システマティック・レビュー**によれば、祖父母は孫にプラスの影響をもたらす場合も、マイナスの影響をもたらす場合もあることがわかっています。[15]

祖父母と同居することは、孫のコミュニケーション力[16]**や言語発達**[17]**に良い効果がある一方、肥満になりがちであることを示すエビデンスがあるのです。[18] 祖父母による甘やかしで、「年寄りっ子は三文安い」とならないように注意が必要です。

祖父母と同居すると、孫の学力も上がる

学力や学歴への影響はどうでしょうか。台湾で行われた約1・2万人の中学1年生のデータを用いた研究は、**長期間、祖父母と同居した子どもは学力が高い傾向にある**ことを示しています。[*19]

中国のデータを用いた研究では、祖父母自身の学歴が孫の学歴に影響することがわかっています。[*20] しかもその影響の大きさは親の学歴と同程度だというのですから、かなり大きいと言えそうです。アジアだけでなく、ヨーロッパ諸国やイスラエルのデータを用いた研究でも、祖父母の存在が孫の学力や学歴にプラスの影響があることが明らかになっています。[*14]

その一方、フィンランドのデータを用いた研究は、少し異なる見解を示しています。フィンランドには、約5万世帯の家族を3世代にわたって調査したという貴重なデータがあります。これを用いた研究によれば、祖父母自身の学歴が孫の学歴に与える影響は小さく、親の学歴が与える影響の10分の1以下にとどまっているということです。

ですが、この研究が言いたかったことは、祖父母の影響が小さいということではありま

せん。祖父母と一緒に過ごす「時間の長さ」こそが重要だということなのです。この研究では、**祖父母と孫が一緒に過ごす時間が10年延びると、孫が高校を卒業する確率が7ポイント増加する**、つまり、祖父母と孫が一緒に過ごす時間が十分に長ければ、孫の学歴に良い影響を与えるというのです。[*21]

実は、先に紹介した中国の研究でも、[*20] 祖父母が孫と同居していなかったり、すでに死亡している場合、祖父母の学歴は孫に影響しないことがわかっていますから、フィンランドの研究とも整合的です。

フィンランドの研究は、祖父母が具体的にどのように孫を助けているのかを明らかにしています。父方の祖母については、祖母自身が持つ親戚のネットワークを駆使し、孫の学歴が高くなるよう仕向けます。母方の祖母については、親が離婚したり、収入が減ったりしたときなど、家族の危機が生じたときに孫を助けることで、孫の学歴に良い影響を与えるようです。残念ながらこれらは、父方か母方かによらず、祖父には見られていません。

でも、祖父母は保育所の代わりにはなれない

もし祖父母が健在なら、子どもを保育所や幼稚園に預けずに、祖父母に預けていればよ

いのでしょうか。

結論から言いますと、それはあまり良いアイデアとは言えません。イギリスの生活時間調査を用いた研究では、祖父母が面倒を見ていると語彙力は高くなるのですが、**語彙力以外の能力では保育所や幼稚園で過ごしているほうが有利になる**ことがわかっています。特に、将来の算数・数学につながる能力への効果が大きいようです。*[22]

加えて、祖父母が面倒を見ることで語彙力が高くなるのは、経済的に恵まれた家庭の子どものみであることもわかっています。やはり保育士や幼稚園教諭といったプロの力は確かなものであり、祖父母はその代わりにはなれないということでしょう。

これまでは祖父母の孫への影響を見てきましたが、孫と一緒に暮らしたり日頃から接触を持つことは、祖父母側にはどのようなメリットがあるのでしょうか。

韓国のデータを用いた研究によれば、**祖父母が孫の世話をすることで、祖父母の認知機能が30%程度改善する**ことが示されています。言語力を高め、記憶力の低下を遅らせるようです。つまり、孫の教育にかかわることは、孫に良い影響があるだけでなく、祖父母の側にも恩恵があり、一石二鳥だと言えるかもしれません。*[23]

弟妹は兄姉からの情報を頼りに学校を選ぶ

最後に、きょうだいの影響を見ておきましょう。

日本では少子化が進んでいますが、実はきょうだいのいる子どもが多いのをご存じでしょうか。厚生労働省が実施している「21世紀出生児縦断調査」で、2001年に生まれた子どもについて見てみると、(15年後の2016年時点で)約83%の子どもにきょうだいがいます。1人っ子という家庭はむしろ少数派で、17%にとどまっています。

年上の兄姉の選択は、年下の弟妹にどのような影響を与えるのでしょうか。

デンマークでは、1984~87年のあいだの期間限定で、生徒たちが理系を選択しやすくなるような新しいカリキュラムを導入しました。簡単に言うと、生徒に人気のある化学の授業時間数を増やし、不人気の物理の授業時間数を減らしたのです。

このカリキュラム変更は功を奏しました。1984年以前には理系を選択した生徒は20%程度だったのが、新しいカリキュラムを導入した国内の約半数の高校では、理系を選択する生徒が10ポイント以上増加したそうです。

もしこの新しいプログラムがなければ文系を選択したであろうと思われる理系の生徒を

特定し、その生徒の弟と妹がどのような進路を選択したのかを見てみると（このような分析手法を「**操作変数法**」といいます）、**弟妹もまた理系を選択する確率が2〜3ポイントも上昇している**ことがわかったのです。[*24]

しかし、これについては性別の異質性があります。きょうだいの進路選択により強く影響を受けるのは男同士の兄弟です。**弟が兄の進路選択に強く影響を受けています**。ほかの研究でも、年の近い同性の兄弟はライバル意識を持ちやすいことが指摘されていますから、[*25]弟は兄をライバルとみなして、その背中を追うのかもしれません。

一方で、成績がトップクラスで、きわめて能力の高い兄姉を持つ弟妹は、かえって理系を選択しなくなることも明らかになっています。優秀な兄姉とは競争したくないと考え、ほかの道を選ぶのでしょう。

これ以外にもメキシコ市のデータを用いた研究が、兄姉が弟妹の学校選びにも大きな影響を及ぼしていることを明らかにしています。[*26]年齢が離れていて、一緒に通学できないような場合であっても、弟妹は兄姉と同じ学校やよく似たタイプの学校を選ぶ確率が高いというのです。

この研究は、兄姉から得られる「情報」の重要さを強調しています。つまり、多くの生徒はどの学校が自分にあっているのかわからないという状況なので、兄姉から得られる情報を頼りにして学校選びをしていることになります。

第1子は第2子よりもデキがいい

このように、きょうだいの存在には無視できないような影響があります。最近、教育経済学では、第1子や第2子といった「生まれ順」によって、将来の収入や学歴が異なるのかという研究に注目が集まっています。

結論から言いますと、第1子のほうが、第2子よりも有利になっていることを示すエビデンスが大半を占めています。こうしたエビデンスが世に出るたびに、アメリカのメディアは「第2子の呪い」と呼び、話題にしてきました。

実は生まれ順の影響を見ることは、そう簡単なことではありません。生まれ順の効果なのか、生まれた年の経済や社会環境の効果なのかを区別することが難しいからです。これを避けるため、同じ年の子どもたちを比較するとしても、第2子の親よりも、第1子の親のほうが若い傾向があることも考慮する必要があります。

そうすると、子どもの生まれた年や親の生まれた年についての、大量の組み合わせが必要となり、相当大規模なデータがないと、生まれ順の効果を正確に知ることはできないの

図4-4 第1子の学歴がもっとも高い

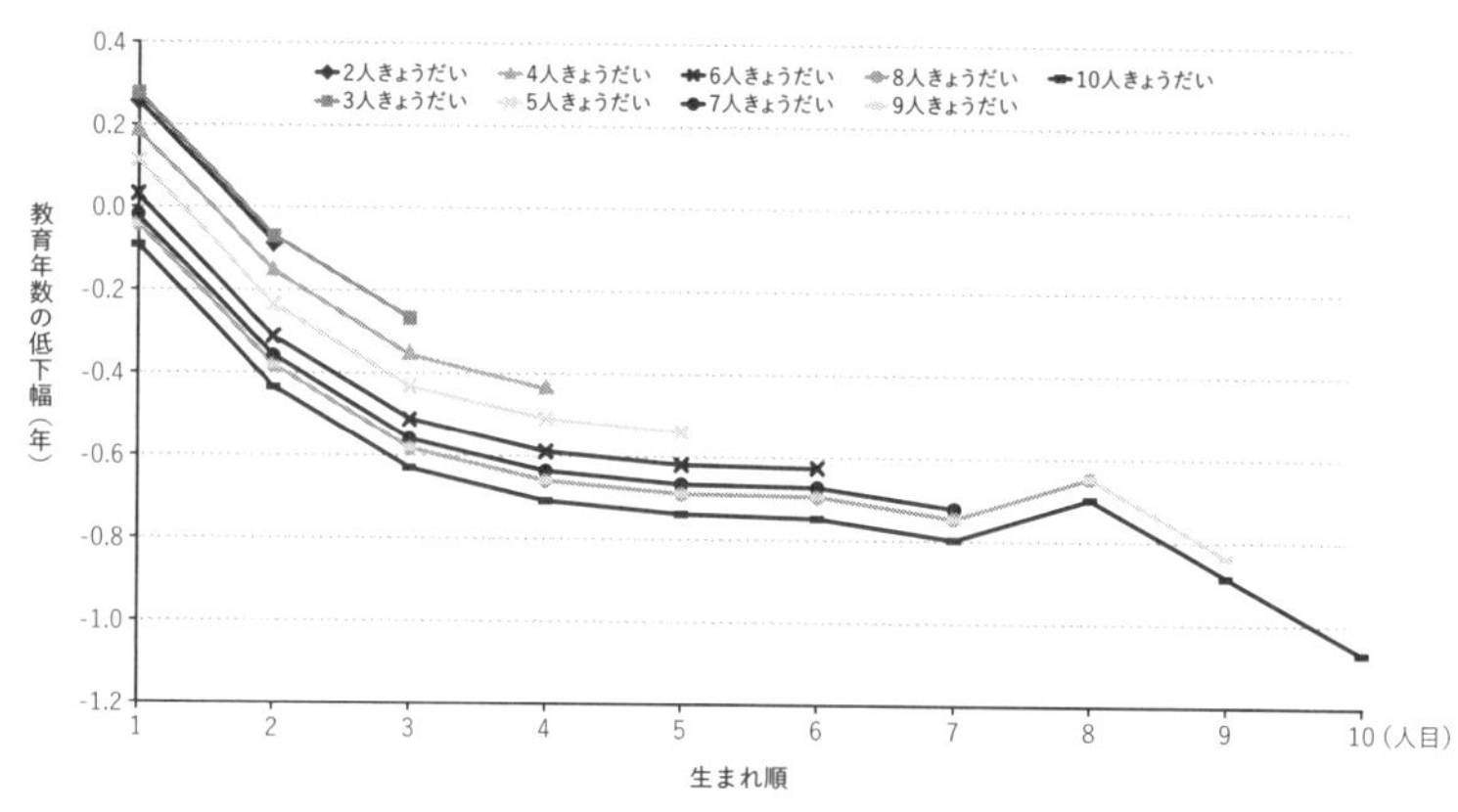

（注）縦軸は、1人子どもが生まれることによって低下する教育年数の平均値をあらわす。
（出所）Black et al.(2005) の689頁のFigure 1を抜粋。

です。

　こうした問題を克服した研究として有名になったのが、ノルウェーの行政記録情報を分析したコロンビア大学のサンドラ・ブラック教授らの研究です。[*27] ブラック教授らは、１９８６〜２０００年のあいだに、16歳以上の子どもがいる65万世帯の１４３万人を分析の対象にしました。

　ノルウェーでも、２人以上のきょうだいがいる家庭が全体の82％で、１人っ子は18％ですから、日本とよく似た状況であることがわかります。

　そしてこの研究は、**生まれ順があとの子どもほど、将来の学歴が低くなる**ことを示しました。

図４-４を見てください。第１子と比べ

たときの第2子の教育年数の低下幅が大きいことがわかります。そして、第1子と第2子のあいだに差があるだけでなく、第3子以降もどんどん教育年数が低下していきます。

そして、生まれ順は非行にも影響を与えます。**生まれ順があとの子どもほど、犯罪で逮捕される確率が上がる**というのです。

これには性別の異質性があり、特に男同士の兄弟のペアに顕著です。たとえば、デンマークでは、**長男よりも次男のほうが成人までに犯罪にかかわる確率が3・6ポイント、そして実際に刑務所に服役する確率が2・7ポイントも高くなります**。

驚くべきことに、アメリカのフロリダ州のデータを用いた研究でも、デンマークとほとんど同じ結果になっています。これに加えて、フロリダ州のデータには、学校における停学処分や欠席についての情報も含まれています。これについても見てみると、**長男よりも次男のほうが1・7~4・3ポイントも停学率が高く、0・01~0・35ポイントも欠席率が高い**という結果になっています。[*28]

そして、生まれ順は、学歴のみならず、成人後の就職や収入にまでも影響しています。生まれ順があとになればなるほど、フルタイムで雇用される確率が低く、収入も低くなるというのです。

さらに、ヨーロッパの複数の国の大規模データを用いた研究では、生まれ順の効果は本人の教育水準に影響を与えるのみならず、その子どもにまで影響を与えることが明らかになりました。[*29]

親自身が第1子だった場合、その子も学歴が高くなることが示されたのです。これには性別の異質性があり、特に母親が第1子で、その子どもが女子である場合に大きくなります。つまり、生まれ順は、世代を超えて、その子どもの教育水準にまで影響を及ぼすのです。

アメリカ、イギリス、ノルウェー、デンマークなど複数の国のデータを用いた研究でよく似た結果が示されているわけですから、第1子が有利なことは特定の地域や国に限ったことではないと言えるでしょう。[*30]

第1子が有利になることを示す4つの仮説

どうして第1子のほうが有利になるのでしょうか。実は、第2子のほうが第1子よりも不利になる理由はあまり見当たりません。

多くの研究が、妊娠期の母親や子ども自身の健康状態は、第1子よりもむしろ第2子のほうが良好なことを明らかにしています。[*31] 両親の年齢が上がるため、第2子が誕生したときのほうが、子育てについての経験値は上がりますし、雇用や収入の面で家庭が安定していることも知られています。[32]

言葉や動作などで第1子の真似をする第2子は、むしろ成長が早いと感じる人も少なくないはずです。第1子と第2子以降で差が生じるメカニズムについてのさまざまな検討が行われましたが、いずれも第1子が有利になるような決定的な証拠は得られませんでした。[28]

残念ながら、いまなお、第1子が有利になる理由については定見が得られている状況ではありません。しかし、いくつかの有力な仮説はあります。

仮説1 親の時間投資に差があるから

1つ目に、「親の時間投資」に格差があるという仮説です。

実際、多くのデータが、親の時間投資は、生まれ順があとの子どもほど少ない傾向があることを示しています。

たとえば、アメリカの生活時間調査のデータを用いて、第1子と第2子が同じ年齢のときの親の時間投資に差があるかどうかを計算してみると、**第1子のほうが平均して1日あたり20～25分も親と長く過ごしている**ことがわかっています。これを4～13歳の期間に換算すると、第1子と第2子のあいだでは、親と過ごす時間が2200時間近くも異なることになります。[33]父親は娘よりも息子と過ごす時間が長い傾向があるため、第1子が男子で第2子が女子の場合に、親の時間投資のきょうだい間格差がもっとも大きくなります。

なぜこのようなことが生じるのでしょうか。

これには、親の時間投資に2つの傾向があることが影響しています。1つ目に、親が子どもと過ごす時間は、第1子が大きくなるにつれて少なくなるということです。

2つ目に、親はそれぞれの子どもに対して平等に時間を配分しようとすることです。この結果、第2子が第1子の年齢に達したときに、第2子が親と過ごした時間は当時の第1子よりも少なくなってしまうのです。

このように、親が「ある一時点」でそれぞれの子どもに対して平等であろうとすると、生涯を通してみれば、第1子と過ごす時間が長くなってしまうのは当然のことです。第1子と第2子の格差は、きょうだいの年齢が離れているときほど生じやすいこともこれを裏付けています。

格差が生じるのは、時間の「量」だけではありません。アメリカの生活時間調査は、親子がどのような時間を過ごしているかも仔細に記録していますから、時間の「質」の差をとらえることもできます。

親の時間投資の質の高低は、一緒に過ごしている時間のうち、「子どもを中心とした活動か」ということや、「親子のあいだで適度な会話や交流があったか」ということで測っています。会話をしながら一緒に食事をするのは質の高い時間に分類されますが、ただ一緒にテレビを見ているだけでは質の高い時間には分類されません。

このように分類してみると、平日の「質の高い時間」は、子どもと過ごす時間全体の3分の1程度のようです。そして、質の高い時間も、第1子の年齢が高くなると少なくなっていきます。たとえば、親が子どもと過ごす質の高い時間は、第1子が4歳のときには、父親が1日あたり118分、母親が150分だったところが、13歳になると父親が50分、母親が60分になるといった具合です。このように親の時間投資にきょうだい間で質・量の格差があることが、生まれ順の格差を生み出しているというわけです。

仮説2 非認知能力に格差が生じるから

2つ目に、「非認知能力」に格差が生じているという仮説です。

前出のブラック教授らは、別の研究で、今度はスウェーデンの男性に関する行政記録情報を用いて、生まれ順が非認知能力に影響を及ぼすことを明らかにしています。

スウェーデンでは、軍隊に入隊するときに心理学の専門家によって30分程度の面談を通して性格診断テストが行われます。この情報を利用して、生まれ順ごとの性格の違いを調べたのです。この結果、**第1子は情緒が安定しており、粘り強く、外交的で、責任感が強く、さまざまな物事においてイニシアチブを取る傾向が強い**ことが明らかになりました。

そして、第1子は将来管理職に就く確率も高いことがわかっています。具体的には、**第1子は第3子と比較すると、45歳時点で企業の社長になる確率が28%も高い**ということです。家庭内で弟妹の面倒を見ることが多い第1子は、責任感が強くなったり、リーダーシップを発揮したりする機会が多いでしょうから、それらが社会に出たときに有利に働くというわけです。[*34]

仮説3 親のしつけに格差があるから

3つ目に、「親のしつけ」に格差があるという仮説です。

親は、第1子の成績や行いが悪かった場合に、より厳しくしつけをしたり、見守りの度合いを強めたりします。ただし、それは第1子のためだけではなく、下の子がサボったり、悪いことをしないよう、「抑止」するためでもあるというのです。[*35]

アメリカのデータを使った研究では、**親が第1子の行動の見守りをしている時間は、下の子どもたちよりも長い**ことが示されています。しかも**第1子の行動を見守る時間は、弟妹が増えるごとに増えていく**傾向があります。

しかし、実際に下の子たちが成績や行いが悪かった場合に、親は第1子に対するほどには厳しい態度を取っていないこともわかっています。

この結果、しっかりしつけを受けており、日頃からの見守りの度合いが強い第1子のほうが成績や行動の面で有利になるというわけです。

仮説4 予想外の妊娠だったケースが多いから

4つ目に、第1子と比較して、第2子以降のほうが、予想外の妊娠だったケースが多いために格差が生じているという仮説です。

実際に、アメリカのデータでは、**第2子以降のほうが、もう1人子どもを産むことを計画していなかった時期に妊娠したと答える人が多い**のです。つまり、**子どもの教育に対する十分な準備ができていなかった**可能性があります。そして、計画外の時期に妊娠した子どもがいない家庭では、生まれ順の影響はほとんど見られていないという点も注目に値します[*36]。

1人っ子にもデメリットがある

それでは、子どもは1人っ子にすべきなのでしょうか。一概にそうとは言えません。1979年から中国で導入された「1人っ子政策」の帰結を分析した研究が、1人っ子のデメリットを明らかにしています。1人っ子政策の前後に生まれた子どもを比較した研究では、**1人っ子政策が導入された1979年よりあとに生まれた子どものほうが、競争心が弱く、他人を信頼する気持ちに欠け、リスク回避的な傾向が強い**ことがわかっています。[*37]

ここで改めて、第1子が有利になることを示す4つの仮説を振り返ってみると、いずれも親の注意と監視、お金や時間が第1子に多く注がれているということがわかります。

アメリカのデータを用いて行われた研究は、親の注意と監視、お金や時間のきょうだい間格差は、下の子が0〜3歳の時点で始まり、小学校に入るまで拡大していくことを明らかにしています。そして、生まれ順の格差が特に大きくあらわれるのは小学校入学後の学力です。この学力のきょうだい間格差は「下の子が小学校に入学する前の親の行動や家庭環境で大部分を説明できる」と主張する研究もあります。[*38]

こうしたことを考えると、きょうだい間の格差が生じることを恐れて1人っ子にするよりは、下の子が小さいときに、親の注意と監視、お金や時間が上の子と同じように下の子どもにも注がれているかどうかを意識することが大切ではないかと思えます。

コラム

「早生まれ」は損をするのか？

「プロスポーツ選手には4月生まれが多い」という話を聞いたことがある人は多いでしょう。同じ学年でも、4月生まれと翌年3月生まれとでは、約1年の歳の差があります。特に子どもの年齢が小さいうちは、1年の差はとてつもなく大きいものです。体格はもちろんのこと、情緒や精神面の発達にも差があることが知られています。

同じ学年内の実年齢の違いは「相対年齢」と呼ばれます。たとえば日本では、4月生まれの子どもは相対年齢が高く、翌年3月生まれの子どもは相対年齢が低いということになります。相対年齢の高低がスポーツのパフォーマンスに与える影響については、多くの研究が行われてきました。

イギリスとオランダのプロサッカー選手には相対年齢が高い人が多いことを示す研究は有名です。[*39] そして、サッカーに限らず、多くのプロスポーツについて、同様の傾向が認められてもいます。また、アメリカの大企業の社長や連邦議会議員には相対年齢の高い人が多いことも明らかになっています。[*40]

相対年齢は子どもの学力にも影響を及ぼしています。国際比較可能な学力調査を用いた論文によれば、**同じ学年内で相対年齢の一番高い子どもと一番低い子どもを、小学4年生時点の理系科目の学力テストの偏差値で比較すると、イギリスは3・6、アイスランドは2・8、ノルウェーは2・8、日本は3・2の差がある**ことが示されていますから、相対年齢の影響はかなり大きいといえそうです。[*41]

東京大学の山口慎太郎教授、サイバーエージェントの伊藤寛武氏と私が発表した論文では、埼玉県のデータを用いて、同じ学年の4月生まれの子どもと翌年3月生まれの子どもを比較しています。[*42] これによると、**4月生まれの子どもは翌年3月生まれの子どもと比べて、小学4年生時点の算数の学力テストの偏差値が3・5、国語で3・6高いことがわかりました。** 中学3年生ではそれぞれ1・3と1・7まで縮小するものの、差はゼロにはなりません。

そのため、埼玉県内のある自治体の協力を得て、高校入試にも影響があるかを調べました。分析の結果を見ると、**4月生まれの生徒は翌年3月生まれの生徒と比べて、合格した高校の偏差値が4・7も高い**ことがわかりました。同程度の学力がある生徒同士を比較してもなお、1・4程度の差が生じていますから、この差はかなり大きいと言えます。

学力の格差は、学年が上がるにつれて縮小していく一方、勤勉性、自制心、自己効力感などの非認知能力についても生まれ月の影響は大きく、学年が上がってもその差が縮まらないままです。

しかも、東京大学の川口大司教授と専修大学の森啓明准教授の研究によれば、相対年齢は最終学歴にまで影響していることが指摘されています。**4月生まれの人は翌年3月生まれの人と比べて4年制大学を卒業する確率が男性は2ポイント、女性は1ポイントも高い**というのです。[*43] また川口教授の別の研究では、**4月生まれの人は翌年3月生まれの人と比べて、30〜34歳時点の収入が4%高い**ことも明らかになっています。[*44]

このように、生まれ月の影響は広範にわたるため、多くの先進国では、早生まれの子どもが保育所や幼稚園、小学校の入学時期を1年遅らせることができるようになっています。アメリカでは約10%の子どもが入学年齢を1年遅らせており、特に経済的に恵まれた家庭の親がこうした選択をしていることが知られています。

日本にはこうした制度がないことは読者の皆さんもご存じのとおりですが、日本のように純粋に誕生日のみで入学する年が決まるという国は、いまや先進国の中では少数派となりつつあります。

このせいもあってか、年間1800件を超える出生が、3月の最終週から4月の第1週にずれている可能性を指摘したのは、東京大学の重岡仁教授です。早生まれの不利を嫌う親が、何らかの方法を使って、出生日が4月2日以降になるように試みたのではないかと考えられます。[*45]

海外のように入学時期を遅らせることができる制度を採用すればよいと思われるかもし

れませんが、経済的に恵まれた家庭の子どもほど入学時期を遅らせる傾向があることを考えると、生まれ月の格差を縮小する代わりに家庭の経済力による格差を拡大させてしまう可能性もあります。このため、海外のような制度が真に望ましいかどうかは慎重な検討が必要です。

それよりは、入試のような選抜の場面において、生まれ月を考慮するという方法には一考の余地があるかもしれません。実際に一部の私立学校では、たとえば4～9月生まれの子どもと、10～翌年3月生まれの子どもに等しく合格枠を用意するというような選抜方法が取られています。これ以外にも、出席番号を生まれ月順にしているという自治体もあります。これによって、教員が子どもの生まれ月を意識しやすくなり、早生まれの子どもが不利にならないように配慮することができるというわけです。このようにさまざまな工夫を凝らして、生まれ月の格差を縮小する取り組みが必要なのではないでしょうか。

第5章

勉強できない子をできる子に変えられるのか？

勉強することが苦にならなくなる3つの秘策

子育て中のご両親から受ける相談の中で、ダントツに多いのが、「わが子が勉強ができない」という悩みです。勉強がすべてではありませんが、教育を通じて、さまざまな知識や技術を身に付けておくことは、子どもたちの将来の助けになります。

この章では、勉強ができない子をできる子に変えるための「3つの秘策」を伝授します。

ただし、これらの秘策は、いまこの瞬間、子どもたちが勉強ができるようになることだけを目的にはしていません。

新しい技術が次々とあらわれる変化が激しい社会ですから、私たちは大人になっても常に新しいことを勉強したり、学び直しをしなければなりません。学校を出たあとにも役に立つように、勉強することが苦にならないような方法を知り、技術を身に付けてもらうことを目的にしています。

その3つの秘策は（1）「目標」を立てる、（2）「習慣化」する、（3）「チーム」で取り組む、です。

秘策1 「目標」を立てる

子どもを勉強させることは、簡単ではありません。子どもたちは「勉強は大事だ」と頭ではわかっているのですが、つい「今日はやめておこう」「明日でいいや」と先延ばしにしてしまいます。

なぜこんなことが起きるのかというと、きちんと勉強することによって遠い将来に得をすることよりも、今勉強せずに楽をすることを過剰に高く評価してしまうからです。これを行動経済学では、**「現在バイアス」**と呼んでいます。

しかし、現在バイアスによって、勉強を先延ばしにしてしまうことで、成績、受験、進学など、ありとあらゆる教育上の成果に悪影響があることがわかっています。

このことを踏まえ、「勉強ができない子をできる子に変える」ために、私がおすすめする1つ目の秘策は、子どもに「目標」を立てるよう仕向けることです。これは、お金がかからず、シンプルで、誰にでもできる方法です。「一年の計は元旦にあり」などと言って、節目に目標を立てることをすすめることわざもありますが、経済学的にはどのような意味があるのでしょうか。

目標を立てることは「自分の将来の行動にあらかじめ制約をかける」という「コミットメント」であり、現在バイアスによる先延ばしを防ぐ上で有効だと考えられます。私はダイエットをするときに、必ず「今日からダイエットします！」と周囲に宣言してから始めることにしています。これが「コミットメント」です。自分の目標を宣言することで、後戻りできないようにしつつ、密かに周囲のサポートも期待してのことです。

目標を立てることで、大学生の成績が大幅に改善した

目標を立てて取り組むことで、成績が改善したことを示すエビデンスがあります。具体的にどうすればよいかは、カナダの名門大学の1つであるマギル大学で行われた実験が参考になります。[*1]

マギル大学での実験は、成績のふるわない85人の大学生を、2時間半程度のオンライン

演習を受けるグループ（処置群）と受けないグループ（対照群）とにランダムに分け、4か月後の成績を比較したというものです。

オンライン演習では、自分が描く理想の将来を明確にし、その将来を実現するために達成しなければならない複数の目標をリストアップするように求められました。次に、それらの目標のうち、重要なものから上になるよう順位をつけ、それぞれの目標を達成するために生じ得る課題、その課題を解決するための具体的な戦略について作文しました。最後に、それぞれの目標を達成するためのコミットメントの度合いについて宣言するよう求められました。

つまり、学生たちは、2時間半のオンライン演習の中で、嫌と言うほど自分の目標と向き合うことになりました。それだけでなく、目標の優先順位、目標を達成する上での課題を把握しようとしたことになります。

この実験の結果は図5－1に示されているとおりです。**演習を受ける前の1学期には処置群と対照群の学生のGPAはほとんど同じです。しかし、演習を受けたあとの2学期には、処置群の学生は対照群の学生と比較して、GPAが（4点満点中）0・66も高くなっていました。**それだけでなく、自分自身に対して持っていたマイナスのイメージも少なくなったことがわかったのです。

図5-1 目標設定をした学生たちの成績が改善

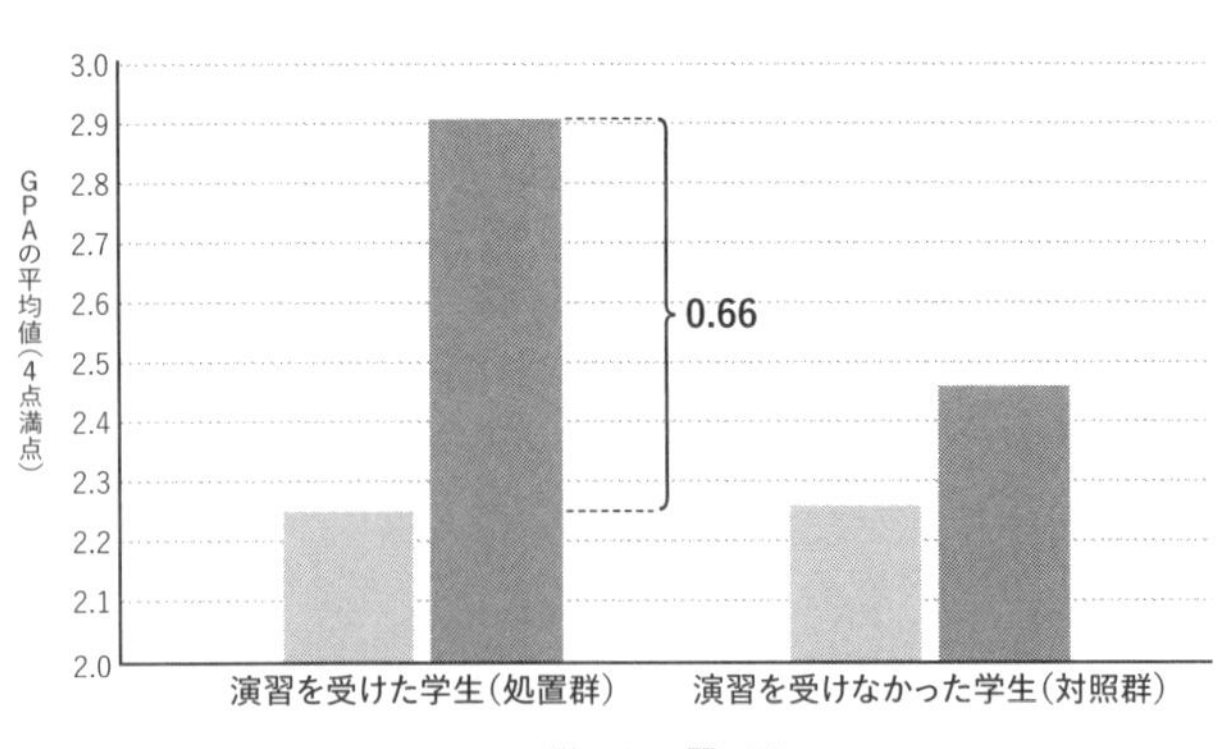

(出所)Morisano et al.(2010)の259頁のFigure 1を基に筆者改変。

マギル大学での実験は85人の大学生を対象にした小規模なものでしたが、このあと、カナダの別の大学やオランダの大学で約1500人の大学生を対象にした大規模な追試が行われました。そして、やはり**目標を立てることが成績や単位取得にプラスの効果がある**ことが確認されました。[*2] 加えて、現在バイアスによって日頃から何事も先延ばしにする傾向のある学生ほど、目標を立てることの効果が大きいこともわかったのです。

目標の力で成績を上げるための3つの条件

どのように目標を設定すべきかについても研究が進んでいます。アメリカの大学で

4000人を対象に行われた実験では、2つのタイプの目標設定が試されました。[*3]

ここでもう一度、前の章に出てきた「教育生産関数」を思い出してください。2つのタイプの目標設定のうち、1つ目は、教育生産関数の「インプット」に対する目標設定です。たとえば、「試験前に2時間勉強する」といった目標です。2つ目は、教育生産関数の「アウトプット」に対する目標設定です。たとえば、「試験で80点取る」といった目標です。どちらのほうが成績を上げる効果があったのでしょうか。

実は、**インプットに目標を設定した学生の成績は上がり、アウトプットに目標を設定した学生の成績は上がりませんでした**。なぜでしょうか。

学生にとって自分の力でコントロールしやすいインプットに目標を定めるほうがうまくいくということのようです[注1]。

また、オランダの大学で行われた実験も参考になります。この大学では、新入生が1学年上の先輩と定期的に面談を重ねながら、勉強をサポートしてもらう仕組みがありました。この仕組みを利用して、学生たちは、新入生がみずから目標を設定するグループと、先輩が新入生に対してより高い目標を設定するように促すグループのいずれかにランダムに割り当てられました。[*4]

実験の結果、**新入生がみずから目標を設定したグループは成績が上がりましたが、先輩**

から促されてより高い目標を設定したグループの成績は上がりませんでした。なぜでしょうか。

目標というのは「ある程度達成可能な」ものを自分で設定しなければならないということのようです。自分の目標を他人まかせにして、とても達成できないような高い目標を掲げると、かえってコミットメントの効果を低下させてしまうことになるのです。

イタリアの大学でも新入生を対象にした研究が行われています。ここでは、タイムマネジメントや教材の整理の仕方、勉強へのモチベーション維持など、自己管理の方法を一通り学んだあとで目標を設定すると、より効果的であることがわかりました。[*5]

同じく、アメリカの8つの大学で行われた実験でも、**自己管理の方法を学んだ上で目標を設定すると、6か月後の新入生の留年率が約5ポイントも下がり、その効果は2年後にも持続していた**ことが報告されています。[*6]

一連の研究を大雑把にまとめてみると、**(1)ある程度達成可能なインプットに対して、(2)他人ではなく自分が、(3)自己管理の方法について学んだ上で目標を設定するとより効果的だ**ということです。

心理学の研究によれば、人々が目標を達成すると、「自分には目標を達成できる力がある」という自信を深め、それが次の目標へのコミットメントを強くするという好循環が生まれることが指摘されています。*7

テレビ朝日の『気づきの扉』という番組で紹介されていた京都大原記念病院で起こったことは、まさにこの好循環が生じたことを示す良い事例です（2020年4月10日放送）。

病院の職員が近所の人からもらった野菜の苗を敷地内の畑で育てているうちに、高齢の患者たちが農作業を手伝うようになったそうです。野菜を収穫するという明確な目標ができ、実際に収穫して達成感を得たことで、患者の意志が強くなり、それまで低迷していたリハビリの継続率が上がったというのです。

つまり、好循環の最初の「きっかけ」になる目標設定を手助けしてあげることが重要です。野菜の苗を育てるように、最初は気負わずにやりとげられそうなことから始めるのがコツなのかもしれません。

秘策2「習慣化」する

「勉強ができない子をできる子に変える」ために、私がおすすめする2つ目の秘策は、勉強を「習慣化」することです。

勉強と同じように「継続」が難しいことはたくさんあります。スポーツジムに通う、資格試験の勉強、ダイエットに禁煙。継続が難しいからこそ「三日坊主」なる言葉が生まれたのでしょう。

かくいう私にも、スポーツジムに入会したのに、最初の3日だけしか利用せず、あとは会費だけ払い続けたという苦い経験があります。

実は、「スポーツジムに通うことが三日坊主にならない方法」を明らかにしたおもしろい実験が行われています。これには、子どもたちの勉強を三日坊主にしないための重要なヒントが含まれていますから、詳しく紹介していくことにしましょう。この実験では、大学生は、ランダムに3つのグループに分けられました。*8

●実験のグループ分け

グループ1　実験が始まった最初の1週間のあいだに、1回以上大学内のスポーツジムに行けば、3750円（25ドル）が支払われる

グループ2　実験が始まった最初の1週間のあいだに、1回以上大学内のスポーツジムに行けば、3750円（25ドル）が支払われ、続けてその次の4週間で合計8回以上スポーツジムに行けば、さらに追加で1万5000円（100ドル）が支払われる

図5-2 学生はお金がもらえなくなってもジムに通い続けた

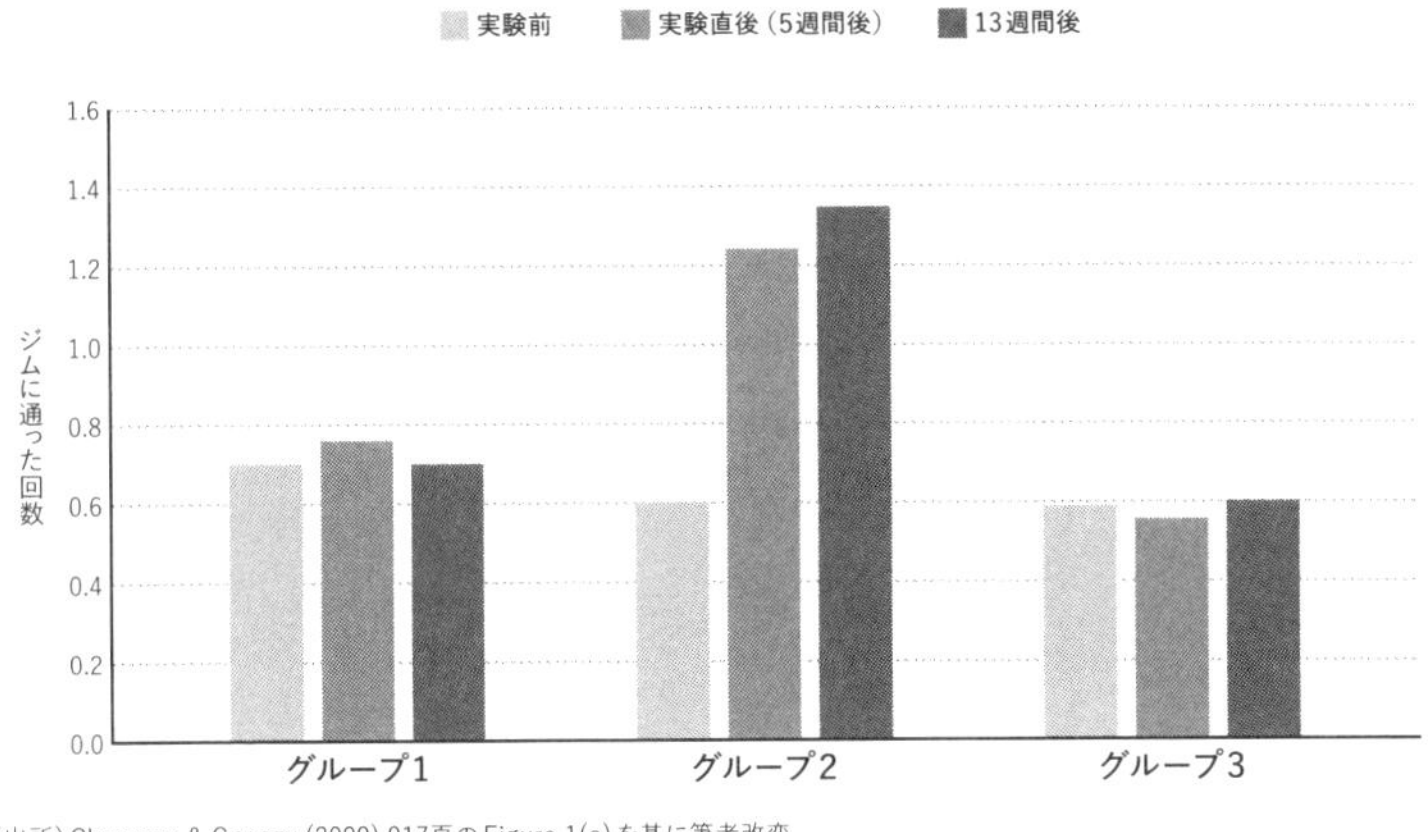

（出所）Charness & Gneezy (2009) 917頁のFigure 1(a)を基に筆者改変。

グループ3　何もなし（ほかの2つのグループと比較するための対照群）

3つのグループの大学生は、実験が行われた5週間のあいだに、それぞれ何回スポーツジムに行ったのでしょうか。その結果が、**図5-2**で示されています。実験直後（5週間後）には、グループ2だけが突出してスポーツジムに行く回数が多かったことがわかります。

ここまでは驚きに値しませんが、この研究がおもしろいのはここからです。実験は5週間で終了しましたが、研究者たちは、そのあとも学生がスポーツジムに行ったかどうかのデータを取り続けました。

図5－2で示されているとおり、**グループ2の大学生は、実験が終わり、お金がもらえなくなった13週間後も、スポーツジムに通い続けている**ことがわかったのです。

これが「**習慣形成**」の効果です。お金という金銭的インセンティブが呼び水となり、スポーツジムに通うという習慣が定着したのです。

金銭的インセンティブは、これまでスポーツジムに行ったことのない大学生がなんとなく感じていた（しんどそうだなとか、面倒くさいなというような）抵抗感を和らげる役割を果たしたと見られます。たとえば、量の多い宿題をするとか、苦手科目の試験勉強をするときも、同じような抵抗感を感じやすく、「明日からでいいや」と先延ばしにしがちです。このようなとき、最初の一歩を踏み出す手助けとなるよう、子どもたちに適度なお小遣いやご褒美を与えることが有効なことを示した複数のエビデンスがあります。*9

習慣化のための2つの条件

しかし、これだけでは、十分な説明とは言えません。もし金銭的インセンティブに習慣形成の効果があるならば、グループ2だけでなく、同様に金銭的インセンティブを与えられたグループ1の大学生にも同じような効果があるはずだからです。しかし、図5－2からも明らかなとおり、グループ1の大学生にはほとんど効果がありませんでした。なぜでしょうか。

このことを理解するために、研究者たちは2つ目の実験を行いました。ここでも、大学生は、ランダムに3つのグループに分けられました。

●実験のグループ分け

グループ1　月に1回以上スポーツジムに行けば2万6250円（175ドル）が支払われる

グループ2　月に8回以上スポーツジムに行けば2万6250円（175ドル）が支払われる

グループ3　何もしなくても2万6250円（175ドル）が支払われる（ほかの2つのグループと比較するための対照群）

2回目の実験では、すべてのグループに同じ金額が支払われましたが、スポーツジムに通わなければならない回数が違っています。3つのグループの大学生は、それぞれ何回スポーツジムに行ったのでしょうか。

図5-3 習慣化するためには「繰り返すこと」が重要

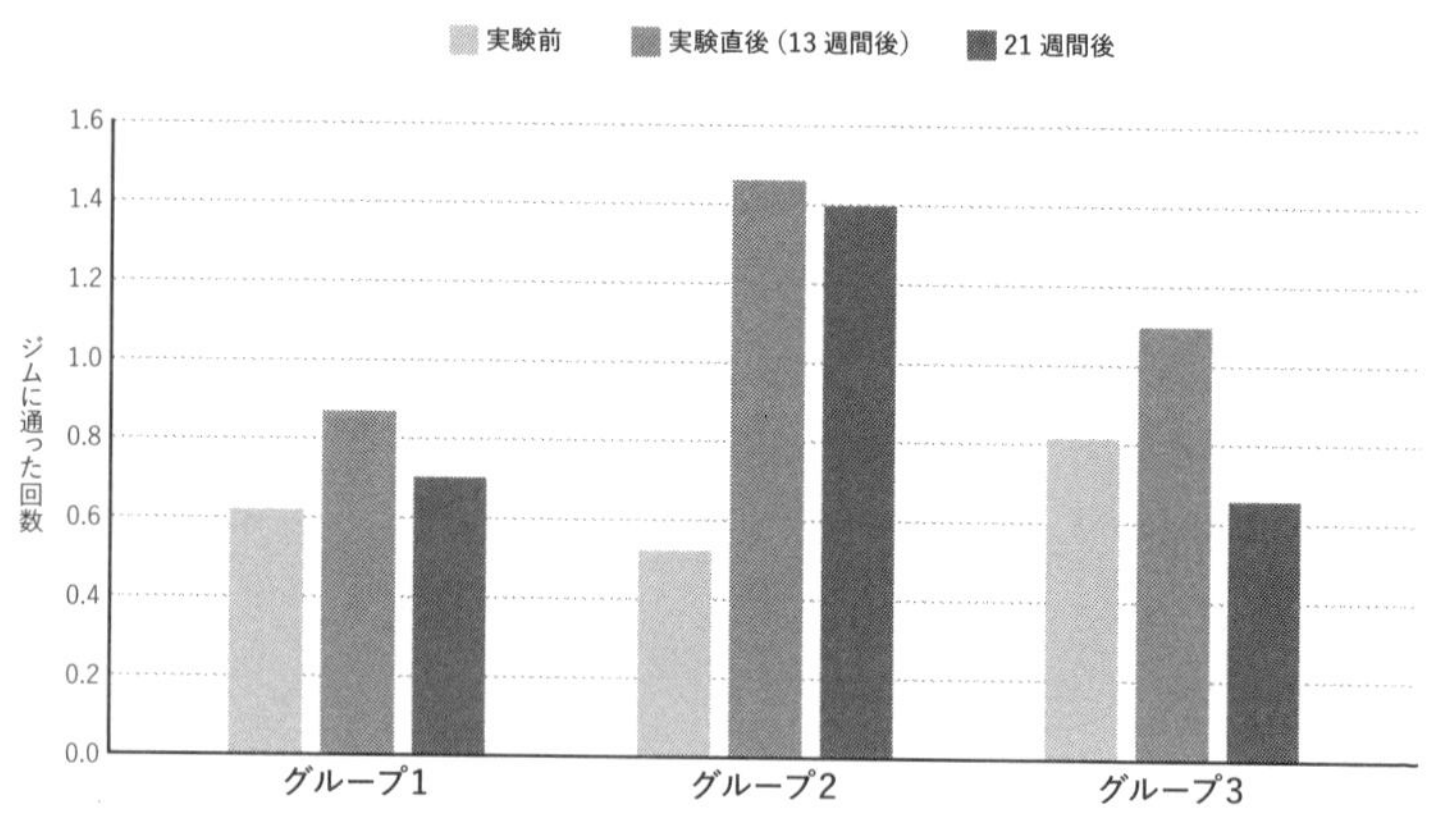

（出所）Charness & Gneezy（2009）917頁のFigure 1(b)を基に筆者改変。

その結果は、**図5－3**に示されています。またしても、**グループ2だけがスポーツジムに行く回数が増加し、そのあとも持続した**ことがわかります。つまり、習慣形成には、定期的に「繰り返す」ことが重要であることがわかります。

2つの実験の結果を大雑把にまとめてみると、**習慣化のためには、（1）何かを始めるときに感じる初期の抵抗感を和らげ、取り掛かるきっかけを作ること、（2）繰り返すこと、の2つを同時に行うことが重要だ**とわかります。

これは大学生を対象にした小規模な実験でしたが、このあと、企業の社員を対象にした大規模な追試が行われ、同様の結果が得られています。[*10]

子どもたちの食習慣を変えようとしたおもしろい研究もあります。8000人が通う40の小学校で、給食のときに子どもたちが果物や野菜の小皿を選ぶと、学校内の売店や書店で使える約40円（0・25ドル）分のトークン（学校内でしか使えないおもちゃの通貨）をもらえるようにしたのです。

少額の金銭的インセンティブによって、小学校で野菜や果物を食べる子どもの割合は2倍に増加し、3か月後に金銭的インセンティブが得られなくなってもその効果は持続し、子どもたちに野菜や果物を食べる習慣がついたことが報告されています。[*11]

お金で釣るのは逆効果になることもある

「習慣は第二の天性なり」ということわざのとおり、今日の行動を「良い習慣」につなげる第1歩とすることは重要です。

ただし、注意が必要なこともあります。先の実験に参加した大学生の中で、習慣形成に成功したのは、「これまでスポーツジムに行った経験のなかった大学生」だけだったということです。

実験の前から定期的にスポーツジムに通っていた大学生たちは、実験の前後でほとんど行動を変化させなかったどころか、実験のあとにはむしろスポーツジムに行く回数が減少してしまいました。

これを経済学的に説明すると、もともとスポーツジムに通っていた大学生は、**内的なインセンティブ**が高かったのにもかかわらず、金銭的インセンティブのような**外的なインセンティブ**が導入されたことによって、みずからの内的なインセンティブを失ってしまったということになります。

外的インセンティブとは、外部からの報酬や評価による動機づけのことで、内的インセンティブとは、みずからの興味や関心、意欲に基づく動機づけのことを指します。

このため、金銭的なインセンティブを習慣形成につなげるためには、「今はまだその習慣が身に付いていない人」を対象にするのがよいでしょう。

秘策3 「チーム」で取り組む

「勉強ができない子をできる子に変える」ために、私がおすすめする3つ目の秘策は、子どもたちを（少数の）チームにして勉強させるということです。チームを組むことで、パフォーマンスが高くなるのは子どもだけではありません。大人も同じです。

アメリカで全国にチェーン展開するスーパーマーケットのレジ係を対象にした研究では、同じシフトの中にバーコードの価格をすばやく読み取ることのできる生産性の高いレジ係が1人入るだけで、ほかのレジ係の生産性も向上することがわかったのです。[*12]

同じシフトのレジ係の作業量が一目瞭然のため、自分の仕事量がほかの人よりも少ないと申し訳ないとか、会社や同僚に迷惑をかけてはいけないという気持ちが働いたものとみられます。

個人ではなくチームに金銭的インセンティブを与えることの効果について調べた研究があります。早稲田大学の大湾（おおわん）秀雄教授らは、カリフォルニア州の衣料品工場で、個人ではなくチームの成果に応じた報酬に変えた場合に、労働者の生産性が14％も高まったと報告しています。[*13]

チームを組むことで、正の「**ピア効果**」が生じるからです。ピア効果とは仲間や同僚が互いの行動や生産性に影響を与え合うことを指します。ここでは、チーム内でそれぞれが得意なことに特化することで、互いに補完し合い、教え合うということが起こったようです。その証拠に、チームに対する金銭的インセンティブの効果は、生産工程が複雑になるほど大きくなっていました。[*13]

友だちとチームを組むことで勉強量が増える

こうした知見を、勉強に応用することはできないのでしょうか。「三人寄れば文殊の知恵」と言います。

アメリカのカリフォルニア大学サンタバーバラ校で約1000人の大学生を対象にした実験は、まさにこのことを明らかにしようとして行われました。

この実験では、大学生は次の4つのグループのいずれかにランダムに割り当てられました。*14

●実験のグループ分け

グループ1　自習室へ1回行くごとに300円（2ドル）が支払われ、4回以上自習室に行くと3750円（25ドル）の追加ボーナスを得られる（個人の成果に対する報酬）

グループ2　自習室へ1回行くごとに300円（2ドル）が支払われ、ランダムに割り当てられた2人1組で合計4回以上自習室に行くと3750円（25ドル）

の追加ボーナスを得られる。必ずしも2人が同時に自習室に行く必要はない。2人は互いの名前と連絡先を知っている（顕名のチームの成果に対する報酬）

グループ3　グループ2と同じだが、2人は互いの名前も連絡先も知らない（匿名のチームの成果に対する報酬）

グループ4　自習室へ1回行くごとに300円（2ドル）が支払われる（ほかの3つのグループと比較するための対照群）

実験が行われた2週間のあいだに、4つのグループの大学生は、それぞれ何回自習室に行ったのでしょうか。その結果が**図5－4**に示されています。

自習室へ行った回数は、グループ2がもっとも多く、グループ1よりも20%も多かったことがわかります。しかし、**グループ3は、むしろグループ1よりも27%低い**という結果になりました。

つまり、チームを組むことは有効ですが、チームを組む相手が知り合いのときに限られるということのようです。

また、**表5－1**では1人あたりの報酬を計算しています。これを見ると、**1人あたりの**

図5-4 個人よりもチームのほうが自習室へ通った回数が多い

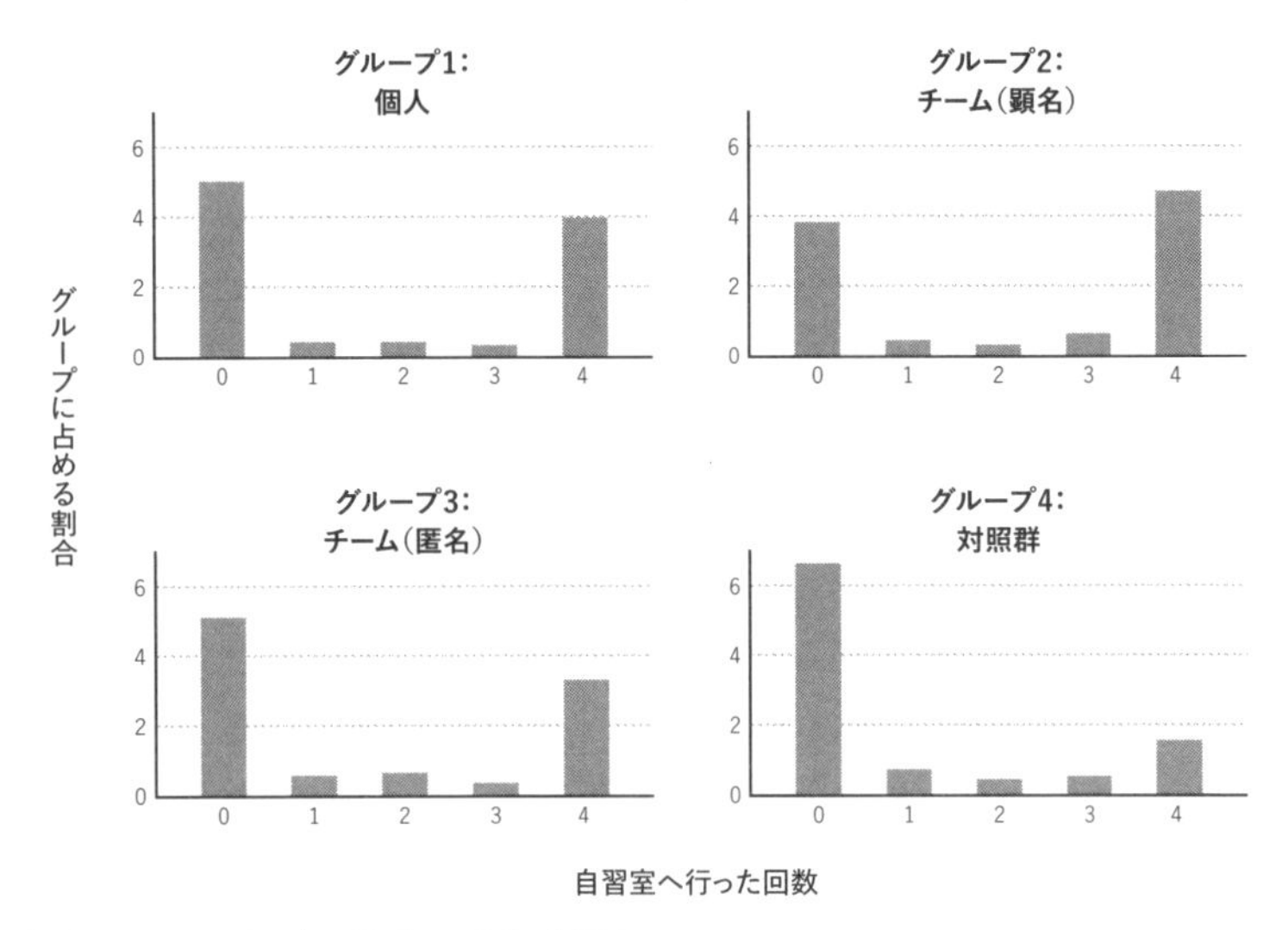

(出所) Babcock, et al. (2015) 852頁のFigure 1を基に筆者改変。

表5-1 個人よりもチームに対する報酬のほうが費用対効果が高い

	グループ1(個人)	グループ2(顕名)	グループ3(匿名)	グループ4(対照群)
参加者1人あたりの平均回数	1.95	2.37	1.75	1.09
参加者1人あたりの平均費用	1030円(6.86ドル)	730円(4.87ドル)	440円(2.90ドル)	270円(1.77ドル)

(注) 1ドル=150円で日本円に換算した。
(出所) Babcock et al.(2015)853頁のTable 2を基に筆者改変。

報酬は、グループ1よりも、グループ2やグループ3のほうが低いですから、個人よりもチームに対する報酬のほうが安上がりだと言えそうです。

どうして、チームを組む相手が知り合いのほうが効果的なのでしょうか。

経済学では、組織内で生じる共感、忠誠心、罪悪感などを「**社会的プレッシャー**」と呼んでいます。[*15] 互いが知り合いでなければ、社会的プレッシャーがかからないからだと考えられます。

アメリカの大学で行われた別の実験では、個人ではなくチームに報酬を支払った場合に、スポーツジムに通う回数が変わるかどうかを検証しています。

この実験によると、**互いが知り合いのチームに報酬を与えると、個人に対して報酬を与えるよりも、スポーツジムに通う回数が25%も多くなった**ということです。[*16]

特に、親しい友人とチームを組むことになった大学生は、互いに時間を合わせてスポーツジムに行くようになったそうですから、スポーツジムに行くことが楽しくなったのかもしれませんし、友人の期待を裏切りたくない、迷惑をかけたくないという気持ちが生じたのかもしれません。

チームを組んでも、勉強ができる子は損をしない

チームで勉強すると、チーム内で教え合うというピア効果が強まるとすれば、教えてもらう側の勉強ができない子が得をして、教える側の勉強ができる子は損をするのではないかということが心配になります。

しかし、心配には及びません。慶應義塾大学の亀井憲樹（けんじゅ）教授らの研究によれば、能力の高い学生と低い学生でペアを作り、その後の成績がどうなったかを見た実験では、**能力の高い学生は足をひっぱられることなく、能力の低い学生の成績が大きく向上した**ことが示されています。[*17]

前出のカリフォルニア州の衣料品工場を舞台にした大湾教授らの研究では、**生産性の高い労働者ほど、チームで働くことを選ぶ傾向がある**ことを明らかにしています。[*14] これは驚きの発見です。チームに対して報酬が与えられると、生産性の高い人ほど損をしてしまいますから、チームで働くよりも個人で働くことを選ぶはずだからです。

しかし、現実には、生産性の高い労働者はチームで働くことを選ぶというわけですから、人は必ずしも金銭的インセンティブのみに反応するわけではないことがわかります。

私は以前、ある有識者会議で、東進ハイスクールの運営などで有名な株式会社ナガセの永瀬昭幸社長にお目にかかったことがあります。その時、永瀬社長が「経験的には、チームで勉強させると、伸びるのは勉強ができない子だけではなく、勉強ができる子も伸びる」とおっしゃったことがとても印象に残っています。

永瀬社長は、その理由を「教えることこそ、もっとも効果的に学ぶこと」だからだとおっしゃいました。確かに、大学で人に教える経験をすると、自分がきちんとわかっていないことを人に教えることはできないとつくづく感じます。学生になんとか理解してもらおうと工夫することを通じて、自分の理解が深まったという経験も少なくありませんでした。

同じチームの同級生に教えることは、同級生を助けるだけでなく、自分も成長できるチャンスなのかもしれません。

子どものウソを見破れば、学力を上げられるのか？

近年、行動経済学に基づく「**ナッジ**」が注目を集めています。ナッジとは、「軽く肘でつつく」という意味の英語です。

オランダのアムステルダムの男性用トイレの便器に1匹のハエの絵を描くと、清掃費が大幅に削減されたというナッジは有名です（どうも、人は的があると、そこに狙いを定めずにはいられない生き物のようです）。私は女性のため、実際に確認したことはありませんが、周囲の男性の話によると、ハエの絵の描かれた便器は、今や世界中の空港に存在しているそうです。

コンビニに人の目を描いたシールを貼って万引きを予防したり、階段にピアノの鍵盤の絵を描いて階段の利用を促したり、人々の行動をちょっとだけ変えるように仕向けることで、低いコストで社会を良くするナッジがあちこちで行われています。

近年、教育におけるナッジの活用は急速に広がっています。子どもの頃は自制心が欠如していたり、注意が散漫だったりして、行動上の問題が生じやすい時期でもあります。このようなときにナッジが有効だからです。[*18]

この章で紹介した「目標設定」は、学力を高める効果が見られるナッジの1つとして知られています。これ以外にも、「情報提供」のナッジについてもエビデンスが蓄積されつつあります。

子どもが学校に行ってしまうと、親は子どもが学校で何をしているかを子ども自身の話を通じてしか知ることができません。アメリカのロサンゼルスで行われたある研究によれば、「子どもが算数の宿題を忘れたことが何回あるか」と親に尋ねると、多くの親はこれを相当少なく見積もっていたことがわかっています。[*19]「今日の宿題はもう終わった」という子どもの虚偽申告をうっかり信じてしまったという経験のあるご両親は少なくないはずです。

つまり、子どもは、自分に都合の悪いことはきちんと親に伝えることなく、ウソをついたり、隠したりしているというわけです。

ところが、**親が子どもの本当の姿を正確に把握できていない場合ほど、子どもの学力が低くなっている**ことも明らかになりました。

このように、経済主体のあいだ（この場合は親子）で情報がきちんと共有されていない状況を、経済学では「**情報の摩擦**」が存在していると考えます。情報の摩擦があるがゆえに、子どもの教育への投資が正しく行われない状況を解消したいときは、親に正確な情報提供を行うナッジが有効です。

このことを確かめるため、前出の研究では、小学6年生から高校2年生までの約1500人の親を対象に、ある実験が行われました。[*19] 月に数回、親のスマートフォンにテキストメッセージで、子どもが未提出だった宿題の状況が知らされるグループ（処置群）と、知らされないグループ（対照群）をランダムに分けて比較したのです。宿題については、クラス、課題名、問題や教科書の該当ページ番号に至るまで、詳細な情報が提供されました。

6か月後、**処置群の親は対照群の親と比べて、子どもの宿題について確認する回数が1週間あたり5回も多く、保護者面談への参加も53％多くなっていました。**そして、子ども自身は、**最後まで宿題を完了する回数が25％も多く、その一方、親に内緒で学校をサボって欠席することは28％少なくなっていました。**

図5－5を見ても、生徒たちの（4点満点の）GPAは、親が情報提供を受け始めてから徐々に改善したことがわかります。学校の成績だけでなく、**算数・数学の学力テストの偏差値も約2・0も上昇した**ことがわかっていますから、これはとても大きな効果と言えます。この実験は6か月で終了したのですが、実験終了後もほとんどの親が情報提供の継続を希望したため、翌年以降も続けられることになりました。

ロサンゼルス、シカゴ、ボルチモアなどアメリカの大都市では、児童・生徒に配られた1人1台のPCやタブレットを利用して、こうした情報提供を自動化しているそうです。

図5-5 親への情報提供が子どもの成績を高める

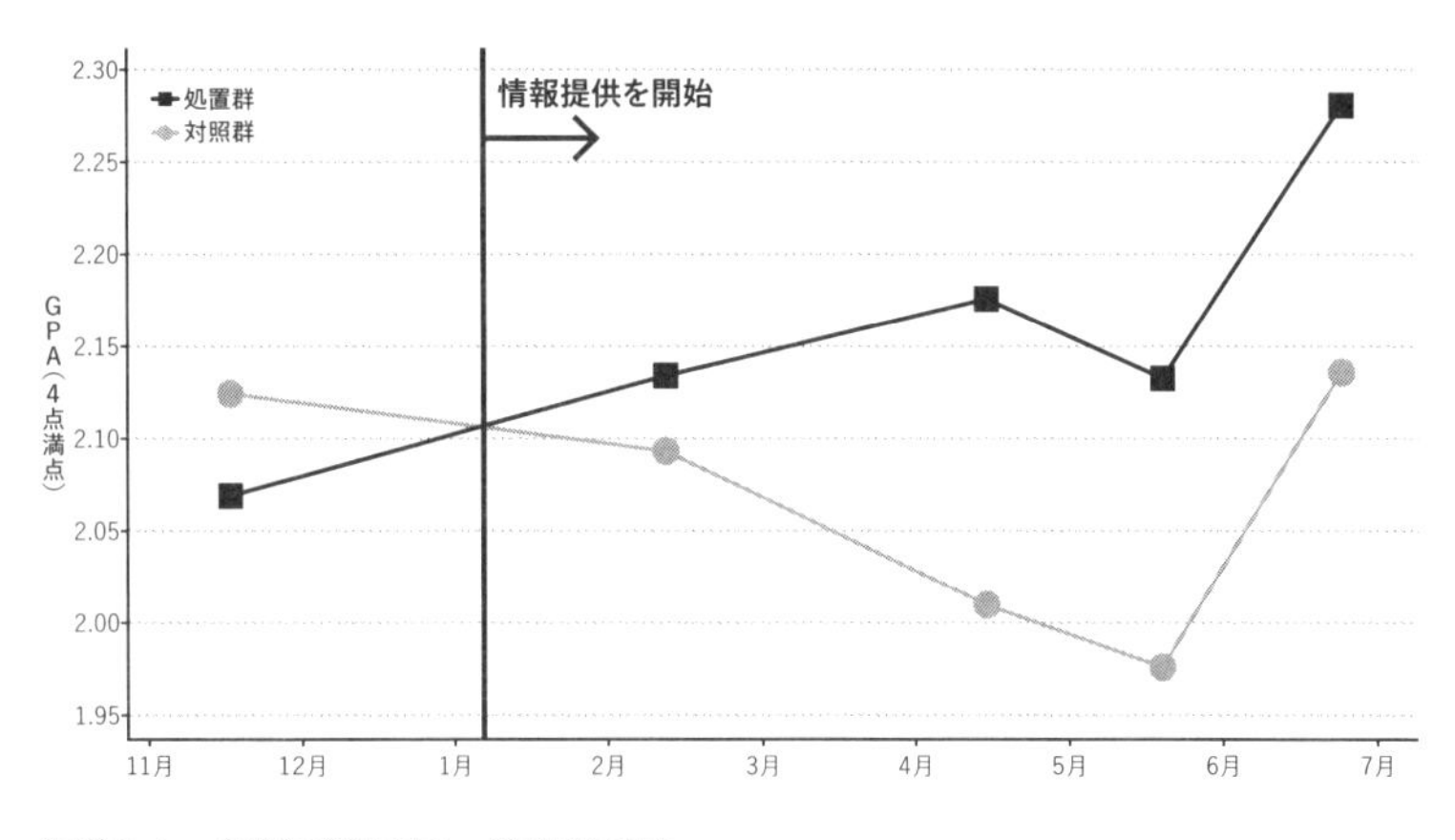

（出所）Bergman（2021）の301頁のFigure 2を基に筆者改変。

こうすれば、追加的な費用をほとんどかけることなく、教員の負担を削減し、子どもたちの成績を改善することができるかもしれません。この研究は、ナッジによって、学校と親のあいだのコミュニケーションを改善することの重要性を教えてくれます。

第6章

「第1志望のビリ」と「第2志望の1位」、どちらが有利なのか？

優秀な友達から受けるのは「良い影響」だけではない

受験シーズンが近づいてくると、志望校をどこにするかで悩む人は多いのではないでしょうか。この章からは、これまでと少し話の趣を変えて、学校を選ぶときのヒントになるようなエビデンスを紹介していきます。

わが子に「少しでも偏差値の高い学校に合格してほしい」と願うご両親は少なくないでしょう。データからも、子どもを持つ親は偏差値が高い学校を好む傾向があり、さらに学力の高い子どもを持つ親ほどその傾向が強いことがわかっています。[*1]

しかし、少し立ち止まって考えてみましょう。どうして、私たちは「少しでも偏差値の高い学校に合格してほしい」と願うのでしょうか。

インターネット上では、偏差値の高い学校を目指す理由として「優秀な友人から刺激を受けられる」が多く見られます。おそらく、学力の高い同級生の影響を受けて、自分の子どもの学力も上がるだろうと期待しているからではないでしょうか。古くから「朱に交われば赤くなる」と言います。

経済学的に言えば、第5章で既出の「ピア効果」が働くからと考えられます。実際に私たちは、友人や家族など身近な人から、その考え方、習慣、行動に至るまで、さまざまな影響を受けています。たとえば、喫煙、飲酒量、肥満、キャリア選択、貯蓄性向、カンニング、ゴルフの成績に至るまで、ピア効果が存在することを示したエビデンスがあるのです。[*2]

そうすると、「少しでも偏差値の高い学校に合格してほしい」と願うことは合理的なように思えます。しかし、私たちが無意識のうちに、ある強い「前提」を置いてしまっていることには注意が必要です。

それは「優れた友人から受ける影響は『良い』影響である」という前提です。これは正しいのでしょうか。

結論から言えば、正しくありません。

アメリカのフロリダ州の公立小・中学校の児童・生徒のデータを分析した研究は、**もと**

もとの学力が上位20％の児童・生徒は、同じクラスに自分と同様に学力の高い同級生がいることによって学力が上昇しますが、もともとの学力が下位20％の児童・生徒は、同じクラスに学力の高い同級生がいることによって、むしろ学力が下がってしまったことを明らかにしています。[*3] つまり、優れた友人から良い影響を受けるのは、もともと学力が高い児童・生徒だけというわけです。[注1]

学力の高い友人と同じグループになると学力が下がる

アメリカの空軍士官学校のデータを用いた実験でも興味深い結果が示されています。[*4] 空軍士官学校とは、日本でいうところの防衛大学校のようなものです。アメリカの空軍士官学校では、教育・訓練を受ける若い士官候補生は、「戦隊」と呼ばれる30人1組のグループに配属され、ともに一般教養の授業を受けたり、訓練に参加します。あるとき、士官候補生は、次のような3つの戦隊に分けられました。

●実験のグループ分け

グループ1　学力が上位層の候補生と下位層の候補生が一緒になった戦隊

グループ2　学力が中間層の候補生のみの戦隊
グループ3　完全にランダムに選ばれた候補生の戦隊（ほかの2つのグループと比較するための対照群）

グループ1では、学力上位層の候補生と下位層の候補生が互いに交流する機会が増えることで、学力下位層の候補生の成績が上がることが期待されていました。

しかし、結果は期待を裏切るものでした。グループ1は平均的な成績が上がらなかったばかりか、**もともと学力が低かった候補生の成績は、さらに低下してしまった**のです。

実験のあとに行われたアンケート調査で明らかになったのは、**学力上位層は学力上位層としか交流せず、学力下位層もまた学力下位層としか交流しなかった**という事実です。そして、グループ3の中では学力上位層と学力下位層の交流は生じていたのに、グループ1では学力上位層と学力下位層の交流はかえって生じにくくなってしまっていました。

さらに驚くべきことに、3つのグループの中でもっとも成績が上昇したのは、なんとグループ2だったのです。

似たもの同士を集めたほうがよいということなのでしょうか。オランダのアムステルダム大学で大学生を対象に行われた実験は、**学力の低い学生同士でグループ学習をさせたほ**

うが、学力の高い学生と学力の低い学生を同じグループにして学習をさせたときよりも成績が良くなったことを報告しています。[*5]

この実験のあとに行われたアンケート調査によれば、学力の低い学生のみのグループのほうが、交流が多く、授業にも積極的に参加していました。やはり、自分と共通点の多い同級生のあいだでは交流が生じやすく、互いに多くのことを学ぶことができるということなのかもしれません。

これらの発見はきわめて重要です。どのような学校に進学することになろうとも、結局、子どもたちは、自分で自分の友人を選びます。親がどんなに「優秀な友人と交流し、良い影響を受けてほしい」と願ったとしても、当の子どもたちは、共通点の多い友人、自分と能力の近い友人を選んでいるというわけです。まさに「類は友を呼ぶ」というわけです。

心理学ではすでに自分と同じような属性、能力、価値観の人と親しくなりやすいことが明らかになっており、これを「**ホモフィリー**」と呼んでいます。「雲の上の存在だ」と思う人や「自分とは違う」と思う人に、親しく声をかけ、交流することは難しいということなのかもしれません。

ここで1つ疑問が湧いてきます。学力の低い学生だけを同じグループにすると良い効果があるのに、学力の低い学生が学力の高い同級生と同じグループになることによって、かえって学力が下がってしまうのはなぜなのか、ということです。

「鶏口となるも牛後となるなかれ」は正しい

これを考える上でのヒントになる研究があります。

それが、学内やクラス内での成績の「順位」に着目した研究です。私立学校では通知表に順位が書かれていたり、学習塾では模試の順位を書き出して廊下に貼り出されたりすることもあるそうですから、子どもたちが自分の順位を意識することもあるでしょう。

ここで、次のような状況を想像してみてください。受験の直前に、模試で80点を取れる実力を持つAさんとBさんがいたとします。この2人の志望校は同じだったのですが、入試の結果、Aさんは第1志望校にギリギリで合格し、Bさんはギリギリで不合格となりました。Bさんは第1志望校よりは少し偏差値の低い第2志望校に合格し、進学しました。

先にも述べたように、AさんとBさんの実力はほとんど同じですが、Aさんは進学した学校での成績順位が最下位となり、Bさんは1位になりました。

このあと、成績や進学で有利になるのはAさんとBさんのどちらでしょうか。

多くの人は、「少しでも偏差値の高い第1志望の学校に通っているAさんのほうが、周囲の優れた友人から良い影響を受けて、入学後の成績や進学で有利になるだろう」と考えるのではないでしょうか。だからこそ、私たちは、わが子に「少しでも偏差値の高い学校に合格してほしい」と願うのでしょう。

順位についての研究の結果は一貫しています。私たちの予想に反し、のちに有利になるのは、第1志望校で最下位のAさんではなく、第2志望校で1位のBさんです。「鶏口となるも牛後となるなかれ」とはよく言ったものです。

小学校の学内順位が中学校での学力に影響する

このことを現実のデータであらわしたのが、**図6－1**です。同じテストを受け、同じ点数だけれども、学校内の順位が異なる児童・生徒がいることを示しています。この図は、データのばらつき具合を示すのに用いられる「**箱ひげ図**」と呼ばれます。

これは、慶應義塾大学の五十棲浩二氏、サイバーエージェントの伊藤寛武氏と私が、埼玉県の公立小・中学校の学力調査のデータを用いて作成したものです。図6－1の第5分位（中央値）を見てください。これを見ると、県内共通の学力調査で同じ点数を取ったとしても、学内の順位でトップ層に位置する児童・生徒もいれば、最下位すれすれの児童・

図6-1 同じ学力でも学内順位がトップ層の生徒と下位層の生徒がいる

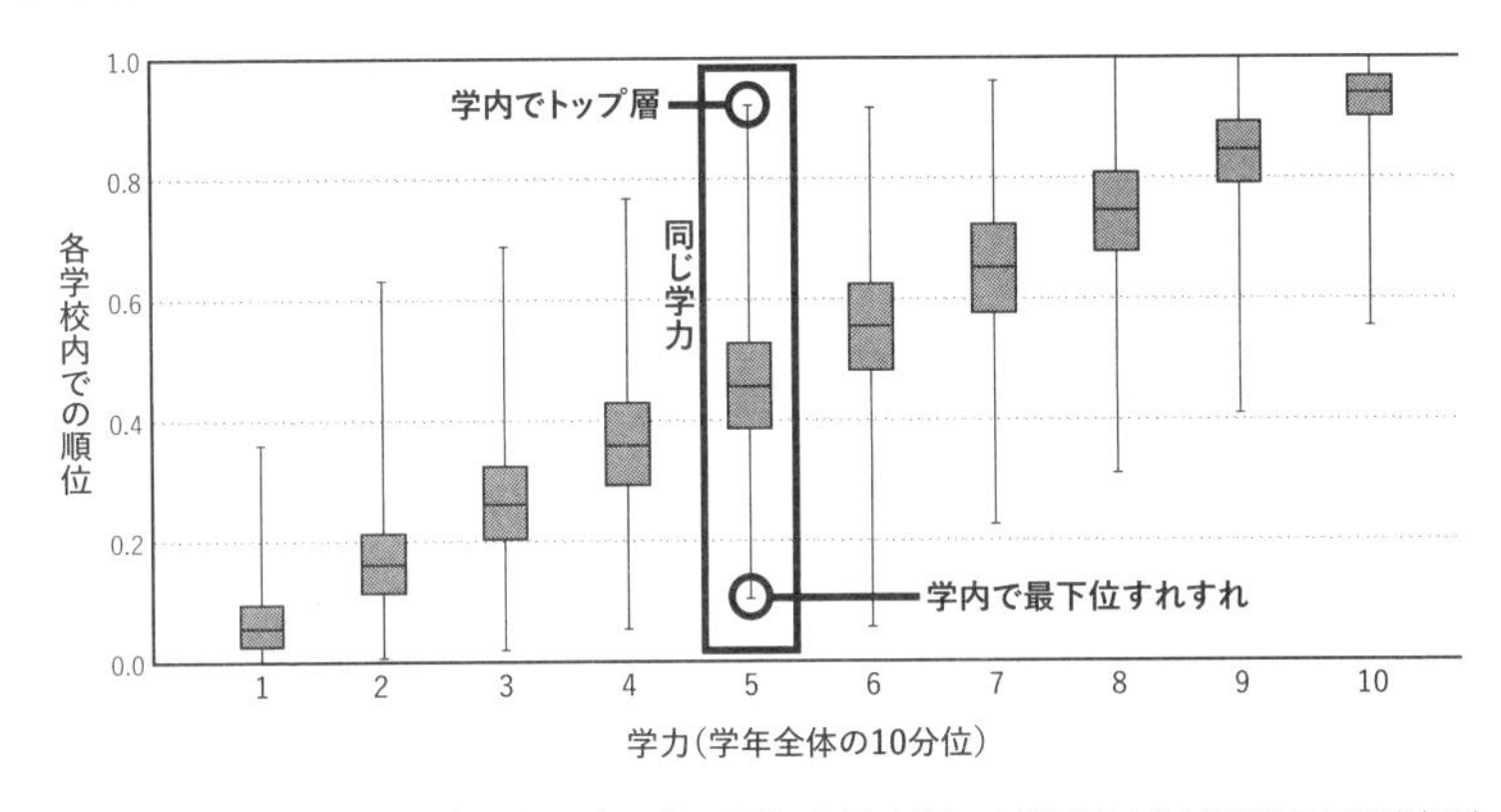

（注）「埼玉県学力・学習状況調査」のデータをもとに加工（約1,000校の公立小中学校の小学校4年生から中学校3年生までの学力調査の結果）
（出所）五十棲・伊藤・中室（2022）の64頁の図2を抜粋。

箱ひげ図の見方

「箱ひげ図」は、データのばらつき具合を知りたいときに用いられます。四角い箱の上下にひげのように伸びた棒が突き出ているのが特徴です。図6−1を見ながら、具体的な見方を説明します。縦軸は同じ学校・学年内の成績順位で、横軸は県内共通の学力調査の結果です。つまり、一番学力の高い上位10%の生徒の学力分布が一番右側（10）にあり、一番低い下位10%の生徒の学力分布が一番左側（1）にあります。ひげのような棒は、同程度の学力の生徒の中でもっとも学内順位の高い生徒（最大値）と、もっとも低い生徒（最小値）をあらわします。四角い箱の一番上は、同程度の学力の生徒の中で、低い順位の生徒から順番に並べたときに75%の位置にあることを示す「75パーセンタイル」（＝上位25%）で、一番下が25%の位置にあることを示す「25パーセンタイル」（＝下位25%）です。四角い箱の中の線は中央値（低い順位の生徒から順番に並べたときに50%の位置にある）をあらわします。

生徒もいるということがわかります。

公立学校であったとしても、学校によって、平均的な学力が高い学校と低い学校があります。このため、同じ実力でも、周囲の同級生の学力が高い学校に入学したら自分の順位は低くなり、逆に周囲の同級生の学力が低いと自分の順位は高くなるということが生じているのです。

私たちの研究グループは、この状況を利用して、小学校のときの学内順位が中学校入学後の学力に影響を与えているかどうかを調べてみました。そうすると、小学校のときに、県内共通の学力調査でまったく同じ点数だったとしても、**学内の順位が1位だった児童は、別の学校で順位が最下位だった児童と比較すると、中学校での数学の学力テストの偏差値が2・1~6・2、国語が3・1~6・2も高くなっている**ことがわかりました。[*6]

この影響には異質性があります。**順位が与える影響は、女子よりも男子に大きく、平均的な学力が高い学校のほうが大きくなっています**。また、小学校の順位は国語や算数で決まっているにもかかわらず、中学校時点の英語の学力にプラスの影響を及ぼしていました。

経済学や心理学では、ごく身近にいる人とのみ比較することで、自分の能力を誤って見積もってしまうことを「**井の中の蛙（かわず）効果**」と呼んでいます。ここで生じていることは、まさに井の中の蛙効果と言えそうです。

これは日本だけで起こっているのでしょうか。実は、イギリス、[7]アメリカのテキサス州、[8]中国[9]のデータを使った研究でもほとんど同じ結果になっています。効果の有無だけでなく、順位が学力に与える影響の大きさもほとんど同じですから、井の中の蛙効果は、必ずしも日本だけで生じているわけではないことがわかります。

小学校の学内順位は最終学歴や将来の収入にまで影響する

順位の影響は長期に及びます。アメリカのテキサス州の全公立小・中学校の児童・生徒、約３００万人の行政記録情報を用いて行われた研究は有名です。

この研究は、**小学3年生のときの学内順位が、中学校入学後の学力だけでなく、大学進学率、将来の年収にまで影響する**ことを明らかにしています。[8]

たとえば、小学3年生のときに、州内共通の学力テストでまったく同じ点数だったとしても、**クラス内の順位が最下位だった児童は、別の学校で順位が真ん中くらいだった児童と比較すると、23～27歳時点の年収が平均で約18万～38万円（1200～2500ドル）も低くなる**ということです。

またアメリカのウィスコンシン州の３０００人の男子高校生のデータを用いた研究では、

高校生のときの成績順位が53歳時点の収入にまで影響することが示されています[*10]。

成績順位の影響は、学歴や収入にとどまらず、日常的な生活態度や行動にまで波及します。**高校生のときの成績順位が低いと、未成年での喫煙や飲酒をしたり、避妊をしない性行為、暴力行為に及ぶ確率が高まる**ことがわかっています[*11]。また、**勤勉性などの性格的な特徴[*12]、メンタルヘルス[*13]にまで影響を与える**ということです。

順位が子どもたちの将来に影響を及ぼすメカニズム

ここで、学力の低い児童・生徒が、高い児童・生徒と同じクラスになることで、かえって学力が下がってしまう理由を改めて整理してみることにしましょう。

学力の高い同級生と交流することで正のピア効果が働き、自分の学力も高くなると予想されます。その一方で、周囲の同級生の学力が高いと、自分の学内順位は低くなってしまうため、井の中の蛙効果によって学力が下がります。つまり、優秀な友人から受ける正のピア効果を、順位が低くなってしまう井の中の蛙効果が相殺してしまったのではないかと考えられるのです。

こう考えてみると、たとえ運良く実力より上の志望校に滑り込み合格を果たしたとしても、学内やクラス内の順位が低くなれば、長い目で見れば良い結果をもたらさない可能性もあります。

現に、予備校や学校関係者のあいだでは、無事に第1志望校に合格したにもかかわらず、入学したあとの定期試験で下位になって以降、順位が下位のままにとどまり続ける生徒が存在することが知られており、彼ら彼女らのことを「深海魚」と呼ぶそうです。

自分の子どもや生徒が「深海魚」とならないために、私たちにできることは何でしょうか。このことを考えるためには、順位がどうしてここまで大きな、そして長期的な影響をもたらすのかというメカニズムについて考える必要があります。

これには、いくつかの仮説が考えられます。

仮説1 親や教員からの扱いが違うから

1つ目の仮説は、親や教員など、周囲の人たちからの扱いが違うという可能性です。順位が高ければ、親や教員からの期待が高まり、教育に余計にお金をかけてもらったり、学校で特別扱いを受けるため、のちの学力が高くなったのではないかということです。しかし、多くの研究がこの仮説については否定的です。埼玉県のデータを用いた私たちの研究でも、順位が高いからといって教員の指導や態度は変わっていないことが確認されています。

それどころか、親については仮説とはむしろ逆で、順位が高い子どもに対して、塾などの学校外教育にかけるお金を減らす傾向があることがわかっています。[6] アメリカの小学生を対象にした研究でも、親は、順位が高い子どもに対しては、宿題の手伝いを減らすことがわかっていますから、[14] この結果と整合的です。

ですから、順位が影響を与えるメカニズムとして、親や教員が何らかの役割を果たしたとは考えにくいのです。

仮説2 子ども自身の「自信」に影響を及ぼすから

2つ目の仮説は、本人の自己評価に影響を与えている可能性です。

実は、多くの研究がこの仮説を支持しています。埼玉県のデータを用いた私たちの研究でも、**順位は子どもたちの「自己効力感」(自分ならきっとうまくできると、自分の可能性を信じていること)に影響を及ぼしている**ことがわかっています。

イギリスやアメリカのデータを用いた研究でも、順位は子どもたちの「自信」に影響を与え、順位が高くなると進学に対する明るい希望を持つようになったことが示されています。[15]

ギリシャの高校生のデータを用いた研究の結果も参考になります。[*16、注2]

この研究では、**高校2年生のときに受けた全国学力テストで順位の高かった生徒は、よりいっそう努力して次の学力テストでさらに成績を伸ばすのに対して、順位の低かった生徒は、逆に努力をしなくなってしまい、次の学力テストで成績を下げる**ことがわかったのです。

このことから、入学後最初の学力テストで下位になった生徒が「深海魚」になってしまうのは、自分の順位が低いことで、自分に対する自信を失い、努力することをやめてしまうからなのではないかと考えられます。

偏差値の高い学校に入学すれば、自然と周囲の同級生の学力は高くなります。そんな周囲の同級生と自分を比較することで、自信を失ってしまうこともあるでしょう。実際に、偏差値の高い学校に入学を果たした生徒ほど、自分が相対的に弱い存在だと感じ、存在意義を感じられなくなっていることを示した研究もあります。[*17]

順位は「前回と比べて」どれだけ伸びたかを伝えるのが正解

それでは、順位は知らせないほうがよいのでしょうか。

周囲の人と比較したときの自分自身のパフォーマンスを正確に知ることができるというのは悪いことばかりとは限りません。順位を知ることで、競争心が刺激され、やる気が出てくるという人もいるでしょうし、自分の強みや弱みを客観的に把握し、改善への糸口とすることもできるでしょう。

実際に、高校生や大学生に対して、成績順位を通知すると、学校やクラス全体の平均的な学力が高くなることを示すエビデンスは複数存在しています。*[18]

しかし、これはあくまで集団全体の平均への効果であって、順位が低い生徒や学生に対する悪影響は避けられません。*[19] 運悪く、順位が低くなってしまった生徒や学生が前向きに努力をするように仕向けることはできないのでしょうか。

ここで、学力の「ばらつき」に注目した研究が参考になります。*[20] この研究は、**順位を上げるために支払わなければならない追加的な「努力のコスト」がどの程度かによって、生徒たちは追加的に投入する「努力の量」を決定する**ことを明らかにしています。

生徒たちは、相当な努力をしなければ自分の順位を上げられないような状況なら努力をしないし、ほんのちょっとの努力で順位を上げられるなら努力してみようという気になるというわけです。

もう少し噛み砕いて言えば、次のようなことではないでしょうか。自分とは実力のかけ離れた優秀な同級生が自分より上位にいることを知れば、「自分もがんばろう」と思うのではなく、「あんなふうにはなれないから、もういいや」と諦めてしまう。しかし、自分とそう大きく実力が変わらない同級生が自分より上位にいることを知れば、「自分だってやればできる」となるわけです。

やや乱暴な表現かもしれませんが、自分と他人とを比べて努力する気になるとすれば、それは自分とは比較にならないほど実力のかけ離れた相手ではなく、自分と比較になる相手限定だということです。

このような状況であることを考えれば、努力のコストが近い、つまり実力が拮抗している生徒を集めて、互いの順位を意識させれば、努力の量が増えて、学校やクラス全体の学力を上げられる可能性があります。生徒の学力をもとにクラス分けを行う「習熟度別クラス」は一考に値するかもしれません。

ほかにも、「順位の伝え方を変える」という方法もあります。生徒に学力テストの結果を返すときに、ただ単に順位や点数を知らせるのではなく、**前回と比べてどれだけ伸びたかを知らせることで、その後の生徒の平均的な学力が高まった**ことを示したエビデンスがあります。[*21]

この効果には異質性があり、特に女子に大きな効果がありました。また、学力だけでなく、勉強に対する意欲も高まったことがわかりました。

私たちは大人になってから新しい習い事や勉強を始めることがあります。私も英会話やらギターやらいろいろなことを始めました。大人の手習いは、スタート地点が人によって違うこともあり、他人と比べることはあまりありませんが、過去の自分と比べることで上達したかどうかを判断しようとします。「上達したな」と感じると、自然とやる気が起こるものです。子どもたちに対しても、周囲の人との比較ではなく、過去の自分との比較をするように仕向けることが重要だということなのでしょう。

これ以外にも、**テストをしたら、間を置かずに即時に順位を知らせたり**[*22]**、子どもではなく親に対して、子どもの順位とともに親が家庭でできるサポートについて知らせると、**[*23]**のちの学力が高まった**ことを示したエビデンスがあります。親が子どもの順位を知り、正確にその能力を把握することで、子どもの能力に合わせた教材や補習を選択するようになるからです[*24]。

つまり、一概に順位を知らせないほうがよいというわけではなく、「伝え方に工夫が必要だ」ということではないでしょうか。

子どもを「深海魚」にしないために、親にできることはある

子どもを「深海魚」にしないために、親はどのように働きかけるべきでしょうか。図6−1で示されているとおり、たまたま入学した年や学校が違うだけで、順位は大きく違っているわけですから、そもそも周囲の誰かと比較しても子どもの能力を正しく把握できないことは明らかです。

しかし、子どもたちは、自分の能力についての不完全な情報をもとに、「自分は能力が低いので、これ以上勉強しても無駄だ」と思い込み、学校を退学したり、進学を諦めてしまったりと、望ましくない意思決定をしてしまうこともあるようです。[*25] こうしたことが生じないよう、子どもたちの意思決定を注意深く見守る必要があるでしょう。

それだけでなく、他人との比較ではない評価軸を持てるように子どもたちを導くことも重要です。

学校選びをするときには、偏差値というたった1つの「ものさし」だけでなく、学校のカリキュラムの特徴、建学の精神や教職員の指導方針、部活動や課外活動についての情報なども収集した上で、それぞれの子どもに合った学校かどうかを考えることもあってよい

のではないでしょうか。

仮に成績順位が低かったとしても、ほかに活躍の場があれば、自分に対する自信を失わずにすむからです。

「学歴フィルター」では優秀な学生を採用できない

最後に、高校生や大学生を採用する企業にとって参考になるエビデンスを紹介したいと思います。多くの企業は、高校生や大学生を採用するときに、「出身高校」や「出身大学」を重視します。就職情報会社が就職活動をする学生を大学名で線引きしているのではないかと思われるメールが出回って、「学歴フィルター」という言葉が知られるようになりました。[*26]

学歴フィルターは、果たして良い人材を獲得する上で正しい戦略なのでしょうか。

ヴァンダービルド大学のジョン・コンリー教授らが、アメリカの大学院の経済学部で博士課程を修了した者を対象に行った調査があります。[*27]

コンリー教授らは、大学院に至っても「順位」が重要であることを発見しています。卒業生が卒業から6年以内に残した業績を見てみると、確かにハーバード大学など超名門大学の上位1％の学生はすばらしい業績を上げています。しかし、**大学ランキングでは30位前後の中堅大学の上位1％の学生は、ハーバード大学など超名門大学の上位20％の学生よりもはるかに優れた業績を残している**のです。

この研究は、学歴フィルターによって、出身校のみに比重を置いた採用をすれば、優秀な人をみすみす逃してしまうことになりかねないことを示唆しています。

企業もまた、学歴というたった1つの「ものさし」のみに大きな比重を置くのではなく、学生の専門分野における実績を評価するような選考をすれば、優秀な人を採用するチャンスが広がるかもしれません。

自分だけが出世できないときに感じる「相対的剝奪」とは？

ごく身近にいる人とのみ比較することで、自分の能力を誤って見積もってしまうことは「**井の中の蛙効果**」と呼ばれます。オックスフォード大学の心理学者、ハーバート・マーシュ教授が1980年代に始めた研究を嚆矢として、広く知られるようになりました。[*28]
ただし、心理学の研究では、井の中の蛙効果は、子どもたちの勉強面での「自己概念」への影響に焦点を当てたものが中心です。勉強面の自己概念とは、たとえば「私は数学が得意だ」とか「私は勉強が好きではない」というような、自分自身に対するイメージや評価のことです。

心理学では、井の中の蛙効果を調べた研究はすでに数多く発表されています。33報の研究をまとめた最近のメタアナリシスによると、[*29] 北米と比較すると、受験戦争の激しいアジア諸国のほうが効果がはるかに大きいことが示されています。

また、社会学では、井の中の蛙効果と似た「**相対的剝奪**」を研究対象にしています。相対的剝奪とは、他人と自分を比較して不満や欠乏の気持ちを抱くことを指します。この概念が社会学で注目されるきっかけになったのは、シカゴ大学の故サミュエル・スタウ

図6-2 **昇進率が高い部隊の方が不満を持ちやすい**

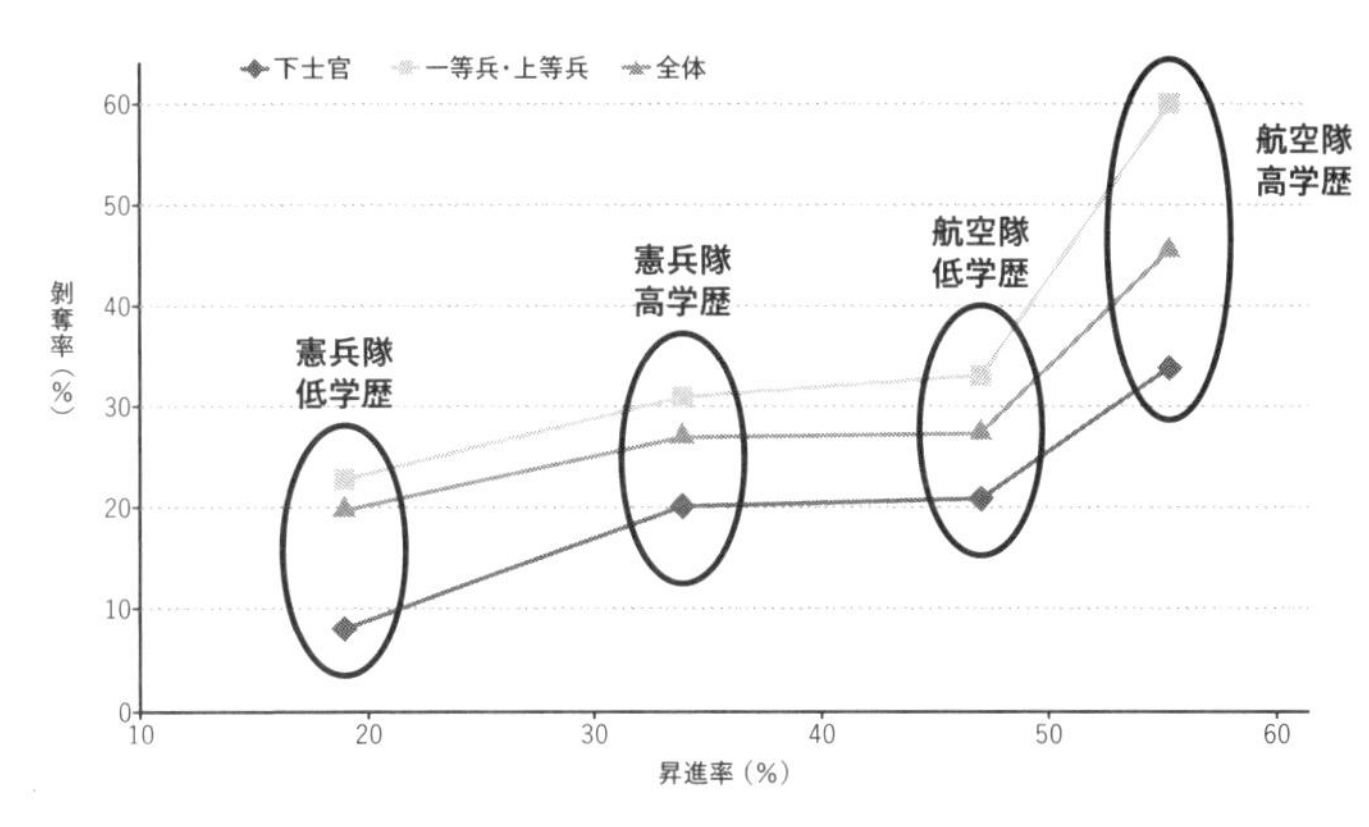

（注）剥奪率は、「能力のある兵士は軍隊での昇進機会が大きいと思いますか」という問いに対して、「あまりない」または「まったくない」と回答した兵士の割合。
（出所）石田（2012）の87頁の図1を抜粋。

ファー教授ら、社会学者が1949年に出版した第2次世界大戦中のアメリカ軍兵士を調査した報告書だったといわれています。[*30]

この報告書では、憲兵隊や航空隊など部隊ごとの昇進率と不満を感じる兵士の割合が調査されました。スタウファー教授らの報告書のデータを用いて、この分野の専門家である関西学院大学の石田淳教授の論文で示されているのが、**図6−2**です。[*31]

部隊における昇進率と昇進に対する不満をあらわす剥奪率の関係を見てみると、**高学歴で、階級が高く、昇進率の高い航空隊に所属している兵士ほど不満の割合が高くなっている**ことがわかりました。

直感的には、昇進の機会が少ないほうが

不満は大きくなりそうなものですが、逆の結果となったのです。

同じ部隊の中で、周囲の人が昇進しているのに、自分だけが昇進しない場合に「剝奪された」という感情が生じると解釈されています。

このように、心理学や社会学では、井の中の蛙効果あるいは相対的剝奪は比較的古くから研究対象となってきましたが、経済学はそれに遅れて研究を始めたことになります。経済学は、相対的な順位が心理的な側面に与える影響だけでなく、もっと長期の成果である学歴や収入との因果関係を明らかにしようとしているところに新しさがあります。

第7章

別学と共学、どちらがいいのか？

東大進学者は別学に多い

志望校を選ぶときに、偏差値や教育方針以外に、男子校や女子校などの男女別学にするか、男女共学にするかというのも気になるところではないでしょうか。

別学だと、外見や異性からの人気に気をとられず、学業に集中できるかもしれません。一方、共学だと、同性だけでなく異性の友人とも切磋琢磨する環境だというメリットがありそうです。

それぞれに良いところがあるように思えますが、全国の高校数を見てみると、共学が4791校なのに対して、別学は、男子校は99校（2・1%）、女子校は269校（5・6%）と圧倒的に少数派です[*1]。

男女共同参画社会基本法の制定された1999年以降、別学は減少の一途を辿ってきました。それにもかかわらず、別学の進学校の存在感は増しているようにも思えます。

毎年、出版社が発表する東京大学への進学者数を見ると、上位30校中19校（63・3％）は別学です。[*2] この中には私立だけでなく、埼玉県、栃木県、群馬県などに多い、別学の公立高校も含まれています。

別学出身者の学力が高いのは「見せかけの相関」である

学力や進学に限ってみれば、共学と別学のどちらが有利なのでしょうか。

実はこれには激しい論争がありました。特に、2005年にアメリカの教育省から発表された報告書が有名です。[*3]

この報告書では、英語圏の公立学校を対象にして、共学と別学の比較をした2221の研究を**システマティック・レビュー**という方法でまとめています。

表7－1を見てください。学力テストの結果に限ってみれば、別学のほうが有利なことを示す研究が多いことがわかります。

ところが、世界でもっとも権威ある学術雑誌の1つである『サイエンス』に掲載された

表7-1 別学はやはり有利なのか?

	別学有利(%)	共学有利(%)	差はなし
学力テスト	67	11	22
通知表の成績	0	0	100
素行不良(の少なさ)	50	0	50
自尊心	17	33	50
自制心	60	0	40
4年制大学卒業	0	0	100
大学院進学	0	0	100
高校卒業後の失業(の少なさ)	50	0	50
結婚	0	0	100

(出所)Mael, et al (2005) 8頁のTable 1を基に筆者改変。

論考は、こうした過去の研究成果を「偽科学である」と厳しく批判し、話題になりました。[*4] アメリカの教育省がレビューの対象にした研究の多くには「**見せかけの相関**」(一見、2つの変数のあいだに関係があるように見えるけれども、実際には別の要因が影響しているという現象)が生じていると指摘しています。

この主張の根拠の1つとなったのは、テキサス大学の心理学者、エイミー・ヘイズ准教授がアメリカ南西部の、ある公立女子高校のデータを用いて行った研究です。[*5]

この公立女子高校の生徒は成績が良いことで有名でしたから、多くの人が「この女子高校に入学すれば、その後は成績が上がる」と信じていたという状況でした。しかし、入試の結果をよく分析してみると、この女子高校を志望した女子生徒は、同じ地域の公立共学高校を志望した女子生徒よりも、もともと成績が良かったことがわかったのです。

こうなると、「この女子高校へ行けば成績が上がる」という**因果関係**なのか、「もともと成績が良い生徒がこの女子高校を選んだだけ」という**相関関係**にすぎないのかがよくわかりません。

そこで、ヘイズ准教授らが注目したのは、この女子高校の合格者を抽選で選ぶという制度です。これを自然実験とみなして、志望した女子生徒の中から、抽選でこの女子高校に合格した生徒と、残念ながら抽選に落ちて、別の同じレベルの公立共学高校に入学した生徒を比較したのです。

これによって、もともとの成績が違う生徒たちを比較することによって生じる**バイアス**（データや分析の問題から生じる歪みや偏り）を取り除くことができます。

ヘイズ准教授らの分析によると、この女子高校に抽選で合格した生徒たちと、抽選に落ちて公立共学高校に進学した生徒たちのあいだで、高校入学後の学力に**統計的に有意な差**

（偶然では説明できない、意味のある差）はありませんでした。つまり、別学に通う生徒の学力が高いのは、別学に通ったからではなく、もともと学力の高い生徒が別学を志望することが多かっただけというわけです。

『サイエンス』に掲載された論考は、ヘイズ准教授らが研究の対象にした公立女子高校以外でも同じことが言えるかどうか、ほかの地域や国のデータを用いて確かめる必要があると言います。加えて、「生徒が別学に通うか共学に通うかをくじ引きによってランダムに決め、両者のその後の学力を比較するような実験でも行わない限り、別学と共学の教育効果を正確に比較することは難しい」とも述べています。

とはいえ、生徒自身や親の意向を無視して、進学先を共学か別学かにランダムに割り当てるなど、およそ不可能なことのように思えます。

別学へ行くと学力は高くなり、女子の肥満が増える

ところが、不可能と思われていた「実験」を分析した研究が現れたのです。ペンシルベニア大学のパク・ヒョンジュン教授らは、共学か別学かによらず、進学する高校がランダムに決定されるという韓国の首都ソウルの制度に注目しました。[*6]

ソウルでは、以前は今の日本と同じような高校入試が行われていました。しかし、受験戦争が過熱し、学習塾に通うことのできる家庭環境に恵まれた子どもだけが有利になり、社会の分断が進むとの懸念が強まり、入試制度の改革が行われたのです。

この結果、中学校を卒業した生徒たちの進学先の学校は完全に抽選で決定されることになりました。[注1] 学区内の高校には別学・共学だけでなく、公立・私立の別もありましたが、いずれにせよ、生徒たちはみずから進学先を選択することはできなくなりました。

その上、韓国政府はすべての学校に、統一的なカリキュラムや学費などを課し、教員は4〜5年に一度学校を異動する決まりですから、別学と共学のあいだで教育の質に大きな差はありませんでした。[注2] こうした制度は1974年から2009年まで続きました。

パク教授らは、これを世界でも有数の大都市であるソウル市内に住む中学生が、その進学先を68の男子高校、60の女子高校、68の共学高校のいずれかにランダムに割り当てられたという自然実験だと見なしたのです。

分析の結果、パク教授らが発見したことの1つは、**別学の生徒のほうが、共学の生徒よりも、体重の増加幅が大きく、これは特に女子に顕著だ**ということです。[*7] 別学になると外見や容姿に対する関心が薄くなるからではないかと見られます。ここまでは私たちの直感に反しない結果です。

学力や進学についての影響はどのようなものだったのでしょうか。

パク教授らの分析結果は驚くべきものでした。韓国版の大学入学共通テストである**大学修学能力試験の点数は、共学の生徒よりも別学の生徒のほうが高かった**のです。その上、別学の生徒のほうが大学進学率が高く、なかでも4年制大学への進学率が高くなっているのに対して、2年制の短期大学への進学率は低くなっていることもわかりました。

同じ韓国のデータを用いて行われた別の研究では[*8]、別学が共通テストの結果に与えた影響はきわめて大きく、学区によっては偏差値で5程度にも上ると述べています。

男子校が有利な理由は「ロールモデル」となる同性の教員が多いから

パク教授の研究以外にも、学力や学歴という点に限ってみれば、別学が有利であることを示すエビデンスは少なくありません。[*9]

しかし、別学といっても、男子校と女子校があります。男子校と女子校のどちらか一方のみが学力や学歴の面で有利になっているということはないのでしょうか。

実は、男子校のみが有利であると主張する研究があります。たとえば、前出のパク教授の研究では、男子校に通うことは理系科目の成績や理系学部への進学で有利になる効果があるのに対して、女子校ではそれが見られないことを明らかにしています。[*10]

韓国だけでなく、アイルランドのデータを用いて行われた別の研究でも、**男子校の生徒は共学の男子生徒よりも数学の成績が良い傾向があるが、女子校では同様の傾向は見られない**ことが示されています。[*11]

なぜ、男子校だけで理系科目の成績や進学が有利になるのでしょうか。

最近では、教員と生徒の性別が同じであることにプラスの効果がある可能性が指摘されています。同性の教員や同性のメンターがロールモデルとなり、生徒の学力や学歴に良い影響を与えたことを示すエビデンスは少なくありません。[*12] そして女子校の理系の女性教員は共学と変わらないのに対して、男子校には理系の男性教員が多い傾向がありますから、男子校では有利に働き、女子校ではほとんど影響がないという結果になったと考えられます。

女子校が有利な理由は「ステレオタイプの脅威」が生じにくいから

ところが、男子校のみが有利になることを示す研究と同じくらい、女子校のみが有利になることを示した研究があることにも言及しておかなくてはなりません。女子校のほうがむしろ理系科目の成績や進学で有利になると主張する研究は、「**ステレオタイプの脅威**」が生じにくいことのメリットを強調します。

ステレオタイプの脅威とは、ある集団に対するステレオタイプ（偏見や固定観念）が存在する場合、それに縛られて実力を発揮できなくなる現象を指します。

たとえば、「女性は数学が苦手だ」というようなステレオタイプに囚われると、数学のテストで本来の実力を出し切れず、本当に成績が悪くなってしまうというようなことです[*13]。

同じクラスに男性がいないため、「女性は数学が苦手だ」というステレオタイプの脅威が生じにくく、女性が本来の実力を発揮できたことを示したエビデンスがあります。オーストラリア国立大学のアリソン・ブース名誉教授らの研究です[*14]。

ブース名誉教授らの研究では、イギリスの名門大学で、1年生の必修授業である「入門経済学」を受講する学生を、「女性のみ」「男性のみ」「男女混合」という3つのクラスにランダムに割り当てました。経済学は文系に分類されていますが、実際には理系並みに高度な数学や統計学を学ぶため、理系学部同様に、女性から敬遠されやすいことが知られています。

図7－1は学期末テストの点数の分布をあらわしています。点線が「男女混合」で、実線が「男性のみ」（左図）、「女性のみ」（右図）です。

図7-1 女性のみのグループは成績が改善する

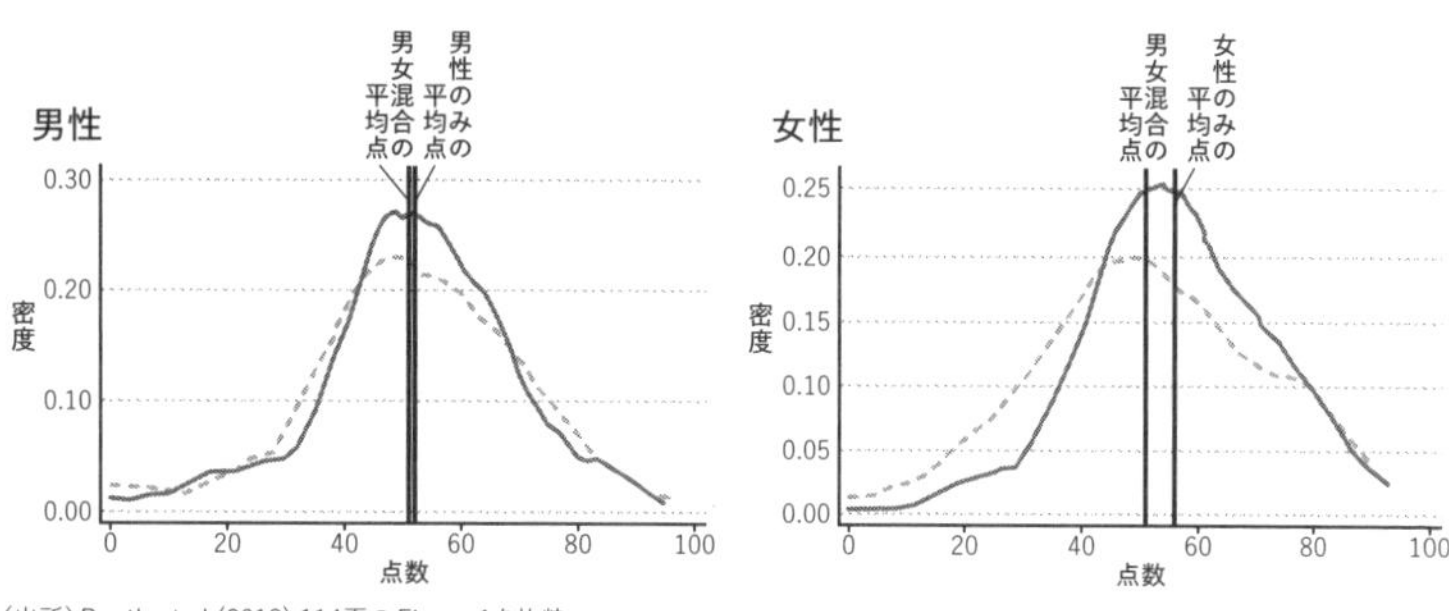

（出所）Booth et al (2018) 114頁のFigure 1を抜粋。

これを見ると左図の「男性のみ」と「男女混合」の分布はほとんど同じ形をしており、平均点も大差ありません。

しかし、右図の「女性のみ」と「男女混合」のほうはかなり違っています。「女性のみ」のクラスの分布は、「男女混合」と比較して分布の山の頂点が右にあり、平均点もかなり高くなっていることがわかります。

具体的に言うと、**「女性のみ」のクラスの学生は、「男女混合」のクラスの学生よりも学期末テストの成績が偏差値で2・5も高くなり、授業の単位を取る確率も7・7%高くなった**ということです。

しかも、「女性のみ」のクラスに割り当てられた学生は、その後、**大学を退学する確率が57%も低くなり、成績上位者として卒業する確率が61%高くなった**のです。一方「男性のみ」のクラスは、「男女混合」のクラスと差はありませんでした。

スイスの高校のデータを用いた研究でも同様のことが示されています。「女性のみ」のクラスの生徒は「男女混合」クラスの女子生徒より良い成績を収めたことが示されました。「女性のみ」のクラスの生徒は、自己評価も高まっていました。[*15]

ステレオタイプの脅威は、数学以外にも生じ得ます。「女性は運動が苦手だ」という偏見がある場合に、小学校の体育の授業を「男子のみ」「女子のみ」「男女混合」に分けた実験では、**「女子のみ」のクラスに割り当てられた児童は、運動することへの自信が高まった**ことが示されました。しかし、**男子はいずれのクラスでも差はありませんでした。**[*16]

女子校は、理系科目の成績だけでなく、理系学部への進学にも有利なのでしょうか。実はこの点は結論の一致を見ていません。アメリカのデータを用いたある研究では、かつての女子大学が共学化したことを自然実験と見なしました。これによれば、共学になることによって理系を専攻する女子学生は30%以上も減少したことが示されています。[*17] つまり、同じ学校でも共学だと女子は理系を選ばなくなるというのです。

ところが、女性の割合が高いほうが、理系を専攻する女性は減ると主張する研究もあります。[*18] 数で勝ると、同調圧力が働き、かえって周囲の女性と同じような進路を選択してしまう可能性もあります。

したがって、別学が理系科目の成績や進学で有利になるとしても、男子校、女子校それぞれに別の理由があるということになります。

一連の研究を大雑把にまとめてみると、**男子校が有利になる理由は同性の教員がロールモデルになることにあり、女子校が有利になる理由はステレオタイプの脅威が生じにくいから**だと言えそうです。

女子校に行くと将来の収入が下がり、結婚や出産の確率が下がる

ここまでは成績や学歴への影響を見てきましたが、別学に行くことは成績や学歴以外の成果、たとえば将来の働き方や収入にどのような影響を与えるのでしょうか。パク教授らは最近の研究で、１９９０年から２０１０年までにソウルの高校を卒業し、高校卒業後約10~20年が経過した30~40代になった人たち、約４０００人に対して、独自に調査を行いました。

この結果、**女子校出身者は共学出身者と比較して、フルタイムで働く割合が3・2%高く、働く母親に対してより肯定的**なことがわかりました。また競争心やリスクを取る意欲も強くなっていました。しかし、こうした効果は男子校出身者には見られませんでした。*19

将来の収入についてはどうでしょうか。イギリスのデータを用いて、1958年生まれの人を対象に、42歳時点の収入への影響を見てみると、女子校出身者は共学出身者と比較して、時給が約5%程度高くなっているという結果になっています。こうした効果も男子校出身者には見られていません。[*20]

それでは、女子校に通うことには長期的に良い効果があると言ってよいのでしょうか。残念ながらそうとは言えません。一橋大学の中澤伸彦准教授らもソウルの自然実験に着目した研究を発表しています。

2004〜07年のあいだに高校を卒業し、高校卒業後8〜11年が経過した26〜29歳の人たち、約2800人のデータを用いた分析によれば、**女子校出身者のほうが共学出身者と比較して、平均月収が約10・3〜11・5%程度も低くなっている**ことがわかっています。

このメカニズムとして、女子校出身者は、女性が多い低賃金の医療・福祉分野の仕事を選ぶ傾向があったり、職場での同僚との人間関係の構築やコミュニケーションに課題があることが指摘されています。

また、**女子校出身者は共学出身者と比較すると、結婚する確率が8・3%、出産して子どもを持つ確率が6・7%も低くなっていました。**そして、こうした効果も男子校出身者には見られませんでした。[*21]

別学が雇用・収入・家族形成などに与える長期的な成果については、いまだ研究が少なく、結論が分かれています。別学に通うことが成績や学歴に良い影響があるからといって、その後の雇用・収入・家族形成にまで必ず良い影響があると断定することはできないということを心に留めておく必要があります。

男女を別にすると性別に対する偏見や固定観念が強まる

最後に男女の役割に対する考え方への影響についても述べておきたいと思います。幼少期に同性の子どもを同じグループにすると、短期間でも、性別に対する偏見や固定観念が強化されたことを示すエビデンス[*22]がありますから、男女を別に教育することが、ジェンダー規範に与える影響も考える必要があります。

話が逸れるようですが、実は、私が中学生の頃、技術・家庭という科目は男女が別々に受けていました。学ぶ内容も違っており、男子は電子機器、園芸、木工などが、女子は調理、縫製、看護などが中心でした。しかし、1989年度の学習指導要領の改訂で、性別に囚われない内容に再編されました。そして、初めて男女が同じ教室の中で、同じ内容を一緒に学ぶことになったのです。私はちょうどこの端境期に中学生だったこともあり、この変化が生じた当時のことをよく覚えています。

この制度変更を自然実験ととらえて分析したのが明治大学の原ひろみ教授らです。原教授らは、**技術・家庭の授業を男女が一緒に学ぶようになった世代の男性は、大人になったあとで週末に家事をする時間が1日あたり26分長くなり、女性は正社員になる確率が4ポイント高くなった**ことを発見しました。*23

原教授らは、技術・家庭の授業を男女が一緒に学ぶようになったことで、「男性は外で仕事、女性は家で家事」という伝統的な価値観が変化したのではないかと解釈しています。

コラム

教育の効果は男子と女子で異なるのか？

最近の研究では、同じ教育を受けたとしても、男子と女子でその影響が異なることがわかってきています。

なかでも、マサチューセッツ工科大学のデビッド・オーター教授らの研究は有名です。*24 フロリダ州に在住している25万人のきょうだいのデータを用いて、同じ公立学校に通う兄妹や姉弟という性別の異なるペアを比較しました（これは、23頁でも既出の「きょうだい固定効果法」という分析手法です）。これによって、遺伝的にも似ており、同じ家庭で育った性別の違うきょうだいが同じ教育を受けたのにもかかわらず、将来の学力に差が生じるのはどのようなケースなのかを調べたのです。

オーター教授らの結論は、「平均的に学力の高い学校で教育を受けることの恩恵は、女子よりも男子に大きい」というものでした。

図7－2は、横軸は学校の平均的な学力、縦軸はそれぞれ男子（＝兄または弟）と女子（＝姉または妹）の学力や停学率をあらわしています。**学力下位校では女子のほうが平均的に学力が高いのですが、上位校では男子の学力が上回っていることがわかります。**停学

図7-2 偏差値の高い学校の効果は男子に大きい

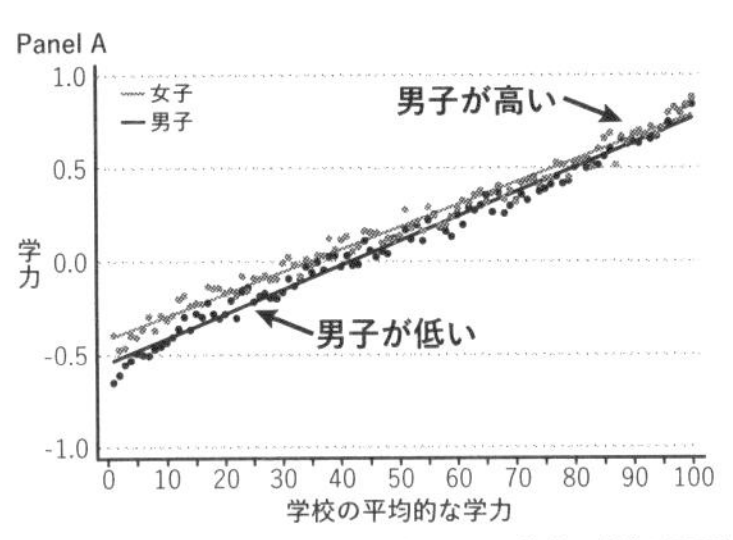

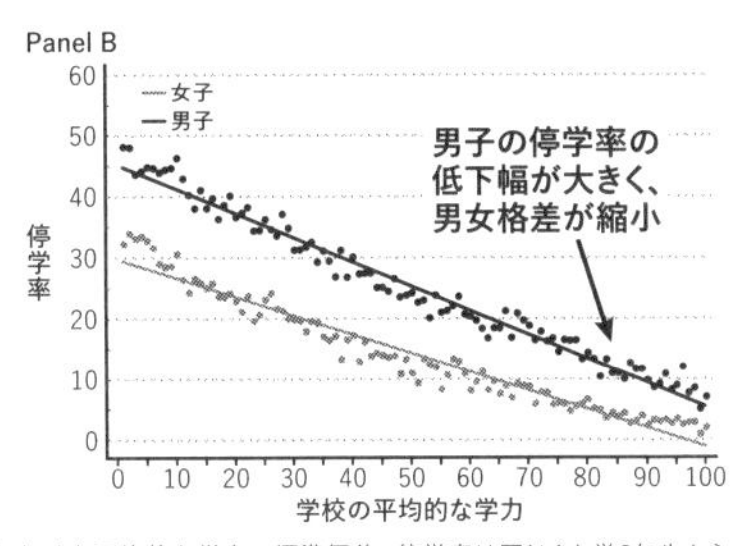

(注) 学力は、小学6年生から中学2年生までの算数・数学と国語をあわせた平均的な学力の標準偏差。停学率は同じく小学6年生から中学2年生までの停学率。横軸は各学校の平均的な学力から算出したランキング。
(出所) Autor et al. (2016) の292頁のFigure 1を抜粋。

率についても同様で、学力下位校では男子のほうが高いのですが、上位校ではその男女格差がかなり縮小しているのがわかります。

ここでは学校における教育の影響を見ていますが、オーター教授らは、同じデータを用いて家庭環境の影響が男女で異なるかどうかも調べています。[*25] それによれば、出生時点で家庭が経済的に困窮していることの悪影響は、女子よりも男子に大きいことがわかりました。特に、問題行動や規則違反、停学などへの悪影響は、女子よりも男子のほうがよりいっそう顕著になることがわかっています。

つまり、同じ学校教育や家庭環境だったとしても、男子と女子で異なる影響があるということになります。

そうすると、次に、こんな疑問が湧いてきます。学校教育や家庭環境の影響が男女で異なるのはなぜなのか、ということです。第8章ではこのことについて考えていきます。

第8章

男子と女子は何が違うのか？

「女性っていうのは競争意識が強い」は間違い

性別の異なる子どもを育てるご両親の中には「男の子と女の子の子育てはまるで違う」という印象を持つ人も多いようです。もちろん、生物学的な違いはありますが、それに加えて、行動や態度面での違いも大きいことがわかっています。

特に最近では、男子と女子の「**選好**」に差があることを示したエビデンスが蓄積されてきています。「選好」とは、一言で言うと「個人の好み」です。

第2章で出てきた「非認知能力」との違いは何でしょうか。両者に関連があることを見出している研究もありますが、[*1] いまだ互いの関係についてはきちんと整理されているとは言い難い状況です。[*2] したがって、本書では「選好」や「非認知能力」をあまり明確に区別することなく用いています。

どのような選好に男女差があるのでしょうか。最近の研究では、「競争に対する選好」には男女差があることがわかってきています。ここでは、「競争心」と呼んでいくことにしましょう。

東京オリンピック・パラリンピック大会組織委員会の会長（当時）が「女性っていうのは競争意識が強い」という発言をして、議論を巻き起こしたことは記憶に新しいところです。これは本当なのでしょうか。

競争心についての研究をリードしてきたのは、スタンフォード大学のミュリエル・ニーデルレ教授です。

ニーデルレ教授らの研究は、「女性っていうのは競争意識が強い」とは真逆の結論に至っています。男性は競争心が強く、逆に女性は弱い。男性は競争的な環境のほうが力を発揮しやすいのに対し、女性は逆に力を発揮しにくいことが明らかになっているのです。[*3]

競争心を測るにはどうすればよいのでしょうか。ニーデルレ教授らは、実験経済学で「**ラボ実験**」と呼ばれる方法を用いて、競争心を計測しました。ラボ実験とは、実験室で被験者を対象に行う仮想的な実験のことです。

ニーデルレ教授らの研究では、専用の実験室で、被験者の大学生が男女2人ずつの計4

図8-1 ニーデルレ教授らの実験で用いられた足し算の問題

21	35	48	29	83	

(注)ランダムに出現する2桁の数字を、計算機を用いずに足し上げていき、一番右の空欄に答えを記入する。ただし計算用紙を使うことは問題ない。各問題の制限時間は5分。
(出所)Niederle & Vesterlund (2007) の1037頁を抜粋。

人のグループになります。それに各人は**図8－1**のような簡単な2桁の足し算が次々と出題され、5分間解き続けるよう指示されます。これがうまくいくと、ご褒美として少額の報酬がもらえるようになっています。

これを全部で3回繰り返すのですが、報酬体系は毎回異なっています。1回目は「歩合制」です。1問正解するごとに75円(50セント)の報酬がもらえます。

2回目は「勝者総取り制」です。4人のグループの中でもっとも正解数の多い人だけが、正解するごとに300円(2ドル)の報酬をもらえます。それ以外の人は報酬を得ることはできません。

3回目は、歩合制と勝者総取り制のどちらで報酬を受け取るかを選択します。そのあとに足し算に取り組み、先に選択した報酬体系のもとで報酬がもらえます。

この実験で何がわかるのでしょうか。

ほかの参加者の成績が自分の報酬に関係がない歩合制とは異なり、勝者のみが報酬を得る勝者総取り制は、誰かとの競争に勝たなければ

図8-2 **男子の方が競争心が強い**

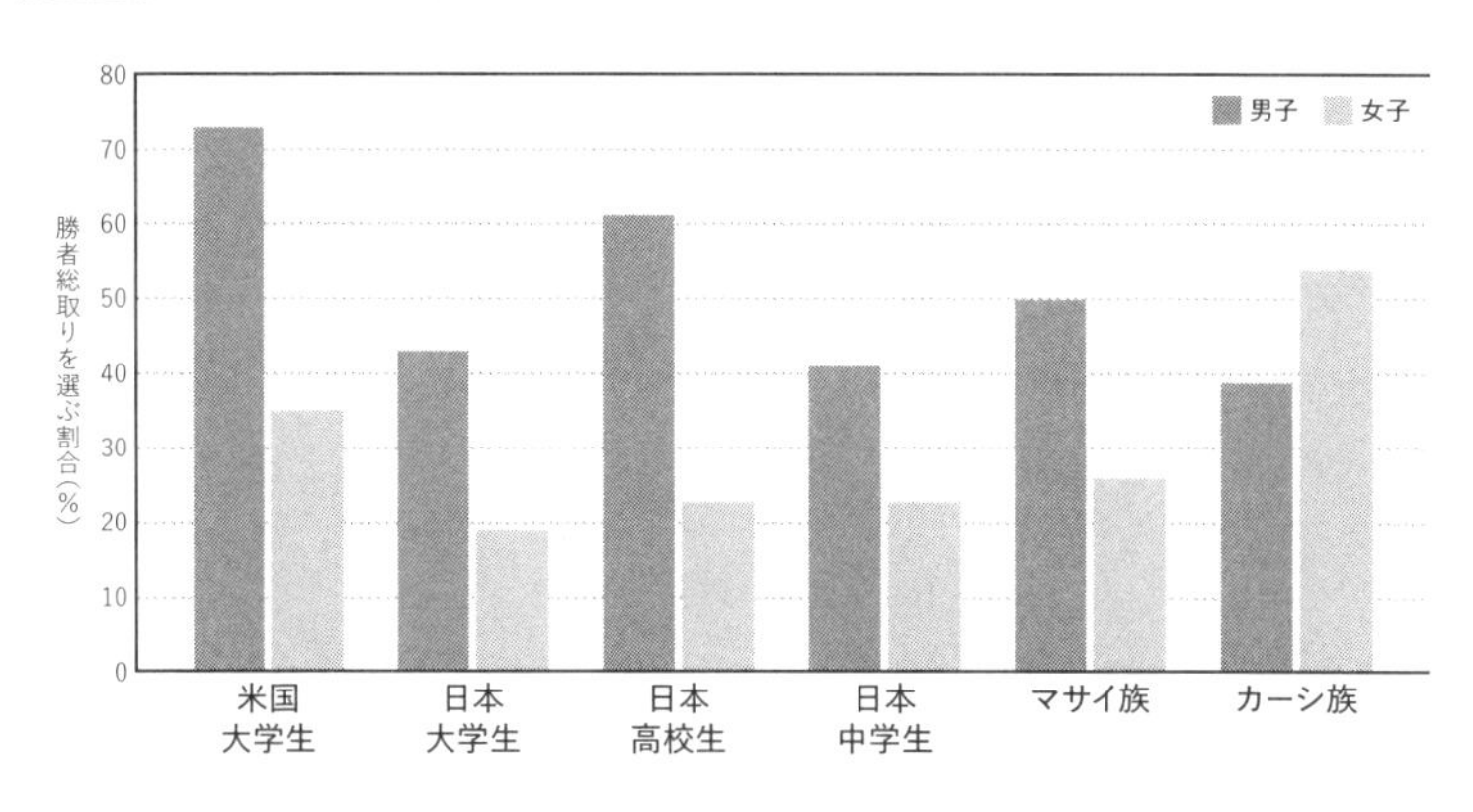

(注) 男子と女子がそれぞれ3回目に勝者総取り制を選択する割合。
(出所) 米・大学生：Niederle & Vesterlund (2007)、日本・大学生、高校生：Okudaira et al, (2015)、日本・中学生：Yagasaki & Nakamuro (2018)、マサイ族とカーシ族：Gneezy, Niederle & Rustichini (2003) を基に筆者改変。

報酬を得られません。ニーデルレ教授らは、被験者が3回目に、「勝者総取り制を選択するかどうか」を観察することで、被験者の競争心の強さを測ろうとしたのです。

そして、実験の結果、**男性の73%に対して、女性はわずか35%しか勝者総取り制を選択しなかったことがわかりました。**[注1] つまり、男性のほうが女性よりも競争心が強いことが示されたというわけです。

この研究が発表されたあと、世界中で追試が行われました。**図8-2**からも明らかなように、ほとんどの研究がニーデルレ教授らと同様の結果となっています。[注2] これまでに行われた110の研究をまとめたメタアナリシスによれば、**3回目に勝者総取り制を選択するのは、男性のほうが平均で13**

ポイント高く、より高い男女平等を達成している国ほど男女差が大きくなる傾向があるということです。*4

競争心の男女差は、小学生にすでに表れている

当然、日本でも追試が行われています（図8－2）。同志社大学の奥平寛子准教授らが、高校生を対象にした実験では、**勝者総取り制を選択するのは男性が61%、女性が23%となっています。大学生を対象にした場合、勝者総取り制を選択するのは男性が43%、女性が19%**と報告されています。*5

私も東北大学の矢ヶ崎将之講師とともに、関東のある自治体の全6公立中学校の中学2年生811人を対象にしたラボ実験を行っています。ここでは、**勝者総取り制を選択する男子は41%、女子は23%**で、やはり男子のほうが競争心が強いという結果が得られています。*6

ニーデルレ教授らは大学生を、奥平准教授らは高校生を、私たちは中学生を対象にしていますが、競争心の男女差はいつごろから顕在化するのでしょうか。この点については、カリフォルニア大学サンディエゴ校のウリ・ニーズィ教授らの論文が参考になります。

ニーズィ教授らは、イスラエルの小学校で、小学4年生の男女計140人の40メートル短距離の徒競走のタイムのデータを分析しました。この徒競走では、生徒が競争相手なしに1人で走った場合、男女のタイムのあいだに統計的に有意な差はありませんでした。

しかし、**同じくらいのタイムの生徒と2人1組となって競争すると、男子は0・163秒もタイムが速くなるのに対し、女子はかえって0・015秒遅くなり**[*7]、これには統計的に有意な差があることがわかりました。つまり、小学4年生の時点で、男女の競争心の差は存在するばかりか、現実社会でのパフォーマンスにも差をもたらしているのです。

競争相手が同性かどうかが重要だという指摘もあります。

西南学院大学の山村英司教授らが日本の競艇のデータを用いた研究がそれにあたります[*8]。ご承知のとおり、競艇は競馬や競輪、オートレースなどと並ぶ日本の公営競技の1つです。競艇には、男女両方のプロ選手がおり、性別にかかわりなくレースに出場します。つまり、男性選手のみのレース、女性選手のみのレース、男女混合のレースがあるのです。

山村教授らの分析では、**女性選手のタイムは、競争相手が全員女性選手だった場合よりも、競争相手に男性選手が含まれていたときのほうが遅くなる**ことがわかったのです。

一方で、男性選手は、競争相手が全員男性だった場合よりも、競争相手に女性が含まれていたときのほうが速くなっていました。しかも、**競争相手に女性選手が含まれていたと**

き、男性選手は、ルール違反と認定されるリスクがあるにもかかわらず、レーンを変更するなど、より攻撃的な戦略を取っていることも明らかになりました。

東洋大学の水谷徳子准教授らが、日本人の大学生を対象にして行ったラボ実験では、**男性は女性が同じグループにいると自信過剰になるのに対し、女性は男性が同じグループにいないと自信過剰になる**ことがわかっています。[*9]

競争心の男女差が進路選択や職業、収入の男女格差につながっている

そして、競争心は、学歴や収入など将来の成果に影響を及ぼします。[*10]

ニューヨーク大学アブダビ校のアーネスト・ルーベン准教授らは、アメリカのある名門大学のＭＢＡプログラムの学生を対象に、ニーデルレ教授らと同様の方法で競争心を計測しました。[*11]

彼らの研究によると、勝者総取り制を選択し、**競争心が強いとされた卒業生は、歩合制を選択した同級生よりも、就職してから2年後の収入が9％も高い**ことがわかったのです。

そして、彼らの分析によれば、**男女の収入格差のおよそ10％程度は、この競争心の男女差で説明することができると言います。これは年収で225万円（1万5000ドル）にも**

相当する格差です。

また、就職にも影響があります。アメリカの16の都市で約9000人の求職者を対象にして行われた実験では、**周囲の同僚と競い合うような成果報酬を提示した場合に、男性はこの求人に積極的に応募するものの、女性は消極的で、そもそも応募しなかった人が多かった**というのです。[*12]

アムステルダム大学のトーマス・ブーザー教授らは、「なぜ『リケジョ』が少ないのか」という疑問に答える重要な論文を発表しています。[*13] 彼らの研究によれば、ラボ実験で計測された競争心は、進路選択に影響することが示されています。**男女がほとんど同程度の学力にもかかわらず、男子生徒は、女子生徒よりも理系を選択する**、その理由は男子のほうが競争心が強いからだというのです。

オランダでは、文系よりも理系のほうが難関で競争が厳しいため、競争心の強い男子生徒が積極的に理系を選択したと考えられます。ブーザー教授らは、理系学部の進路選択の男女差の20％程度が、競争心の男女差で説明できると言います。

ブーザー教授らは、オランダだけでなく、スイスの高校のデータを使った場合も、同じ結論になることを確認しています。[*14]

なぜ、男女の競争心に差があるのでしょうか。

この点についてはよくわかっていないことも多いのが現状です。生物学的に男性のほうが競争的である可能性は否定できません。[*15]

しかし、社会的な環境から影響を受けている可能性もあります。前出のニーズィ教授がアフリカとインドの2つの部族で競争心を測る実験を行っています。父系社会のマサイ族と母系社会のカーシ族です。

図8－2で示されているとおり、マサイ族では男性のほうが、カーシ族では女性のほうが競争心が強いことがわかりました。[*16]

別の実験では、母系社会では子どもたちの競争心には男女差がないのに対し、家父長制社会では思春期頃に女子だけは競争心が低下することが示されています。[*17] また、共産主義体制の下で教育を受けた中国人女性は、男性よりも競争心が強いのに対して、市場主義体制の下で教育を受けた台北女性は、男性と差がないことを示すエビデンスがあります。[*18]

加えて、競争相手が「他人」の場合には男女差が生じるが、「自分」との競争においては男女差は生じないことを示した研究もあります。[*19]

競争心は生物学的な要因のみならず、文化、規範、制度などみずからを取り巻く社会的な環境からの影響を受けて形成されるようです。

家庭環境や親の選択が重要だと指摘する研究もあります。ノルウェーの高校1年生、約

1500人を対象にした実験では、ニーデルレ教授らが行ったのと同じ方法を使って、競争心を測っています。[20] ただし、この実験では、歩合制か勝者総取り制のどちらで報酬を受け取るかを、子ども本人が選択する場合だけではなく、親が子どもの代わりに選択する場合、どちらを選ぶかも調べました。

これによれば、**親は自分の子どもが女子よりも男子の場合に、勝者総取り制を選択する確率が28%も高くなる**ことがわかったのです。そして、この親の選択は、子ども自身の選択以上に、子どもの将来の大学進学と強く関連しているということが明らかになっています。

女子校の生徒の競争心は男子と変わらない

それでは、教育によって競争心の男女差を縮小することはできないのでしょうか。実は別学に通う生徒には、競争心の男女差が存在しないことを示した研究があります。[21]

これは第7章にも登場したオーストラリア国立大学のアリソン・ブース名誉教授らの研究です。ブース名誉教授らは、イギリスの8つの公立小学校の児童、約260人を対象に実験を行っています。8校のうち、半数は別学、半数は共学の学校でした。

ここで、ブース名誉教授らは、児童たちが別学と共学のどちらの学校に通っていたかで、勝者総取り制を選択する確率が異なるかどうかを調べました。

驚くべきことに、**女子校の生徒は、共学の女子生徒よりも、勝者総取り制を選択する確率が42ポイントも高く、男子校や共学の男子生徒とほとんど差がありませんでした。**[注3]

女子は自分に自信がないが、勤勉で協調性が高い

男女差がある選好や非認知能力は、競争心だけなのでしょうか。

これまでの研究によれば、**女子は男子よりも自分に自信がなく、**[*22] **神経質で不安感を持ちやすく、勤勉性と協調性が高いこと、**[*23] **リスクを回避する傾向が強いこと**[*24]**を示した研究があります。**

これらは海外のデータを用いた研究ですが、日本ではどうでしょうか。

埼玉県の公立小・中学校に通う生徒のデータを分析してみました。これによると、女子のほうが、自制心、向社会性、勤勉性が高く、男子のほうが自己効力感ややり抜く力が高いことがわかります（**図8－3**）。群馬県の高校1年生のデータでは、男子はストレス耐性、感情制御、活力、好奇心などが高く、女子のほうが共感や寛容さが高いことがわかり

図8-3 非認知能力の男女差（埼玉県、公立小・中学生）

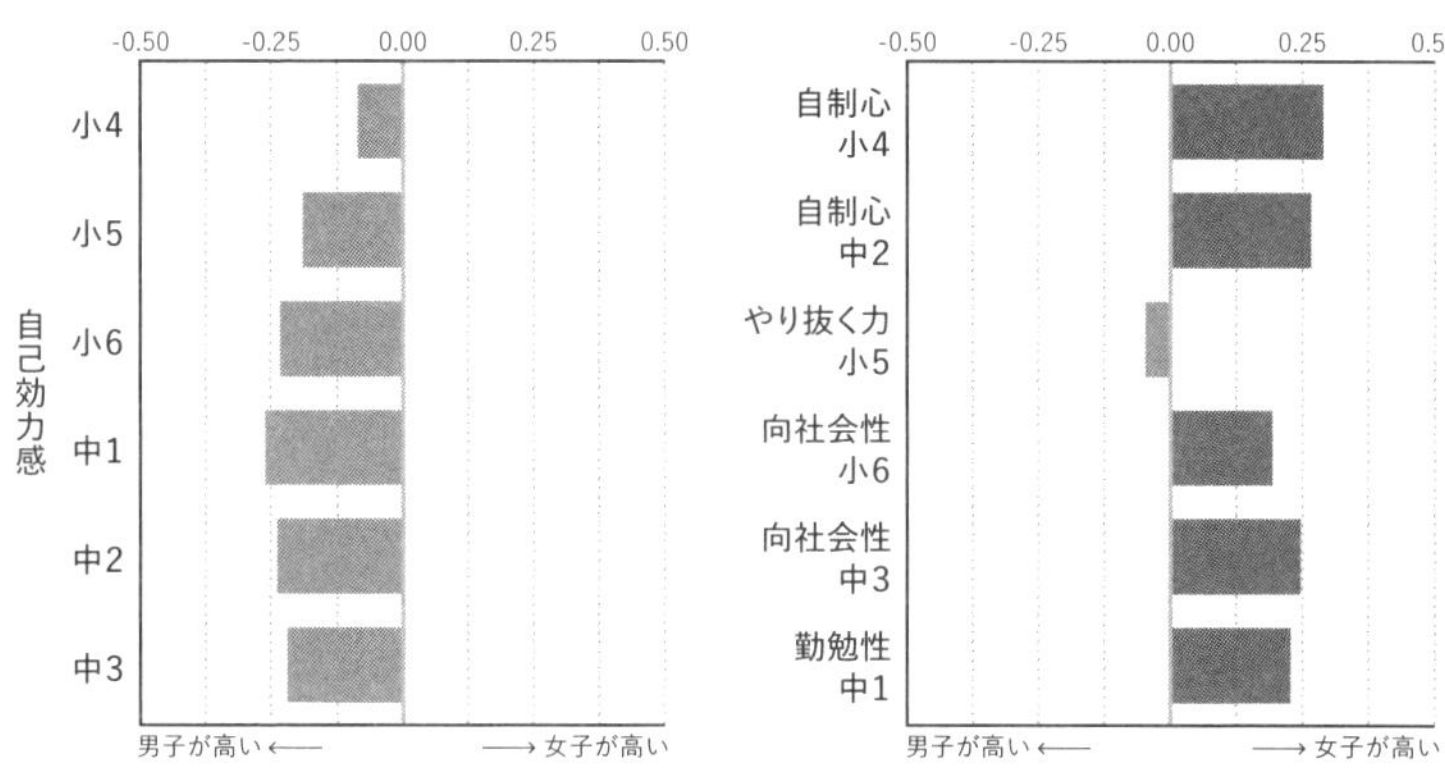

（注）埼玉県学力・学習状況調査をもとに推計。2023年度時点の各学年における非認知能力を計測する尺度を平均0分散1に標準化した値を被説明変数として、女性であれば1、男性であれば0を取るダミー変数で回帰したときの係数。各学校に固有の特徴（学校固定効果）を制御した。0より大きければ（プラスの値）女子のほうが高く、小さければ（マイナスの値）男子のほうが高いことを意味する。図における男女差にはすべて5%水準で統計的に有意な差がある。
（出所）埼玉県学力・学習状況調査を基に筆者改変。

図8-4 非認知能力の男女差（群馬県、高校1年生）

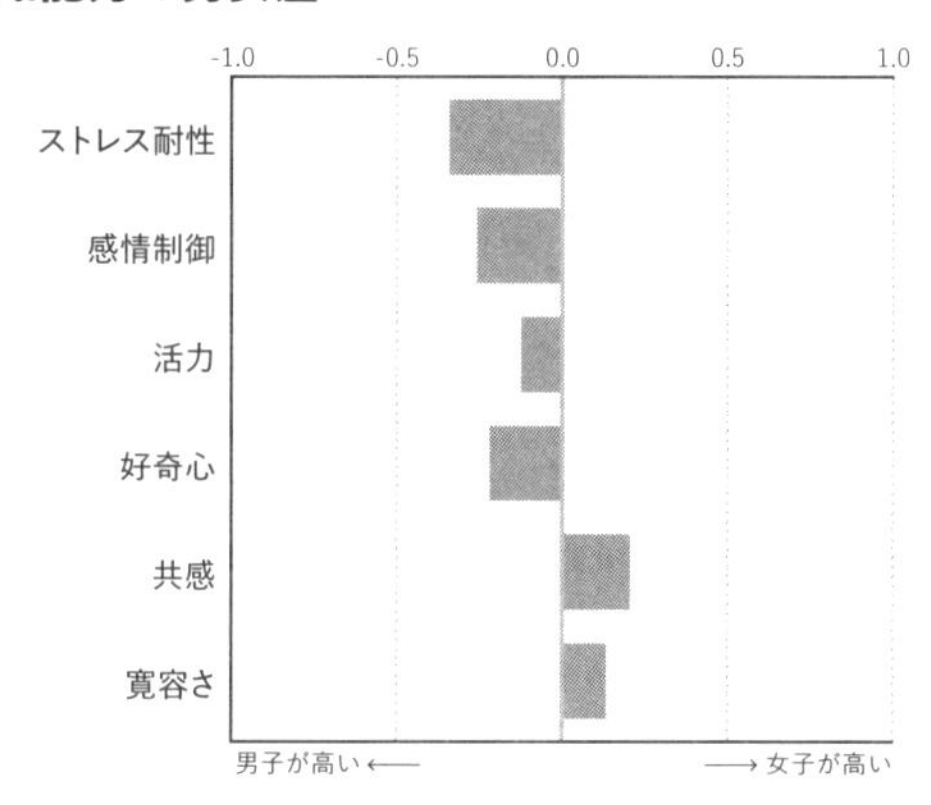

（注）0より大きければ（プラスの値）女子のほうが高く、小さければ（マイナスの値）男子のほうが高いことを意味する。図における男女差にはすべて5%水準で統計的に有意な差がある。
（出所）OECD SSES Round2　国際報告書（第1段）を基に筆者改変。

ます（図8－4）。

私は実験や調査で頻繁に学校を訪問しますが、男子校や女子校で勤務経験のある教職員は、選好や非認知能力の男女差を経験的によく理解されていると感じます。

大阪市にある名門女子校である四天王寺中・高等学校の稲葉良一校長（当時）の言葉が印象的です。[*25]「やはり女子には女子の特性に合わせた教育を行うべきだろうと思います。（中略）たとえば、一般的に女子は男子よりも安心や安定を重視する傾向が強く、不安を抱えたままでは前に進めないことが多いように感じます。（中略）もうひとつの特長として、女子生徒の多くは真面目にコツコツ努力することを厭わない」と発言しておられ、ここで紹介したエビデンスとも符合します。

独身女性は無意識に「妻」のように振る舞う

ここまでは、そもそも選好や非認知能力に男女差があることに焦点を当ててきました。しかし、社会の規範やステレオタイプが女性の行動や態度に直接の影響を与えてしまっている可能性もあります。

この点について、近年、経済学分野の研究で注目を浴びたのは、シカゴ大学のレオナルド・バースティン教授らの研究です。バースティン教授らは、アメリカのある名門大学のMBAの学生を対象に実験を行いました。[*26]

MBAとは、経営学の大学院修士課程を修了すると授与される学位で、大学を卒業後、数年間の実務経験のある人が入学するのが一般的です。あるサーベイによると、25〜30歳のあいだにMBAを取得した卒業生の実に31%の女性と16%の男性が、同じ大学のMBAプログラム在学時の同級生と結婚したそうですから、MBAプログラムには、キャリアアップと同時に、結婚適齢期の男女が多く在籍しているということになります。

バースティン教授らの研究対象となったMBAの学生も、平均5年程度の実務経験のある平均年齢28歳の男女でした。

バースティン教授らは、MBAに入学してきた1年目の学生を対象に、アンケート調査を実施しました。卒業後に希望する年収額や、労働時間、出張などの回数に加えて、自分自身の向上心やリーダーシップについても自己採点をしてもらったのです。

夏のインターンシップ先を決定するための情報だと伝えましたから、学生たちは、正直に回答したはずです。ただし、アンケートには2種類あり、中身は同じにもかかわらず、「記名のまま授業内で公開されるもの」と、「匿名で授業内で公開されるもの」がありました。

そして、どの生徒がどちらを受け取るかはランダムに決定されたのです。当然、記名の回答が授業内で公開されるということは、自分がどう回答したかという内容が、同級生に知られることを意味します。

バースティン教授らは、このアンケート調査の回答を分析しました。

男子学生の回答は、記名か匿名かにかかわらず差はありませんでした。そして、既婚の女子学生の回答は、記名か匿名かにかかわらず差はなく、また男子学生とのあいだにも差はありませんでした。

ところが、独身の女子学生の回答だけには、記名か匿名かで大きな差が生じていたのです。**匿名のアンケートに答えた独身女性は、卒業後に希望する年収額の平均が1965万円（13万1000ドル）だったのに対し、記名のアンケートに答えた独身女性の平均は、それよりも270万円（1万8000ドル）も低くなっていました。**

加えて、週あたりの労働時間が4時間少なく、月あたりの出張回数も7日少なく、「向上心」や「リーダーシップ」も低く申告していました。なぜこのような結果になったのでしょうか。

「男性の目を意識したのではないか」という仮説を立てたバースティン教授らは、もう1つ別の実験を行っています。

ここでは、独身の女子学生は、「女性のみ」か「男性のみ」のグループのいずれかにランダムに割り当てられました。そして、彼女らの行動や態度がどのように変化するかを調べたのです。

具体的には、独身の女子学生たちは、同じグループの同級生の前で、卒業後につく仕事は「高収入で長時間労働」または「低収入で短時間労働」のいずれを望むかを答えるよう求められました。

そうすると、**独身の女子学生が「女性のみ」のグループに割り当てられた場合は、68%が「高収入と長時間労働」の仕事を選ぶのに対して、「男性のみ」のグループに割り当てられた場合は42%しか「高収入と長時間労働」の仕事を選びませんでした。**そして、「男性のみ」のグループに独身者が増えれば増えるほど、独身女性が「高収入で長時間労働」の仕事を選択する割合は減少していったのです。

数多くの研究が、男性は自身よりも学歴や収入の高い女性をパートナーにすることを好まないことを示しています。[*27] 収入が高く、長時間労働や出張も厭わず、向上心やリーダーシップのあるバリバリのキャリア女性は、職場での評価が高くなることはあれど、結婚ということになれば敬遠する男性もいるというのは、残念ながら想像に難くありません。

バースティン教授らの実験は、独身女性は、自分の潜在的な結婚相手である同級生に見られているとき、「労働市場では有利になるが、結婚市場では不利になるような行動」を避け、男性から見て魅力的に映るような振る舞いをしなければならないというプレッシャーに晒されているということを浮き彫りにしたのです。

その証拠に、1つ目の実験における「文章力」についての自己採点は、記名・匿名、独身・既婚によらず男女差は観察されていません。「文章力」は労働市場では有利になりこそすれ、結婚市場では特に有利になることも不利になることもないからです。

バースティン教授らの研究は、独身女性が、結婚につながる出会いの多い学校や職場で、結婚のチャンスを逃さないために、本当の自分を隠しているということを示したのです。

女性がリーダーに選ばれやすい選抜の方法がある

就学期の子どもたちが「結婚」を意識する場面は多くはないにせよ、「異性からモテたい」という願望はあるはずですし、結婚する前に進学や就職に関する多くの意思決定をするはずです。

男子に見られていると思えば、女子は積極的にリーダーシップを取ったり、男子が得意だとされる理系科目を勉強したりすることを避けてしまうかもしれません。

「女性活躍」は重要な社会課題です。

ほかの先進国と比較すると、日本の女性の専門職、管理職、政治家などは依然として少ないことが知られています。2023年末に発表された世界経済フォーラムの「ジェンダーギャップ指数」の日本の順位は146か国中なんと125位。年を追うごとにランキングは下がってきており、状況は改善する兆しがありません。

この理由として、女性の社会進出を妨げるような価値観や制度を議論する向きは多いのですが、これまであまり目を向けられることのなかった選好や非認知能力の男女差は重要な論点ではないでしょうか。

たとえば競争心について考えてみると、能力の高い女性が競争を嫌って、受験や就職活動、昇進試験に消極的だとすれば、社会全体の損失は大きいのではないでしょうか。女子児童・生徒が積極的に学校内の活動、たとえば部活動や生徒会などでリーダーに立候補せず、リーダーシップを取るのを避ける傾向があることは、すでに教育現場でも問題になっています。

ここで1つおもしろい調査をご紹介しましょう。

滋賀県大津市の教育委員会が実施した調査によると、市内の公立中学校で女子生徒の生徒会長は1割にとどまっているのだそうです。*28

これまで紹介したエビデンスを思い出してみれば、不安感を持ちやすく、リスク回避傾向の強い女子生徒が、男子が見ている中、ほかの候補者との競争である選挙に立候補することを敬遠するだろうということは容易に想像ができます。だから、女性の政治家は少ないのでしょう。

それにもかかわらず、小学校の生徒会長は男女半々だそうです。なぜ、小学校ではリーダーシップを取る女子が多いのでしょうか。

大津市では、小学校では互選（集団内で互いに推薦し、代表者を選ぶこと）が多く、中学校では選挙が多いのだそうです。ですから、中学校で生徒会長を選ぶ方法として、選挙だけでなく、小学校と同じく互選という方法も選択肢とすることで、女子がリーダーシップを発揮する可能性が高まるかもしれません。

女性活躍の処方箋として、女性登用に数値目標を設けるような「クオータ制」が議論されることは多いのですが、競争に参加することを好む男性を前提とした制度のなかで女性の社会参加を促すだけでなく、女性にとっても参加する意欲の湧く選抜方法、評価や処遇のあり方も取り入れてみるということは考えられないか。私には、これが一連の研究の含意ではないかと思えます。[注4]

コラム

「女性枠」を設けることは男性への「逆差別」なのか？

「アファーマティブ・アクション」とは、積極的に差別を是正する措置を取ることです。たとえば、女性の進学や就職、昇進などに「女性枠」を設けたり、女性登用に数値目標を設けたりする「クオータ制」はその1つです。

アファーマティブ・アクションに反対する論者の多くは、十分な経験や資格のない女性が、十分な経験や資格を持つ男性を差し置いて地位や職を得ることになる「逆差別」の問題を指摘します。スウェーデンのデータを用いた自然実験は、女性取締役の数値目標を設けたことによって、**学歴、資格、経験などが十分ではない女性が取締役に抜擢され、企業価値が12・3%低下した**ことを示しています。*29

しかし、能力が高いのに競争を避け、そもそも応募すらしないという女性が多いとすれば、アファーマティブ・アクションの導入によって、そうした女性を採用することができるかもしれません。実際に、本章で何度も登場したニーデルレ教授らの研究によれば、アファーマティブ・アクションがあると、有能な女性が、昇格や就職にチャレンジするようになったことが示されています。*30

アファーマティブ・アクションは次の世代の考え方や行動にも影響を与えます。インドの一部の地域では、約3分の1の地方議会をランダムに選び、その議会では女性を議長に選出しなければならないという「クオータ制」の導入が始まりました。

この状況を自然実験とみなし、クオータ制の効果を調べたのが、ノーベル経済学賞受賞者でもあるマサチューセッツ工科大学のエスター・デュフロ教授らです。

この研究によれば、**女性議長が誕生した地域では、11〜15歳の女子の学歴が高くなり、男女の教育格差を縮小するに至った**というのです。[*31]

これは「**ロールモデル効果**」だと考えられます。女性が少ないことで知られる経済学の分野でも、**経済学の知識を武器にキャリアを築いている女性の卒業生の話を聞くチャンスがあると、経済学を専攻する女性が8ポイントも増加した**ことを示したエビデンスがあります。[*32] 善きロールモデルは、後進の女性たちの進路に影響を与えるということなのでしょう。

これ以外にも、女性の政治家のクオータ制の導入が思わぬ効果をもたらしたことを示すエビデンスがあります。スウェーデンでは、比例代表制の候補者を男女で均等にするというクオータ制が導入されました。

この状況を利用して、クオータ制の導入が、実力のない女性議員を増やしたかどうかを検証した論文があります。[*33] この研究は驚きの結果を明らかにしました。**クオータ制は、実**

力のない、女性議員を増やすことはありませんでしたが、実力のある、男性議員を増加させ、凡庸な男性議員の撤退を促したというのです。

これらの研究は、アファーマティブ・アクションをどのように実装していくかを考える上できわめて重要ではないでしょうか。

第9章 日本の教育政策は間違っているのか？

経済学的な考え方に基づいて、教育政策を考える

ここまでは、家庭で、学校や塾で、会社や組織で、人を育てるときに役立つエビデンスをご紹介してきました。ここからは2章にわたって、日本の教育政策を考えるときに役立つエビデンスをご紹介していきたいと思います。

政策について議論するとき、次のような2つの経済学的な考え方が役に立ちます。

1つ目は、（株や債券などの金融資産と同じように）「教育は投資である」という考え方です。

経済学では、お金の使い方が「消費」なのか、それとも「投資」なのかを区別します。消費というのは、使ったお金によって何らかの満足を得て、それで終わりです。それに対

して投資というのは、使ったお金が将来に利益を生むというものです。教育には消費としての側面と、投資としての側面の両方がありますが、国の政策として税金を投じて行う教育について考えるときには、使って終わりというだけではなく、それが子どもたちの将来の役に立つかどうか、そして社会に還元されるかどうかという投資としての側面がより重要になってきます。

子どもの教育は、優良な投資先なのでしょうか。たとえば、毎年5％の利回りが見込めるような投資なら、15年程度で元本は2倍になります。もし教育が毎年5％の利回りが見込めるような優良な投資であったならば、教育費が高かったとしても、「支払った甲斐があった」ということになるでしょう。

一方で、どれだけ教育費が安かったとしても、利回りがゼロだったり、元本割れするような投資は大問題です。私たちはつい、「今、いくらの教育費がかかっているのか」ということが心配になってしまいがちなのですが、「教育が投資である」と考えたときに大切なことは、「将来いくらの利益を生むのか」ということです。

2つ目は、「『需要』と『供給』」という考え方です。教育について言えば、教育を受ける側は需要側、公教育や教育サービスを提供する側が供給側です。教育政策においては、そのどちらに働きかけるのが有効かを考えることが重要です。片方に働きかけた場合に、もう片方に及ぶ影響を見通しておく必要もあります。

たとえば、学費の無償化という政策は、教育を受ける需要側に対する支援です。これ自体は良いことのように思えます。しかし、教育をする供給側のキャパシティを高めずに、需要側を刺激するだけでは、教育の質が低下してしまい、子どもに悪影響を及ぼすことになりかねません。

これらの経済学的な考え方を前提にして、「幼児教育の無償化」、「小・中学校における1人1台端末」という最近行われた2つの政策について考えてみたいと思います。

保育料の引き下げは子どもに悪影響を与えた

まず、幼児教育について考えていくことにしましょう。実は、幼少期の子どもに対する教育投資は「割が良い」ことを示すエビデンスは少なくありません。

第2章で何度も登場したシカゴ大学のジェームズ・ヘックマン教授の研究は特に有名です。1960年代の半ばに新設された、アメリカのミシガン州の公立幼稚園で、質の高い幼児教育を受けた子どもたちを、その後40歳になるまで追跡したという研究です。質の高い幼児教育を受けた子どもたちの将来の学歴、所得、生活の状況が恵まれていることが明らかになりました。[*1]

この研究では、質の高い幼児教育の投資収益率（利回り）は約8％と推計されています。過去50年間の株式市場における平均的な投資収益率は約5％ですから、株よりも幼児教育のほうが割の良い投資だったというわけです。

幼児教育の効果が大きいことが広く知られるようになったこともあり、日本では、2019年から幼児教育の無償化が始まりました。実は日本に先駆けて、カナダのケベック州では、1997年からほぼ8割引きに相当するような大幅な保育料の引き下げが行われています。無償になったわけではありませんが、従前よりもかなり手頃に保育所に通えるようになりましたから、保育所に通う子どもが急増しました。

そこから約20年が経過し、ケベック州の保育料の引き下げの帰結を分析した論文が注目を浴びています。まず、保育料の引き下げによって、0～4歳の子どもを持つ母親の労働参加率は14・5ポイントも増加し、年間の労働時間が約750時間も増加したことがわかっています。[*2] 保育料の引き下げが外で働く母親を増やしたことは驚きに値しませんが、問題は子どもへの影響です。

保育料の引き下げのあとに保育所を利用した子どもたちは、**彼ら彼女らが20代になったときの非認知能力、健康、生活満足度、犯罪関与に悪影響があった**ことがわかったのです。[*3]

特に、男子に攻撃性や多動の問題が顕著でした。幼児教育は好影響の場合と同様、悪影響であっても長期にわたって持続するということは知っておくべきことです。そして、日本でも幼児教育の無償化を始めた以上は、ケベック州と同じ道を辿らないようにせねばなりません。

ケベック州における保育料の引き下げが子どもたちに悪影響を与えたメカニズムについては現在も議論が続いていますが、多くの研究者が注視しているのが幼児教育の「質」です。

幼児教育が無償化されると、教育の需要側である親は、自分で利用料を支払っていたときと比べて、教育の質の低下に対してあまり敏感ではなくなってしまうかもしれません。また、無償化によって増えた需要を吸収するために、保育所の供給を一気に増やそうとすれば、粗悪な保育所が紛れ込んでしまう恐れもあります。需要側、供給側の双方において、教育の質の低下を招きやすい状況になってしまった可能性があります。

実は幼児教育は、ある一定以上の質が担保されて初めて、子どもたちの将来の成果に良い影響を及ぼすことを示したエビデンスがあります。[*4] ケベック州の幼児教育について長年研究を行ってきたケベック大学モントリオール校のクリスティーナ・ジャペル教授は、「ケベック州における幼児教育は、子どもたちに良い影響を与える最低限の質に達していなかった」と指摘しており、[*5] ケベック州の保育料引き下げが子どもたちの成果に悪影響を与えたのは、保育料の引き下げ以降に新しく作られた保育所の質が低かったことが原因の可能性があります。

幼児教育の「質」を数値化する

日本では、保育所にも幼稚園にも通っていない子どもは少なくなっています。3～5歳の子どもの96％は保育所か幼稚園に通っています。[*6] ですから、「保育所や幼稚園によって幼児教育の質に差があるのか」というのは重要な問いです。

幼児教育の「質」を知ることはできるのでしょうか。私は、学習院大学の深井太洋准教授、慶應義塾大学の藤澤啓子教授、佐藤豪竜専任講師、レ・クン・チエン特任助教らとともに、「保育環境評価スケール」（『新・保育環境評価スケール1〈3歳以上〉』テルマ・ハームス、リチャード・M・クリフォード、デビィ・クレア著、埋橋玲子訳、法律文化社、2016年）という評価方法を用いて、幼児教育の質を数値化することを試みてきました。

この評価方法では、所定のトレーニングを受けた評価者を保育所や幼稚園に派遣します。そして、約3時間半をかけて約500近い項目についてチェックを付けていきます。

具体的なチェック項目の例をご紹介すると、以下のようなものです。

●保育環境評価スケールのチェック項目の例

・少なくとも2か所の、遊具／教材に応じて異なる遊びの場があり、適切な広さがある
・体を動かして遊ぶ空間が安全である（例：走り回る場所に危険がない、落下によるけががが防止されるような手立て、囲いがあって門が閉まっている場所）
・子どもにとって意味のある状況で、人々や場所、ものごと、動きなどの言葉が用いられている（例：「柔らかい青いシャツを着ていますね」「今日は四角いクラッカーですね」「あなたはとっても速く歩きますね」）
・保育者は子どもがお互いやり取りできるように助ける（例：もしおもちゃの取り合いがあったら「〜と言いましょう」と言い、適切に決着をつけさせる、ほかの子どもの前を通るときは「ごめんなさい」と言うことを思い出させる、すべての子どもが会話に加われる話題を持ち出す）

評価者は、観察された事実に基づいて、これらのチェック項目に「はい」または「いいえ」で評定をつけていきます。

図9-1 保育環境評価スケールの結果

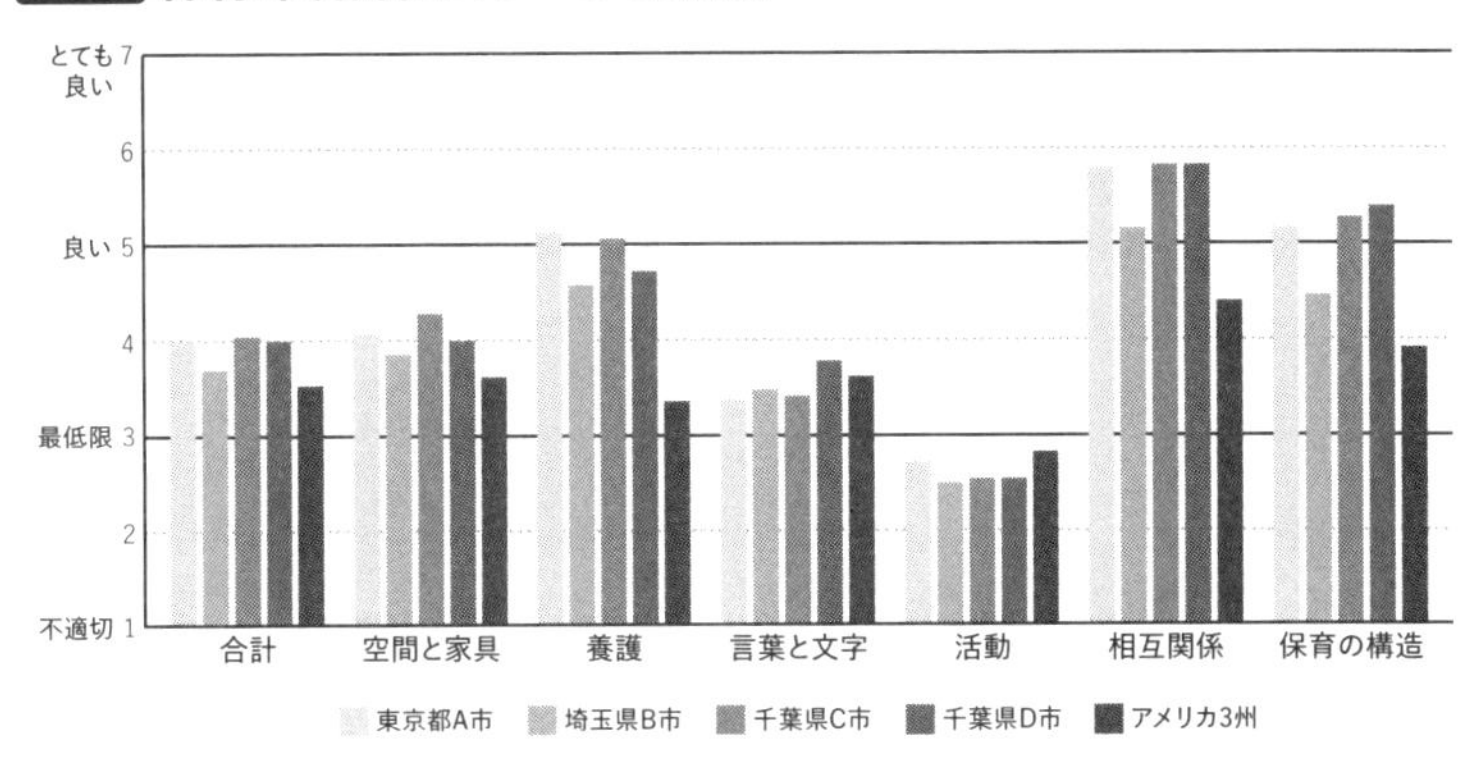

(注) 東京都A市は、認可保育所・認定こども園、14クラス、5歳児、2020年度から2022年度の平均。埼玉県B市は認可保育所、36クラス、3・5歳児、2017〜2021年度の平均(ただし2020年度は除く)。千葉県C市は認可保育所、66クラス、2023年度の平均。千葉県D市は認可保育所、30クラス、2023年度の平均。アメリカ3州はジョージア州、ペンシルベニア州、ワシントン州の1,063施設の平均(Early et al., 2018)。

(出所) Fujisawa, Fukai, & Nakamuro (2023) およびEarly, et al. (2018) を基に筆者改変。

そして、評定を一定の計算方法のルールに従って、1〜7点で分布するような質を測る数値に変換します。1点であれば「不適切」、3点であれば「最低限」、5点であれば「良い」、7点であれば「とても良い」と評価します。総合的な質だけでなく、「空間と家具」「養護」「言葉と文字」「活動」「相互関係」「保育の構造」という6つの領域別の質も算出することができます。

なかなか手間がかかりますが、アメリカで開発されたこのスケールは、すでに30か国以上で用いられており、世界でもっともよく使われている方法の1つです。幼児教育の質を国際比較することもできます。

私たちの研究グループは、首都圏の複数の自治体と協力し、認可保育所や幼稚園を

図9-2 幼児教育の質のばらつきは大きい

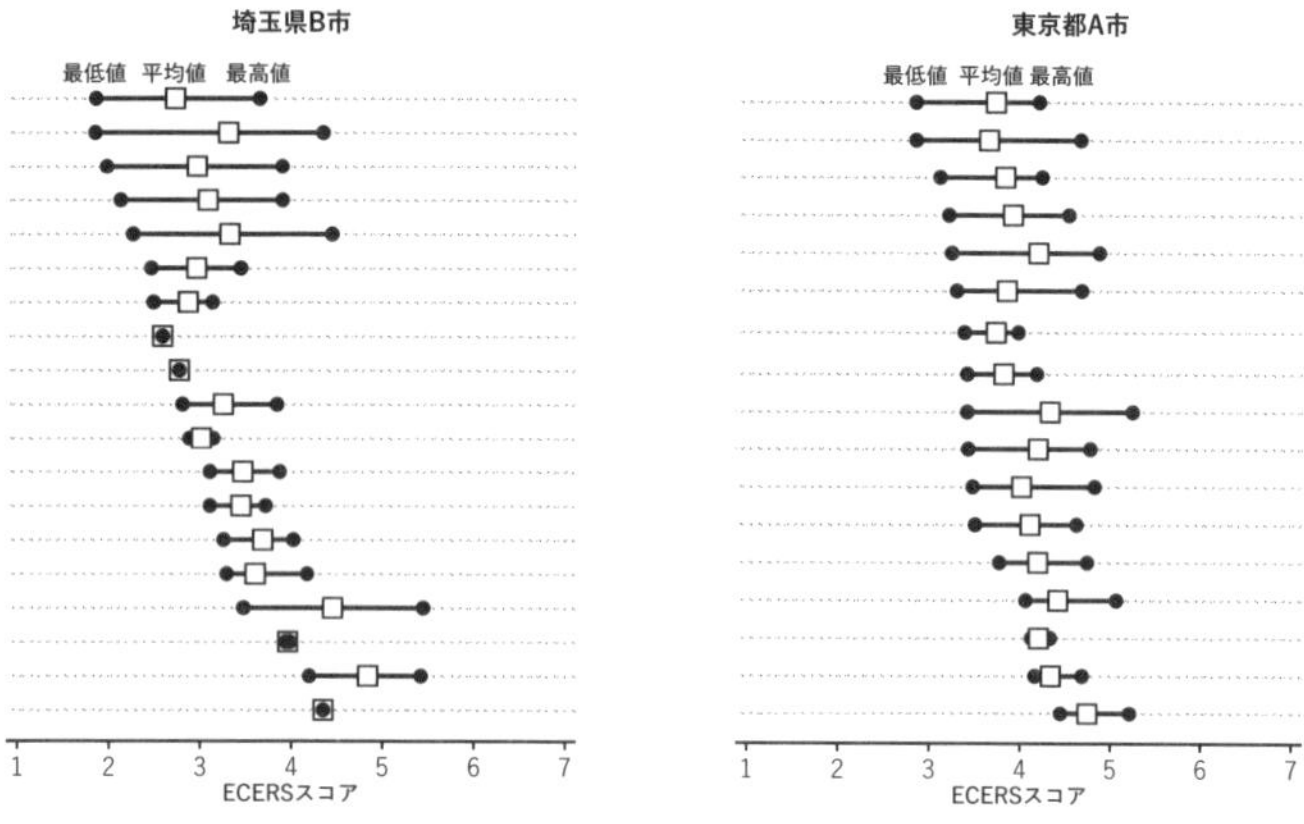

（注）左は2017～2021年度にかけて埼玉県のある自治体で、右は2020～2022年度にかけて東京都のある自治体で実施した「保育環境評価スケール」の結果を箱ひげ図であらわしたもの。最低値の低い保育所、幼稚園を上から順番に並べている。
（出所）筆者作成

対象として、幼児教育の質を数値化しました。その結果が**図9－1**で示されています。

これを見ると、アメリカの大規模な調査と比較すると、日本の幼児教育の質は高いことがわかります。しかも自治体によらず、よく似た傾向もあります。**安全や保健衛生、食事・排泄などを評価した「養護」や、保育者と子どもの関係構築やしつけなどを評価した「相互関係」の点数が高い**のです。

しかし、これを仔細に見てみると、**同じ自治体内の保育所や幼稚園であっても、質にはかなりのばらつきがある**ことがわかってきました。

それだけではありません。同じ保育所や幼稚園の中ですら、かなりのばらつきがあることもわかりました（**図9－2**）。幼児教育の質は、クラスごとに数値化することができます。クラスごとの差を見てみると、同じ保育所や幼稚園の同じ学年だったとしても、クラスによって幼児教育の質にはかなり差があるということがわかります。

質の高い保育所や幼稚園に通うと、小学校入学後の学力が高くなる

それでは、質の高い保育所や幼稚園に通うことにはどのような効果があるのでしょうか。

アメリカのデータを用いた研究は、「保育環境評価スケール」の点数が高い保育所や幼稚園に通っていた子どもたちは、小学校入学後の学力が高いことを示しています。[*7]

日本でも同じことが言えるでしょうか。

私たちの研究では、5歳時点で質の高い保育所に通っていた子どもたちは、小学2年生時点の学力が高いことがわかっています。[*8] 具体的には、**5歳のときに通っていた保育所で、「保育環境評価スケール」で計測された幼児教育の質が1点高くなると、小学2年生のときの算数の学力テストの偏差値が5・2、国語で5・5も高くなります。**

「保育環境評価スケール」は最大が7点ですから、1点の上昇というのはかなり大きな上昇であることには注意が必要ですが、私たちの研究グループが行った実験では、**専門家が**

行う1時間程度の助言・指導によって、「保育環境評価スケール」を0・53点程度は上昇させられることを確認しています。[*8] 良質な幼児教育を提供することは、子どもたちが小学校に入学したあとに行われるさまざまな教育政策よりもはるかに費用対効果に優れている可能性があります。

それだけではありません。子どもが通っている保育所や幼稚園の教育の質が高いと、**親の子育てに対する感情やメンタルヘルスにも良い影響を与えている**ことが示されました。

新型コロナウイルス感染症の流行が与えた影響はなかったのでしょうか。

私たちが行った研究では、コロナ禍を経験した子どもたちは、**3歳時点では明確な発達の遅れは見られなかったものの、5歳時点では平均4・39か月分の遅れが見られたことが明らかになりました。**[*9] しかし、この時期に質の高い幼児教育を受けていた子どもは、コロナ禍においても発達が良い傾向があることも明らかになったのです。**質の高い幼児教育は、予期せぬ感染症の拡大という危機時に、子どもたちの発達リスクを軽減する役割を果たした**ことになります。

学力を重視する幼児教育の質は低い

ところが、最近になって「幼児教育にはほとんど効果がない」、それどころか「幼児教育にはマイナスの影響がある」という研究が発表されるようになってきました。[10] アメリカで行われた17の幼児教育政策を分析してみると、２０００～１１年にかけて行われた幼児教育の効果は１９６０～９９年にかけて行われた幼児教育の効果の2分の1程度しかなく、しかもその効果は比較的早い段階で消滅するということがわかったのです。[11]

そして、これについて「指導方法の変化」が理由であると主張する専門家が増えてきています。

２０００年以前には、アメリカの幼児教育は、子どもの主体性を重んじ、会話や遊びを通じて言葉や仲間関係、社会性などを身に付けることを目指していました。こうした幼児教育を受けた子どもたちは、小学校入学後に学力が高くなり、その後も効果が持続したことがわかっています。[12]

２０００年以前にアメリカで重視された考え方は、日本の幼児教育でも重視されている考え方です。日本の幼児教育の専門家はよく「今、ここ」という言葉を使います。[13] つまり、小学校入学後に備えて勉強を先取りするのではなく、今、この瞬間の幼児期の子どもたちの年齢に応じた関心や経験こそが子どもたちの発達に重要だと考えられてきたのです。

ところが、２０００年以降のアメリカの幼児教育は、小学校に入学したあとに不利にならないようにとの配慮から、読み書きや計算の指導により多くの時間を割くようになっていきます。[*14]

読み書きや計算の指導となると、小学校のように、指導者が子どもたちに一斉の集団指導をすることになります。しかし、幼児は、集団の中でじっと座って大人の話を聞くことができる年齢ではありませんから、立ち歩いたり、時にはかんしゃくを起こすこともありました。子どもたちをうまく導くことができないことが、指導者側の焦りや厳しさを誘発し、かえって子どもの問題行動を悪化させました。[*15]

基礎学力を重視した幼児教育には、小学校入学直後に学力に一時的なプラスの効果があっても、行動や情緒の面でマイナスの影響があり、ほとんど相殺されてしまったと考えられています。[*11]

小学校入学後の基礎学力を重視しなかったかつての幼児教育には学力を高める効果があったのに、基礎学力を重視した幼児教育が学力を高めなかったとは、なんという皮肉な結果でしょうか。

日本のデータを用いた研究でも、興味深いことが示されています。保育所の園長の教育上の「信念」と幼児教育の質のあいだには一定の関係があるということです。

私たちの研究グループが、千葉県内の認可保育所74園108クラスで実施した研究があります。[16] ここでは、保育所のリーダーである園長が、どのような信念に基づいて、子どもたちに接しているかを尋ね、その上で幼児教育の質との関係を調べました。

具体的には、過去に行われた研究[17]を参考にして、園長の教育上の信念を、子どもの小学校入学後の「基礎学力重視」か、今この瞬間の子どもの自発的な「関心・経験重視」かに分類しました。

全部で21ある質問に対する答えを集計していますが、具体例を示しますと、次のような考えに同意する人は、「基礎学力重視」の園長です。

「就学前に正式に読みと算数の勉強を始める子どもは、小学校の勉強で有利になる」
「子どもは、小学校に入学する前までに平仮名を知っているべきだ」

一方、次のような考えに同意する人は、「関心・経験重視」の園長です。

「子どもがもっともよく学ぶのは、積極的で自発的な探索を通してである」
「子どもが課題に対して持つ熱意と関心は、それをどれだけ上手にやれるかよりも重要である」

図9-3a

園長は「基礎学力重視」か、「関心・経験重視」か

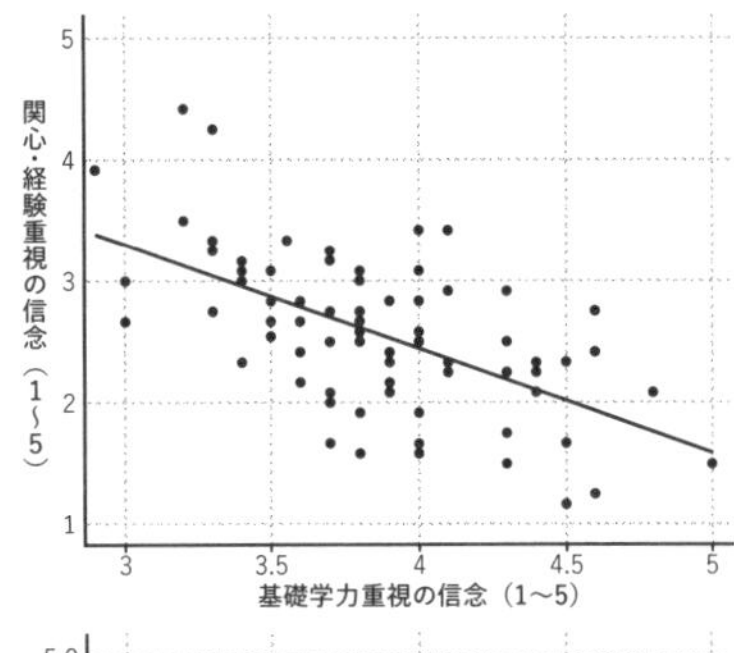

図9-3b

園長が「基礎学力重視」の保育所の「幼児教育の質」は低い

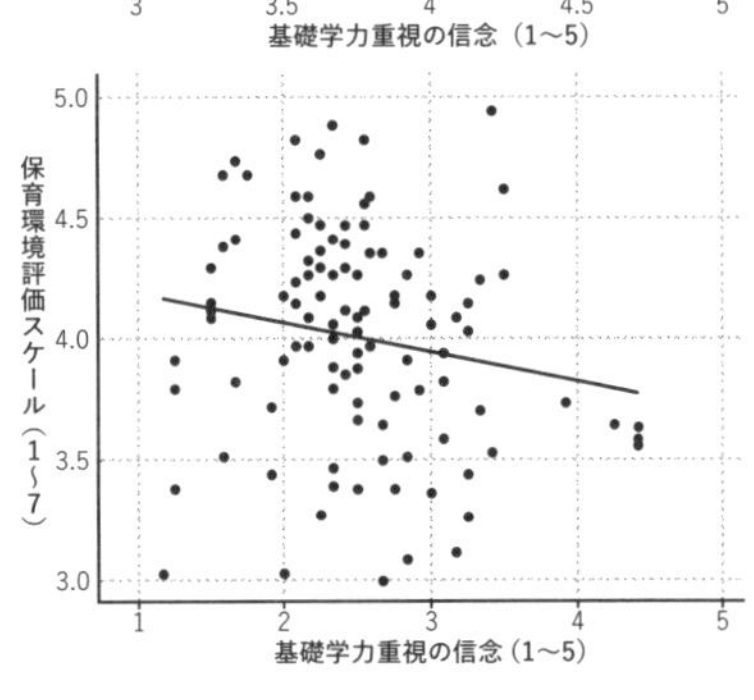

図9-3c

園長が「関心・経験重視」の保育所の「幼児教育の質」は高い

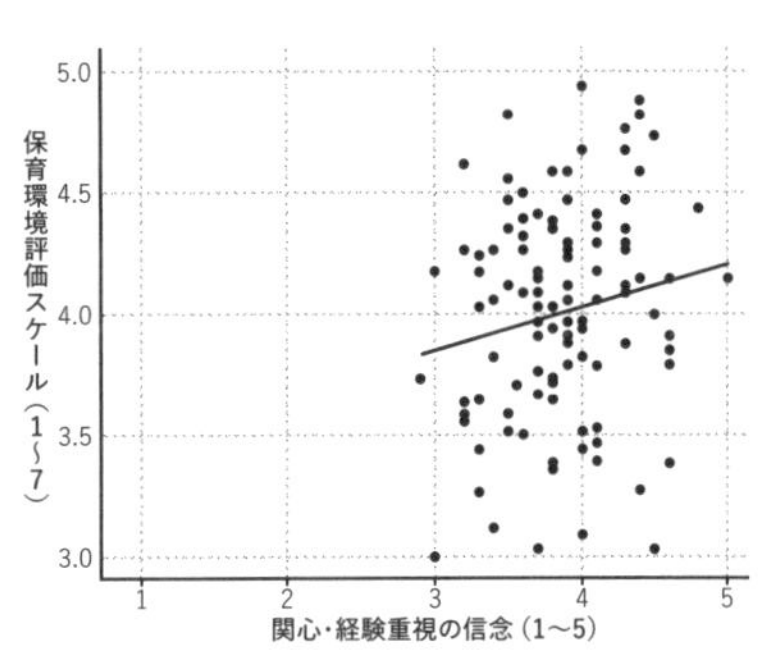

（注）横軸は千葉県の認可保育園74園の園長の教育上の信念。教育上の信念の分類には、Stipek & Byler (1997) を日本語訳した21の質問を用いた。最小値が1、最大値が5となる変数。
（出所）千葉県ウェブサイト　保育の質の充実に向けた調査事業の実施結果について　https://www.pref.chiba.lg.jp/kosodate/hoikusho/hoikunoshitsutyousakekka.html

前者は大人が子どもに「教える」ことを重視している一方、後者は子ども自身に「考えさせる」ことを重視していると言えるかもしれません。

図9－3に集計した結果が示されています。データを見てみると、「基礎学力重視」の考えが強い園長は、「関心・経験重視」の考えが弱く、逆もまた然りであることがわかります（**図9－3a**）。

この園長の信念と「保育環境評価スケール」で測った幼児教育の質の関係を見てみると、**園長の「基礎学力重視」の信念が強いと幼児教育の質が低く**（**図9－3b**）、「**関心・経験重視」の信念が強いと幼児教育の質が高い**（**図9－3c**）ということもわかりました。

幼児教育が重要であることは間違いありませんが、その中身、内容も重要です。幼児期に小学校の勉強を先取りするような教育は、かえって逆効果になりかねないということは心に留めておく必要があります。

親には幼児教育の質の高低を見抜けない

親は、質の高い保育所や幼稚園を見抜くことができるのでしょうか。

アメリカで約400の保育所や幼稚園で約3500人の親からデータを収集し、親の評価と専門家による評価を比較した研究があります。これによれば、**親は、専門家とは異なり、窓の大きさや採光、園庭の広さや遊具の多さなど、教育の質とはあまり関係のないことで保育所や幼稚園を評価する**ことがわかっています。*18

また、親は自分と同じ属性の保育士や教諭を高く評価する傾向もあるようです。保育士や教諭としての経験やスキルよりも、自分自身と似た人を過大に評価するということでしょう。

この研究では、「親が幼児教育の質を正確に評価することは難しい」と結論づけています。

これは日本にも当てはまるでしょうか。

日本では、保育所は「福祉サービス第三者評価」という外部評価を受けることができます。東京都では約7割の保育所がこの第三者評価を受けており、2018年からの4年間で延べ3084園が評価対象となっています。これは、専門家が保育所を訪問し、所定の項目について「実施できているか否か」をチェックするという方法が取られています。

しかし、データを見てみると、3084園のうち98%の園が、すべての評価項目について「実施できている」という評価となっています。これでは、第三者評価の結果を見ても、保育所ごとの質の高低をとらえることはできません。*19

この第三者評価では、専門家の評価以外に、親に対する満足度調査も行われています。

これを見ると、親の満足度の高い保育所も低い保育所もあり、保育所によって相当ばらつきがあることがわかります。親の満足度に、幼児教育の質が反映されているととらえることはできないのでしょうか。

私たちが「保育環境評価スケール」を実施した保育所の中には、第三者評価も受けている保育所がありました。両方のデータが揃っている保育所について調べてみると、**「保育環境評価スケール」で計測した幼児教育の質と親の満足度のあいだにはまったく相関は見られません**でした。

親の満足度のデータを詳しく見てみると、「保育所での活動は、子どもの心身の発達に役立っているか」とか「保育所での活動は、子どもが興味や関心を持って行えるようになっているか」など、幼児教育の質にかかわりそうな質問にはほとんどばらつきがありません。親の満足度の違いをもたらしているのは、「長時間の預かり保育に応じてくれるか」とか「行事の日程で保護者の意向を聞いてくれるか」など、親の利便性や直接のかかわりがある項目だったのです。

親は日中の保育所での様子を見ているわけではありませんから、保育所での活動内容がわからなくて当然です。つまり、日本でも「親が幼児教育の質を正確に評価することは難しい」と言わざるを得ないのです。

しかし、親が幼児教育の質の高低を正しく見極められないというのは問題です。質の高いサービスに対して、利用者から高い評価が与えられるのが普通です。それなのに、親が質の高低を見極められないということは、手間暇をかけて高品質の教育を提供している保育所や幼稚園が、必ずしも親から高く評価されるわけではないことを意味しています。

そうなると、保育所や幼稚園は質の高い教育を提供する意欲を失い、市場全体の幼児教育の質が低下してしまう可能性があります。

諸外国では、幼児教育の質の低下を防ぐため、情報公開を徹底しています。たとえば、アメリカでは「保育の質評価・向上システム」と呼ばれる制度があります。保育所や幼稚園について、「保育環境評価スケール」など、専門家が評価した幼児教育の質をあらわす複数の指標を公開しているのです。

こうした情報が公開されていれば、保育所や幼稚園を選ぶときの参考になります。そして、保護者が幼児教育の質をもとに、保育所や幼稚園を選ぶようになると、保育所や幼稚園は質を高める努力をするようになるでしょう。

こうした情報公開は、一見合理的なようですが、課題もあります。教育の需要側である親はどのように反応するでしょうか。ノルウェーのデータを用いた研究では、所得や学歴の高い親ほど、質の高い保育所や幼稚園の選択に敏感であることが示されています。[20] つまり、こうした情報公開が教育格差の拡大につながるのではないかと懸念されます。

加えて、供給側である保育所や幼稚園が、こうした情報公開にどのように反応するかということも見通しておく必要があります。

現在の制度では、保育所の利用料はあらかじめ国が設定している公定価格となっています。保育所の経営者は、質を高めるために必要となる費用の増加を利用料で調整することができません。

そうすると、より調整が簡単な、保育士の人件費を削減することで調整しようとするかもしれません。結果、保育士の待遇がますます悪くなり、さらなる質の低下を引き起こしてしまう可能性があります。

幼児教育の分野で優れた研究業績のあるオハイオ州立大学のデビット・ブラウ名誉教授は、アメリカの4つの州で実施された、幼児教育の質を高める規制の強化によって、実際に保育士の収入が低下したことを明らかにしています[*21]。

ここで紹介したようなエビデンスを踏まえて、改めて考えてみると、日本の幼児教育の無償化という政策には不可解な点が少なくありません。最近では待機児童は減少してきていますが、２０１９年の幼児教育無償化の開始時点では待機児童が発生しており、保育所が足りていないという供給側の制約がある状況でした。その中で、幼児教育の無償化という需要側を刺激する政策を行うというのは、経済学的にみれば矛盾しているとしか言いようがありません。

しかし、質の高い幼児教育は、子どもたちが小学校に入ったあとに効果を発揮する割の良い投資であるとすれば、私たちは幼児教育が無償化されている中でも、幼児教育の質を高めるという難題にチャレンジしていかねばなりません。

その時には、幼児教育の無償化や、幼児教育の質を維持するための規制強化など、よかれと思って始まった政策が、子どもに悪影響を及ぼすという意図せざる結果をもたらすことがないように、教育の需要側、供給側双方のインセンティブ構造をしっかり理解した上で制度を設計することが非常に重要です。

「1人1台端末」政策は子どもの学力を低下させた

ここからは、2019年に始まった「GIGAスクール構想」について議論することにしましょう。国が主導して2019年から始まった政策で、公立学校の小・中学生に自分用の1人1台のPCやタブレットを無償で提供するものです。コロナ禍もあって、急速に進み、今では授業中に子どもたちがPCやタブレットを用いて、読んだり、書いたりしている姿を普通に見ることができます。

こうなると、実は先生の見えないところで、子どもが勉強そっちのけで、ゲームをしたり動画を見たりしているのではないかと心配になってしまいます。本当に小学生や中学生にPCやタブレットは必要なのでしょうか。

実は、世界でも多くの国が、学齢期の子どもたち1人ひとりにPCやタブレットを配っています。日本でGIGAスクール構想が始まる前年の2018年には、日本は学校の授業におけるデジタル機器の使用時間は先進国で最下位でした。日本のGIGAスクール構想は、世界と比較すると遅れて始まったというわけです。

海外の政策には、どのような効果があったのでしょうか。

実は、**コロンビア、チリ、ルーマニア、ペルー、スウェーデンなどで行われた政策は、子どもたちの学力向上には何らの効果がなかった、あるいは学力を低下させた**ことがわかっています。[*22] なかでもルーマニアでは、子どもたちの成績が下がり、ゲームに興じる時間を増やし、それまでは定着していた読書や宿題をする時間が短くなってしまいました。そのため、「税金の無駄遣い」という厳しい批判もあったほどです。

カリフォルニア州で、小学6年生から中学2年生までを対象に行われた実験では、PCを配られた生徒たちは、SNSのアカウントを開設したり、オンライン上の友人を増やすことには成功したようですが、肝心の学力には変化がなかったことが報告されています。[*23]

多くの研究者は、『「子どもたちに1人1台のPCを配ること」』を目標にした政策のほとんどは失敗した」と評価しています。[*24]

なぜ莫大な税金を投入したこれらの政策は失敗したのでしょうか。そもそも、PCを配ることは手段の1つにすぎず、本来の目標は子どもたちの能力を高めることだったはず。しかし、手段が目的化してしまったためにうまくいかなかったというわけです。

デジタル教材には子どもの学力を高める効果がある

こうした海外の失敗を繰り返さないために、私たちには何ができるでしょうか。

最近の研究では、デジタル教材や教育用ソフトウェアの利用に注目が集まっています。これらの特徴は、「アダプティブラーニング」といって、子ども1人ひとりに適した問題や教材を次々に自動的にレコメンドしてくれる点にあります。こうした技術は、EdTech（エドテック）などと呼ばれることもあります。Education（教育）とTechnology（技術）を組み合わせた造語です。

たとえば、算数の授業でドリルを解くときも、これまでであれば全員に紙のプリントが

図9-4 アダプティブラーニングは学力格差を縮小させる

■ 介入群（アダプティブラーニングあり）
■ 対照群（アダプティブラーニングなし）

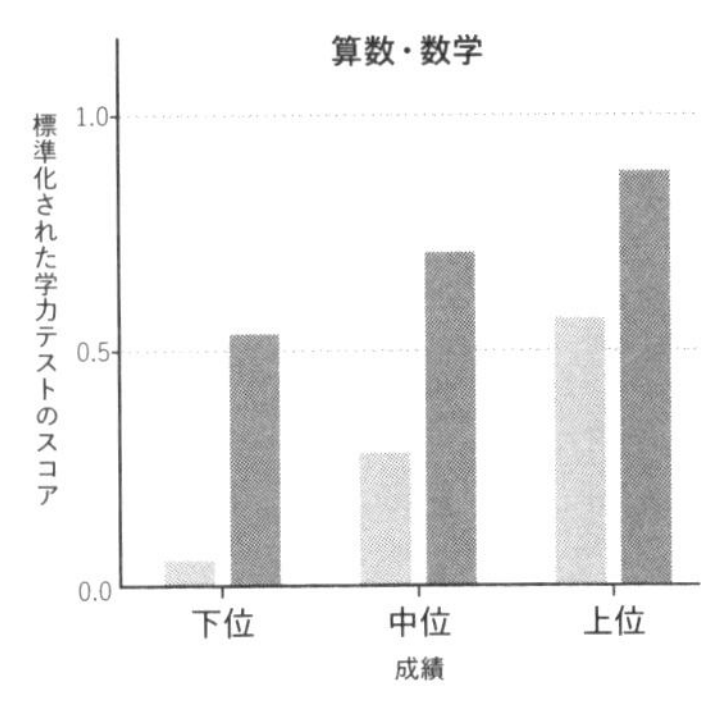

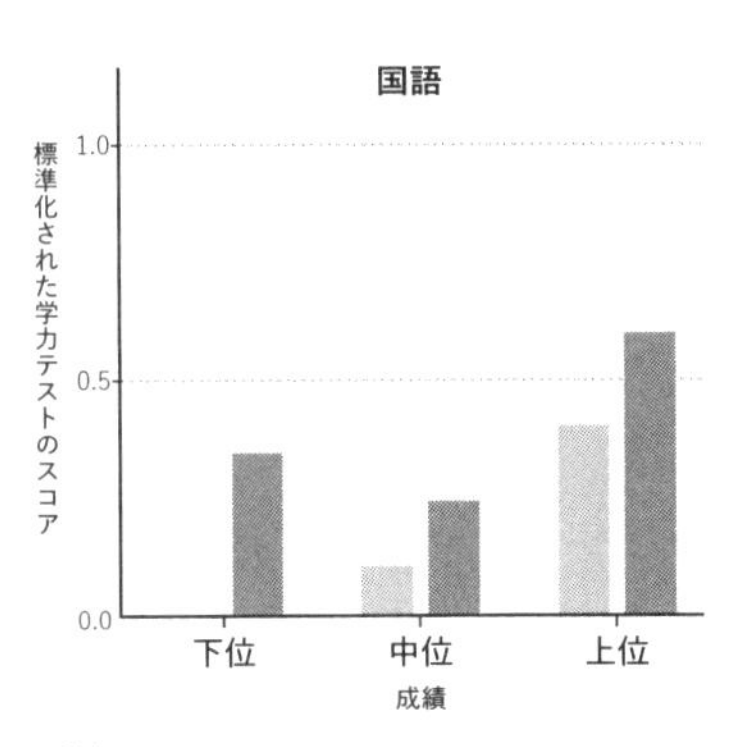

注）低位はもともとの成績が下位33%、真ん中の33%、上位33%で分けて推定している。
（出所）Muralidharan, et al.（2019）の1439頁のFigure 4を基に筆者改変。

配られて、全員が同じ問題を解くしかありませんでした。しかし、今やPCにインストールされているデジタル教材によって、それぞれの子どもの理解度に応じた問題が出され、瞬時に採点ができるというわけです。1人の教員が30人以上の子どもたちに同時に目配りをしなければならない従来の状況と比較すると、教員の負担を減らし、生産性を高めることも期待できます。

一方で、学力の高い子どもはどんどん進んで、学力の低い子どもは取り残されてしまうのではないかと心配になってしまいます。しかし、この点は、あまり心配する必要はなさそうです。アダプティブラーニングによって、学力格差が拡大するということを示すエビデンスはほとんどなく、多くの研究がむしろ格差は縮小することを示しています。

たとえば、インドで行われた実験では、1人1台のPCに「マインドスパーク」というアダプティブラーニングを組み込んだデジタル教材を用いたときの、小・中学生の学力への効果を測定しました。

たった**3か月間、週に6日、1日あたり45分ほどの利用で、算数・数学の学力テストの偏差値が6・0、国語が3・9も上昇した**ことが示されました。[*24] **図9-4**を見てもわかるとおり、すべての学力層で学力が上昇していますが、国語については下位層のほうが上昇幅が大きいですから、むしろ格差は縮小しています。

私もサイバーエージェントの伊藤寛武氏や『統計学が最強の学問である』(ダイヤモンド社、2013年)の著者である西内啓氏らとともに、カンボジアの公立小学校で、日本のワンダーファイが開発した「シンクシンク」という知育アプリの効果を検証しています。このアプリは、**たった3か月で、算数の学力テストの偏差値を6・8も上昇させました。**[*25]この研究でも、学力の低い子どもが取り残されたり、学力格差が拡大するといったことは確認されていません。

インドやカンボジアなどの開発途上国だけでなく、先進国でも多くの実験が行われています。ある**総説論文**(先行研究を徹底的に調査し、解説した論文のこと)によると、先進国で実験を行い、**アダプティブラーニングを組み込んだデジタル教材の効果を調べた研究は31報あり、このうち21報は学力を高める効果がある**とのことです。[*26] この21報のうち16報は算数・数学の学力を改善していることを報告しています。どうやらアダプティブラーニングは算数・数学に適用しやすいようです。

「習熟度にあった指導」が学力向上の鍵

どうしてアダプティブラーニングには大きな効果があるのでしょうか。これは、子ども1人ひとりの「習熟度にあった指導（teaching at the right level）」が実現できているからだと考えられています。

日本では「個別最適化」と呼ばれることもあります。2019年にノーベル経済学賞を受賞したマサチューセッツ工科大学のエスター・デュフロ教授を中心にすでに相当の研究蓄積があり、子どもの学力を高める大きな効果があることがわかっています。

同じ学年の中でも、その学年にふさわしい内容を身に付けられていない子どもも多くいます。たとえば、先に紹介したインドの実験では、貧困世帯の子どもも多かったことから、小学6年生の中には小学4年生程度の内容しか身に付けられていない児童がいたり、中学

3年生の中には小学6年生程度の内容しか身に付けられていない生徒も多くいたことがわかっています。このように同じ学年にもかかわらず、人によって理解度に大きな差があると、教員が行う一斉授業はどうしても効率が悪くなってしまいます。

つまり、PCを用いることが重要なのではなく、PCを使って「習熟度にあった指導」を実現できるかどうかが鍵なのです。もちろん、「習熟度にあった指導」は必ずしもPCを使わなければ実現できないわけではありません。デュフロ教授らの初期の研究は、学力に応じてクラス分けをした「習熟度別学級」の効果を調べたものでした。[*27]

東京大学の澤田康幸教授らは、バングラデシュの小学校で、日本の「公文式学習」の効果を調べています。[*28] 公文式もまた「習熟度にあった指導」を実現しているからです。そして習熟度別学級、公文式のいずれも、子どもたちの学力を高める効果があったことが確認されています。

アダプティブラーニングであれば「習熟度にあった指導」を非常に簡単に実現することができ、かつ国全体に広く普及させることもできるでしょう。２０２４年度に実施された「全国学力・学習状況調査」の中で行われたアンケート調査によれば、ＧＩＧＡスクール構想が始まってから、小学校で84・2％、中学校で80・9％の児童・生徒が「自分の習熟度にあった考え方や教材だ」と感じていることがわかっています（**図9－5**）。

図9-5 自分の習熟度にあった教え方が実現している

5年生まで〔もしくは1、2年生のとき〕に受けた授業は、自分にあった考え方、教材、学習時間などになっていましたか。

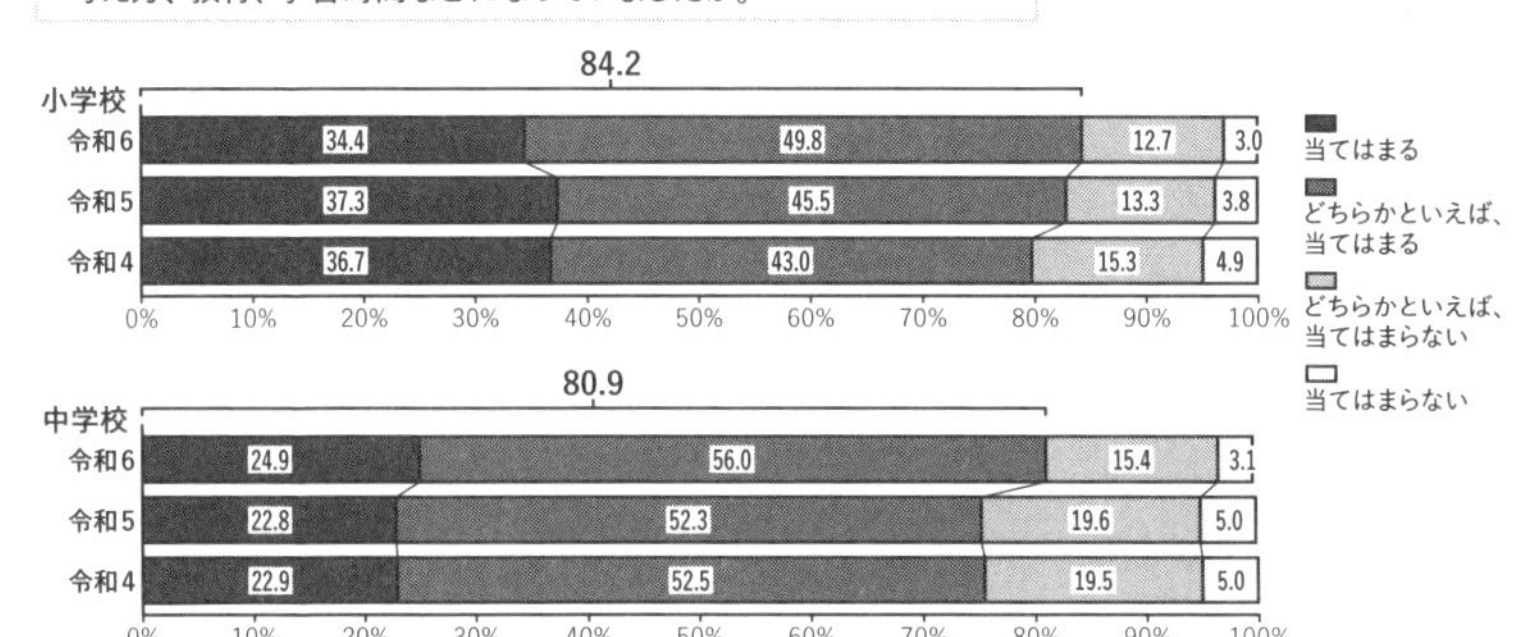

（注）2024年度に実施された「全国学力・学習状況調査」の児童・生徒に対する質問紙から抜粋。
（出所）国立教育政策研究所
https://www.nier.go.jp/24chousakekkahoukoku/report/data/24summary_shitumon.pdf

もちろん、ＰＣがあればできることは「習熟度にあった指導」に限りません。授業の上手な教員の授業動画の活用も、生徒の学力を高めることに成功した例もあります。

ＰＣに先生の代わりはできない

中国では２００４年から、インターネットにアクセスできるパソコン教室が新設され、修士号以上の学位を持ち、授業経験が豊富な教員による授業動画を見ることができるようになりました。質の高い教育を受ける機会が限られている農村部の学校を対象に、約２４００億円（約１１１億元）もの巨額の税金を投入して行われた政策でもあります。

動画の中では、子どもたちが知らない単語の意味を検索する方法を教えたり、文章だけではなくイラストを見たり、音声を聞いて理解するような工夫もされていました。

実はこの政策は、農村部の学校の教員の授業を、優秀な都市部の教員の動画に置き換えることを目的にしていました。農村部の教員は高齢化が進み、学歴も低い人が多かったので、農村部と都市部の生徒の学力格差は、教員の指導力の差に帰因していると考えられていたからです。

しかし、現実には農村部の教員は、動画の視聴中に生徒の注意が散漫にならないように監督し、動画を見たあとの生徒の質問に答え、デジタル教材を駆使しながら、動画に関連する宿題を出し、それをチェックするなど、積極的に役割を果たしました。

この結果、**動画を視聴した中学生の数学の学力テストの偏差値は1・8、国語は2・3も高くなりました。**それだけでなく、中学校卒業後もインターネットやコンピューターを使用する頻度が高く、大学を卒業する確率が5・3ポイントも高くなり、卒業から10年後には知識や技術を必要とされる高度な仕事に就き、収入も22％近く高くなったこともわかりました。最終的にこの政策は、都市部と農村部のあいだの所得格差を38％も縮小することに成功したのです。

動画、デジタル教材と現場の教員が相互に補完的な関係であったことが、この政策が成功したもっとも大きな要因であったと言われています。[*29]

パキスタンでも、動画とデジタル教材の効果を検証するために2つの実験が行われました。[*30] 1つは、中国と同様に、通常の授業の中で教員が主導して動画とデジタル教材を用いることの効果を検証する実験です。もう1つは、生徒に動画やデジタル教材が含まれたタブレットを渡し、休み時間や家庭での自習に利用することの効果を検証する実験です。

2つの実験の結果は驚くべきものでした。**前者の実験では生徒の学力テストの偏差値は3・0も上がったのに、後者の実験では逆に4・3も下がってしまった**のです。

つまり、動画やデジタル教材は、適切なガイダンスなしに、ただ単に子どもたちに与えるだけでは害をなす可能性が高いと言えるでしょう。教員の役割は重要であり、教員が積極的にかかわり、動画やデジタル教材を活用することで、それらが効果を発揮すると考えられます。

とはいえ、「教員が授業の中でどのような使い方をすれば効果があるのか」ということについては、いまだ定見がある状況ではありません。

アメリカのカリフォルニア州、メリーランド州、オクラホマ州などで導入されている、アメリカの民間企業が開発した「コグニティブ・チューター」と呼ばれるプログラムがあります。これは、数学の授業計画や教材、教員のためのトレーニング、詳細なガイドラインなどがセットになったものです。大まかに言って、教員による授業が6割、デジタル教材を用いた学習が4割程度になるように設計されています。

ところが、このプログラムの効果はまちまちで、生徒の学力が上がったケースも下がったケースも両方報告されています。

学力が下がったケースでは、教員が要求されている内容をこなすことができていませんでした。授業で教えている内容と生徒がデジタル教材を用いて学習する内容をうまく関連づけることができなかったのです[*31]。授業の中でどのように使えばいいのかということに加え、教員に対してどのような支援が必要なのかも今後の研究が俟たれます。

PCは使えば使うほど良いというわけではない

加えて、「家庭ではどのような使い方をすれば効果があるのか」というのも重要な問いです。

ロシアの小学3年生を対象にした実験では、児童たちは次の3つのグループにランダムに割り当てられました[*32]。児童たちには、1週間あたり約90分の宿題が課されます。

●実験のグループ分け

グループ1　45分はデジタル教材を用い、45分は従来どおり、紙と鉛筆を用いる宿題が課される

グループ2　90分全部、デジタル教材を用いる宿題が課される

グループ3　90分全部、紙と鉛筆を用いる宿題が課される（ほかのグループと比較するための対照群）

5か月後、児童が宿題にかける時間は同じであるにもかかわらず、グループ1の児童はグループ3の児童よりも、算数の学力テストの偏差値が1近くも高くなりました。しかし、**グループ2の児童は、グループ1の児童の2倍の時間をデジタル教材の宿題に費やしているにもかかわらず、グループ1の児童とほとんど差がない**という結果になったのです。国語については、グループ2の児童は、グループ3の児童ともほとんど差がありませんでした。

学校外で子どもたちが自主的に使うケースにおいては、使えば使うほど良いというわけではないようです。ＰＣやタブレットに触れる時間が長くなればなるほど、子どもたちはゲームやＳＮＳなど、勉強とは無関係のことに気を取られてしまうからです。

学校の授業や家庭で「どのように利用すべきか」ということについては、110の実験をまとめたメタアナリシスもヒントになりそうです。[*33] これによれば、**デジタル機器の利用は、低学年のほうが効果が大きいこと、課外のフィールドワークでの利用の効果も大きいこと、児童・生徒がみずから課題を設定して解決策を考えるような「探求学習」での効果が大きいこと、社会科など算数・数学以外の科目における効果も大きいこと**などがわかっています。

結局、教員こそが教育の核である

本章の最後に、ミネソタ大学の著名な開発経済学者であるポール・グレヴェ教授らがまとめた総説論文に言及したいと思います。これは開発途上国のデータを用いて行われた118の研究に基づいています。[*34]

ノーベル経済学賞を受賞したマサチューセッツ工科大学のアビジット・バナジー教授らの功績もあって、近年は開発途上国を舞台にランダム化比較試験を用いた政策評価が急速に増加しており、信頼性の高いエビデンスが蓄積されています。このため、開発途上国におけるエビデンスであるという留保はありつつも、過去の研究から見出されるパターンやそこから得られるインプリケーションは日本の教育政策にとってても参考になります。

グレヴェ教授らが調べた118の研究は、大まかに2つに分けることができます。1つは、親の教育費負担を減らすような需要側に働きかける再分配です。本章でも話題にした幼児教育の無償化はこれに含まれます。もう1つは、教員や学校という供給側への投資です。本章でも取り上げた、子ども1人ひとりにPCやタブレットを提供するGIGAスクール構想はこれに含まれます。

親の教育費負担を減らすような政策は、幼児教育の無償化以外にも、児童手当のような現金給付や奨学金など数多くあります。日頃、四苦八苦して教育費を工面している親にとっては、これらはとても良い政策に思えます。しかしこうした政策は、多額の費用がかかることが多く、国の財政状況が厳しい場合には実現されにくいことが知られています。

グレヴェ教授らの総説論文の中では、親の教育費負担を減らすような政策が子どもの学力を高めるというエビデンスはあるにはあるのですが、逆にほとんど効果がなかったり、あるいは学力が低下してしまったことを示すエビデンスもあり、結果は一貫していないことが指摘されています。このため、グレヴェ教授らは、親の教育費負担を減らすような再分配は「政策によって、その費用対効果にはかなりの差が生じている」と結論づけています。

なぜ、うまくいく場合といかない場合があるのでしょうか。
教育の需要側である親の教育費負担を減らす政策は、親に金銭的な制約があるために子どもの教育に最適な投資を行えないという場合に、その制約を取り払うことを目的としています。しかし、そもそもそうした制約のない家計に再分配を行ったり、あるいはかなり経済的に困窮している家計に対して、決して十分な金額とは言えない再分配を行ったりして、「帯に短し、襷に長し」といった状況が発生すると、費用対効果が悪くなってしまうと考えられています。

教員や学校という供給側への投資はどうでしょうか。これは、校舎や図書館の建設といったものから、少人数学級の実現や教員の給与の引き上げなど多岐にわたります。

ところが、残念ながらこれらにも一貫した結果は見られません。グレヴェ教授らは、「どこの国でもよく行われている、多額の費用を要する学校への投資は子どもたちの学力をほとんど改善していない」と指摘しています。

こうやって見てみると、政府が行う教育政策はどうも割の良い投資になりにくいように思えますが、必ずしもそうとは言えません。グレヴェ教授らの総説論文の中で、比較的一貫して学力を高める効果が見られているのが、**子どもたちの「習熟度にあった指導」を実現できるような、教員の指導方法の改善**です。すでにご紹介したとおり、ＰＣやタブレットを用いた学習が大きな効果を上げている理由も、ここにあります。しかし、この総説論文の中でも、あくまでPCやタブレットはツールであり、それが教員の指導を改善したときにのみ効果を発揮することが強調されています。

つまり、過去の研究の含意を大胆に要約するとすれば、結局、教育の核を成すのは教員であり、教員の指導力こそ重要だということではないでしょうか。第3章で紹介した教員の「付加価値」で測った教員の質が子どもたちの将来の成果に与える影響が大きいことを示したエビデンスとも整合的です。[*35]

改めてこのことに立ち返り、教員の指導力を高めるような政策に対して、もっと積極的に投資をしていくべきではないかと思います。

これに加えて、教員が意欲的に働くことができるような処遇や環境とはどのようなものかについてもしっかりと考える必要があります。グレヴェ教授らの総説論文の中では、教員の給与を業績に連動した支払いにすることや、学校に経営的な自治権を持たせることの効果なども検討されているのですが、これらについてはむしろ先進国における研究蓄積が少なく、今後の研究が俟たれます。

善意で生み出された教育に、悪影響がないとは限らない

過去の研究を振り返ってみると、改めて、教育というのはお金や時間をかければかけるほど良いというものではないことがよくわかります。一見正しそうに見えても、きちんと検証してみたら効果がなかったということや、それどころか逆効果になっていたということは少なくありません。

「ケンブリッジ・サモアビル・プログラム」は、そのことを示す有名な例の1つです。これは、アメリカで問題行動のある13歳の男子を対象にして行われました。

ハーバード大学の専門家らによって作られたもので、サマーキャンプへの参加、家庭教師とマンツーマンでの勉強、定期的な両親との家族会議などを通じて、子どもたちを正しく導こうとしました。

このプログラムに参加した子どもたちを30年間追跡した研究は驚くべきことを明らかにしています。**プログラムを受けた子どもが大人になったあと、受けなかった子どもと比較して、飲酒量が多く、健康状態が悪く、犯罪にかかわる確率が高く、寿命も短かった**ことがわかったのです。[*36]

このプログラムでは、問題行動の矯正を目的にして、多くの活動への参加が半ば強制されていたため、**子どもたちの自主性を奪ってしまい、周囲に流されやすい人間にしてしまった**ことが理由の1つと解釈されています。

参加者やその保護者へのインタビューによると、彼らはこのプログラムに満足し、効果があると感じていたそうです。いかに当事者の印象のみに頼るのでは正確に評価ができないかということがよくわかります。

専門家が開発したものであっても、善意で生み出された教育であっても、それが効果的であるという保証はどこにもありません。このため、政策の効果をきちんと検証することが重要です。

しかし、日本では、教育政策の効果を科学的に検証する習慣はほとんど根付いておらず、私はこれこそが日本の教育政策の最大の問題だと考えています。

ところが、最近では日本の教育政策においても「エビデンスに基づく政策形成」が重要だという考えが徐々に浸透してきています。私たちがどのように「エビデンス」と付き合っていけばよいのかについて、次の章で議論したいと思います。

コラム

政府は教育にもっとお金をかけるべきなのか？

子どもが公立小・中学校に通っている場合、1年間に子ども1人あたり約100万円の税金がかかっています。[*37] そんなに多額のお金がかかっているのかと驚いた人もいるかもしれません。しかし、教育に対する政府の支出はGDPの3・0%であり、ほかの先進国と比較するともっとも低い部類です。その分だけ、日本では、家庭の教育費の負担が重いとも言われます。[*38]

政府は教育にもっとお金をかけるべきではないのでしょうか。

実は、これは古くて新しい問いです。教育経済学では、「お金は問題か（Money Matters）論争」と呼ばれ、繰り返し議論されてきました。

端緒となったのは、ジョンズ・ホプキンス大学の社会学者、故ジェームズ・コールマン教授（当時）らが1966年にアメリカの議会に提出した報告書にあります。[*39] 750ページもの大部にわたるこの報告書は、のちに「コールマン・レポート」と呼ばれ、政策と研究の両面で大きな議論を巻き起こしました。

この報告書は、政府が教育にお金をかけているかどうかは、子どもたちの学力にほとんど影響しておらず、子どもたちの家庭環境のほうが大きな影響を与えていると主張したのです。

つまり、政府が教育にお金をかけてもあまり意味はないということになります。

コールマン・レポートが発表されたあとも議論は続きました。特に、スタンフォード大学のエリック・ハヌシェク教授が1980年代の終わりに再びこの議論を惹起するような論文を発表し[40]、大きな注目を集めることとなりました。この時はハヌシェク教授の論文の中で用いられた研究手法の妥当性などにも議論が及び、学会では大激論が巻き起こりました。

有名な学術誌で幾度にもわたってこのテーマについての特集が組まれ、その中でハヌシェク教授を含む著名な研究者のあいだで議論の応酬が起こりました[41]。しかし、残念ながら、この論争はいまだに決着がついたと言える状況にはありません。

本章で紹介したグレヴェ教授らの総説論文においても、「どこの国でもよく行われている」お金の使い方では、子どもたちの学力を高める効果は低いと指摘されていたことはすでに述べたとおりです。

こうした論争の中で、ノースウェスタン大学のキラボ・ジャクソン教授らが発表した比較的最近の研究は興味深いものです[42]。ジャクソン教授らは、1955〜85年のあいだに生まれ、2011年まで追跡調査の対象になった個人のデータを分析しています。

そして、1970年代に始まり、1980年代に加速したアメリカの学校財政改革によって、いくつかの州で教育支出が増えたことを自然実験ととらえました。この教育支出の増加の恩恵にあずかることができた世代の人と、残念ながらすでに学校を卒業してしまって恩恵にあずかることができなかった人とを比較したのです。

ジャクソン教授らの分析によると、学齢期を通じて生徒1人あたりの教育支出が10％増加すると、将来の収入が7・0％増加することが示されています。

しかし、この効果には異質性があります。それは、特に貧困世帯の子どもたちに大きな効果があるということです。**子ども1人あたりの教育支出の10％の増加は、貧困世帯の子どもたちが成人後に貧困に陥る確率を6・1ポイント押し下げ、収入を9・6％増加させ、結婚する確率を10・0ポイントも上昇させます。**しかし、貧困世帯以外の子どもたちへの効果はほとんどありませんでした。

つまり、政府の教育支出の増加は、貧困世帯の子どもを助け、格差を解消することにつながります。ジャクソン教授らの推計によれば、**もし政府が子ども1人あたりの教育支出を25％増加させることができれば、貧困世帯とそれ以外の世帯の子どもたちのあいだに生じる成人後の収入格差を完全になくすことができる**といいます。

この学校財政改革によって、それぞれの州は一体何に対する支出を増やしたのでしょうか。実は、少人数学級や教員の給与の引き上げが行われていたことがわかっています。グレヴェ教授らの総説論文の中で「どこの国でもよく行われている」と表現された、ありきたりなお金の使われ方です。

しかし、**こうした支出は、能力の高い教員の離職を防いだり、能力の高い人が教員になろうとすることで、教員の質を高め、生徒の学歴や所得の増加につながった**ことがわかっています。

実は、ジャクソン教授ら以前に発表された論文は、この学校財政改革による教育支出の増加は、学力を改善する効果はなかったという結論になっていました。[*43] しかし、ジャクソン教授らは、より長期の成果に目を向け、学校支出の増加が学力には効果がなくとも、将来の収入を高める効果があったことを明らかにしたのです。

この発見は大変重要です。今後、この議論を注視する際には、学力だけではなく、もっと長期の成果に目を向ける必要があるということでしょう。

そして、メリーランド大学のジェニファー・キング・ライス教授は、「お金は問題か論争」について一般向けに書かれた書籍の中で、一連の議論を非常に的確にまとめています。

それは、「政府が教育にお金をかけるべきかどうか」という一般論はもはや建設的な議論とは言えず、「どの政策が、どのような状況下で、どの程度の効果があるのか」ということを具体的に議論することこそ重要だということです。[*44]

ジャクソン教授らもまた、政府が教育にお金をかけることは「必要条件」かもしれないが「十分条件」とは言えず、より重要なことは「何にいくらのお金を使うか」であると指摘しています。

しかし、経済学会で「お金は問題か論争」が絶え間なく続く背景には、政府が行う教育投資は私たちが思っている以上に成果を上げられていないという危機感があります。キング・ライス教授は、政府と大学の連携を強化し、「エビデンスに基づく政策形成」を推し進めることの重要性も訴えています。

第10章

エビデンスはいつも必ず正しいのか？

「もっとも重要な決定とは、何をするかではなく、何をしないかを決めること」

本書の最終章では、「エビデンス」をどう活用すればよいのかということについて議論していきます。本書を執筆した時点で私は、大学で研究と教育に携わる傍ら、デジタル行財政改革会議など政府の会議に有識者として参加したり、デジタル庁では子育て・教育分野を担当するシニアエキスパートも務めています。

実際の政策形成プロセスにかかわる貴重な機会を得て、立場の違いを超えて感じた教育政策の課題の1つに、「何をしないか」「何をやめるか」についてきちんと議論ができていないということがあります。

子どもを持つ親からも教員からもよく聞くのは、「やらないよりやったほうがいい」という言葉です。子どものためになるのならみずからの負担は厭わないという親や教員の気持ちには共感するものがあります。

しかし、私たちは何かをするときに「**機会費用**」を支払っているということを忘れてはなりません。機会費用とは、何かをする代わりに、別の何かができなかったことで生じる架空の損失のことです。何かをするということは、その代わりにお金や時間を使えばできたほかの機会を失っているということになります。ですから、「やらないよりやったほうがいい」と考えることは、それをやらなければできたかもしれない別の挑戦への機会を失うことを意味しているのです。

アメリカのアップル社の創業者として有名なスティーブ・ジョブズ氏が、「もっとも重要な決定とは、何をするかではなく、何をしないかを決めることだ」と言ったことはよく知られています。

私たちの住む社会では、人口が減少しています。65歳以上の高齢者が増加する一方、15～64歳以下の生産年齢人口は減少しています。**図10－1**でも示されているとおり、次の30年間で生産年齢人口は約20％減少します。現在の制度・慣行を前提とすれば、あらゆる職場で5人に1人もの働き手がいなくなるのです。

図10-1 今後30年で生産年齢人口は20%減少する

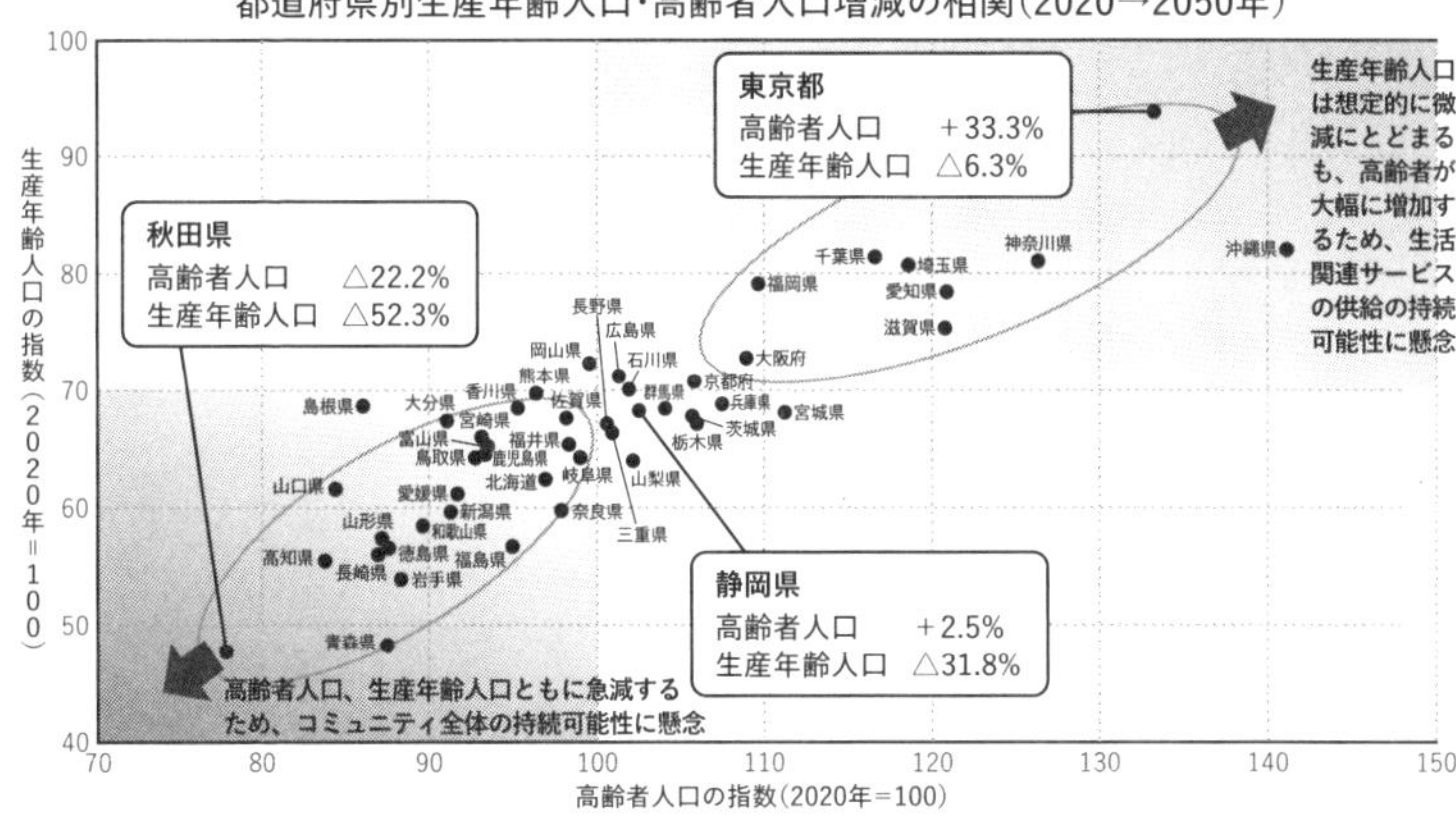

（出所）デジタル行財政改革会議（第4回）資料1 を抜粋。

地域別に見てみると、東京都では、高齢者人口が33%増加する一方、生産年齢人口は6%の減少となります。秋田県では高齢者人口が22%減少し、生産年齢人口はなんと52%も減少すると推計されています。

これからは、今までと同じ公共サービスを維持することは難しくなっていくでしょう。

教育もこの例外ではありません。少子化で子どもが減っていく中においても、教員不足は深刻で、教職員組合の調査によれば、本来配置するはずの教員の数が確保できない公立学校教員の合計はすでに4000人以上に上っています。[*1]

少ない人数で、今までと同じことをしようとしても、長続きはしません。つまり、人口が減少していく社会の中では、「何をするか」と同じくらいに、「何をしないか」「何をやめるか」の決断が重要になってきます。

今、学校に必要なのは「手術室を1つ空けておく」こと

こうした社会情勢の変化にもかかわらず、日本の教育政策は、「優先順位」が明確ではありません。

たとえば、国や自治体が策定する「教育振興計画」をみれば、学力、体力、安全など、ありとあらゆる教育上の目標が、優先順位を付けられることなく総花的に書かれています。

この結果、学校現場では、ＰＣやタブレットを使って算数の授業をしているかと思えば、そろばんを使った算数の授業もしているという具合に、あれもこれもとすることばかりが増えていき、教員のキャパシティを超える業務量となってしまっています。

こうした現状について、文部科学省の審議会の1つである中央教育審議会で、ある委員から次のような指摘があったと報道されています。

「もっと想像力を持って施策をやらないと、現場はついてこない。現場がついて行きたいと思っても、ついていけない。次から次に要求があり、そこに働き方改革と言われる。こ

れでは『もう、やってられない』と、現場の教師は思ってしまう」[*2]

社会からの要請に応える形で「何をするか」にばかり議論が集中し、「何をやめるか」を明確にしないので、このようなことが起きているのではないでしょうか。

2020年から始まった新しい学習指導要領についても、青山学院大学の小針誠教授は、「文科省には学習内容を大幅に削った『ゆとり教育』で強い批判を浴びたトラウマがあり、学習内容を削ることができなくなっているのかもしれない。結果的に指導要領は肥大化し、『ゆとり』ならぬ『ふとり』教育になっている」とコメントしています。[*3]

私はこれらの報道を見たとき、プリンストン大学のエルダー・シャフィール教授とシカゴ大学のセンディル・ムッライナタン教授の共著、『いつも「時間がない」あなたに――欠乏の行動経済学』(大田直子訳、早川書房、2015年)で紹介された、ミズーリ州の救急病院のエピソードを思い出しました。

この救急病院では、32の手術室で年間3万件の手術を行っていましたが、手術室が足りず、医師の長時間労働に繋がっていました。普通は手術室を増やすとか、医師を増やすなどの対策がとられそうなものですが、この病院ではなんと**「手術室を1つ空けておく」という選択をしたのです。このあと、全体の手術件数は5%増加し、午後3時以降に行われる手術は45%減少しました。**なぜでしょうか。

手術室がもともと計画された手術で埋まっていると、急患が入ってきた瞬間に、手術室の予定を組み直し、そこに人手を取られ、計画どおりに終えるために誰かが時間外勤務をすることになります。

しかし、よく考えてみると、急患は決して珍しいことではありません。いつ急患が運ばれてくるかは予測できませんが、確実に起こるものです。

学校も病院と同じではないでしょうか。びっしりとスケジュールを詰め込めば、予測はできないが、確実に生じている子どもたちや彼ら彼女らを取り巻く社会環境の変化に対応する余力を失ってしまいます。

今、学校に必要なのは、「手術室を1つ空けておく」のと同じ、（新たな挑戦のための）「余剰」を作り出すことではないかと思われます。

「エビデンス」を読み解く上で私たちが注意すべき4つのこと

しかし、余剰を作り出しても、「何をして、何をしないか」という問いに答えることはできません。優先順位をつけるためにも、「エビデンスに基づく政策形成」が重要です。

これは、科学的根拠を意味する「エビデンス」を政策上の意思決定に活用することを指します。本書でご紹介したようなさまざまな研究成果は、まさにエビデンスと言えるものです。「エビデンスに基づく政策形成」は、英語のEvidence Based Policy Makingを略してＥＢＰＭと呼ばれることが多いので、以降はＥＢＰＭと呼ぶことにします。

教育分野におけるＥＢＰＭの例として、イギリスの事例をご紹介しましょう。イギリスでは、エビデンスの創出や活用で子どもの教育を支援するために設立された「教育基金財団」が重要な役割を担っています。

この団体が公表するTeaching and Learning Toolkitと呼ばれるデータベースは、教室内での取り組みに限定して、取り組みの具体的な内容や費用、エビデンスの強さや効果の大きさなどが一目でわかるよう整理されています（**図10－2**）。

これくらい噛み砕いて整理されていると、「何をして、何をしないか」を考えるときにも参考になりますし、その判断を外部に説明するときにも助けになります。

そして、日本でもこうした取り組みはすでに始まっています。サイバーエージェントの森脇大輔氏、エビデンス共創機構の伊芸研吾氏らを中心に「ＥＢＰＭデータベース」が無料で公開されています（**図10－3**）。

図10-2 イギリスの教育基金財団のTeaching and Learning Toolkit

Aspiration interventions	Cost	Evidence	Impact
Arts participation Moderate impact for very low cost based on moderate evidence.	£		+3
Aspiration interventions Unclear impact for very low cost based on insufficient evidence.	£		-
Behaviour interventions Moderate impact for low cost based on limited evidence.	£ £		+4
Collaborative learning approaches High impact for very low cost based on limited evidence.	£		+5
Extending school time Moderate impact for moderate cost based on limited evidence.	£ £ £		+3

【Topic】学力向上に効果があると思われる施策

【Cost】施策を25人学級で1年間実施した場合の概算費用。「£」が1つの場合は2000ポンド、2つは2000ポンド以上5000ポンド以下というような基準を設けて表示

【Evidence】エビデンスとしての「確からしさ」を、参照した系統的レビューやメタアナリシス、一次研究の数をもとに表示

【Impact】施策を行わなかったクラスの子どもたちの1年間の学習進度を基準として、施策を行ったクラスの子どもたちに生じた追加的な学習進度を月数で表示

(出所) Education Endowment Foundationを基に筆者作成。
https://educationendowmentfoundation.org.uk/education-evidence/teaching-learning-toolkit

図10-3 日本のEBPMデータベース

分野	介入	評価指標	効果	証拠の強さ
教育	小学校における現代的指導法 個人による反復暗記とグループワークでの議論やプレゼンテーションを主体とする講義スタイルが成績に及ぼす効果	数学と国語の点数		★★☆☆☆
教育	教員の給与の違い 予算の制約がある中で教員に高い給与を支払うことが生徒の学業成績に与える影響	生徒の学業成績		★★★★☆
		教員の欠勤率		★★★★☆
教育	教員給与引き上げ インドネシアにおける小中学校教師の給与引き上げが教師や生徒に与える影響	教師の収入に対する満足度		★★★★★
		教師の経済的ストレス		★★★★★
		教師の副業の有無と副業に費やした時間		★★★★★
		教師の担当教科に対する理解度		★★★★★
		教師の欠勤		★★★★★
		生徒の学業成績		★★★★★

(出所) EBPMデータベース
https://cyberagentailab.github.io/EBPMDB/

注意点1 エビデンスには信頼性の「階層」がある

政策上の意思決定に重要な役割を果たすエビデンスですが、その解釈にあたり、私たちが注意すべきことについて私の考えを述べたいと思います。

第1に、エビデンスには「階層」があります。つまり、エビデンスの中には、「強いものも弱いものもある」という考え方が浸透しています。

強いエビデンスとは、因果関係を正しく証明できる方法を用いて導かれた、信頼性の高い根拠のことです。たとえば、本書の中で何度も登場したランダム化比較試験はもちろんのこと、自然実験や回帰不連続デザインのような「**疑似実験**」もまた階層の高い、比較的強いエビデンスです。

複数のランダム化比較試験をまとめた「メタアナリシス」や「システマティック・レビュー」は、それらよりもさらに階層の高いエビデンスと位置付けられています。

本書では、階層の高い、比較的強いエビデンスを選りすぐってご紹介していますが、既報の学術論文がすべて階層の高い、強いエビデンスとは限りません。特に、相関関係にすぎないことを、因果関係と誤解したり、混同しないことが重要です。

自分自身で「どれが階層が高い、強いエビデンスなのか」を見分けるためには、「因果推論」と呼ばれる方法論について、その基本的なアイデアを理解する必要があります。拙著『「原因と結果」の経済学――データから真実を見抜く思考法』(津川友介氏との共著、ダイヤモンド社、2017年)はそうした理解の助けになります。

注意点2 エビデンスは合理的な判断を助ける「補助線」にすぎない

第2に、たとえ階層の高い、強いエビデンスであったとしても、エビデンスは合理的な判断を助ける「補助線」にすぎないということです。

特に、学校や行政の現場においては、意思決定者が一般の人が知り得ないような情報を知っているということは少なくありません。また、予算や時間、法令などさまざまな制約によって、十分なエビデンスがそろわない状況で判断したり、エビデンスが示唆する最適な政策とは異なる政策を選択せざるを得ないこともあります。

私たちは、学校や行政がエビデンスに基づいて、機械的に意思決定をするよう要請するのではなく、エビデンスが活用されることで、意思決定者がより合理的な判断ができるように助ける必要があるのです。

もしも、「エビデンスに基づいてすべての意思決定をしなければならない」という不文律ができてしまえば、意思決定者は、判断の根拠となるエビデンスそのものを変えようとするかもしれません。もしくは、自分たちの決定と矛盾しないような、都合のいいエビデンスを選り好みするなどして、かえって望ましくない結果を引き起こすことにもなりかねないのです。

このように考えると、エビデンスを用いて、特定の政策に効果が「ある」か「ない」かという議論をすることもあまり生産的ではありません。なぜなら、最初から完璧にうまくいく政策などほとんどないからです。徐々にファインチューニングをしながら、効果が発揮できるような状況にすることも必要です。

たとえば、第9章でも紹介した、アメリカの民間企業が開発した「コグニティブ・チューター」の効果検証が参考になります。この教育プログラムは、1年目には効果がないという結果になりましたが、教授法や時間配分など1年目の課題を改善し、2年目には確かな学力向上を確認することができました。

政策そのものではなく、運用に課題があることは少なくないのです。[*4]

最初は効果が確認されたが、規模を拡大したことで効果が消失することもあります。経済学では、実験で効果があることが証明された政策の規模を拡大したり、より広く普及させたりすることを「**スケールアップ**」と呼びます。このスケールアップがうまくいかなかった例は枚挙に遑(いとま)がありません。

アメリカのアーノルド・ベンチャーズという民間企業が運営する「ストレート・トーク・オン・エビデンス」によれば、官民が実施した事業の50％以上がスケールアップによって、効果が低下することが報告されています。

スケールアップすることで政策の効果が変わってしまうことを「**ボルテージ効果**」と呼びます。[*5] ノーベル経済学賞の候補者として頻繁に名前があがるシカゴ大学のジョン・リスト教授の『そのビジネス、経済学でスケールできます。』（高遠裕子訳、東洋経済新報社、2023年）は、どのようなケースでスケールアップが成功し、そして成功しなかったのかをまとめた良書です。

同じことをやっても、実施主体が変わっただけで効果がなくなったこともあります。

ケニアでは、小学校における有期契約の教員の採用を国際NGOに委託したのですが、その結果、生徒たちの学力が大幅に上昇したことがわかりました。このあと、ケニア政府は国際NGOとまったく同じ契約条件でみずから有期契約の教員採用に乗り出し、全国展開をするのですが、残念ながら政府が雇用した教員は、生徒たちの学力を上げることはできませんでした。[*6]

最初にうまくいったからといって、その後もうまくいくとは限りません。過去に行われた400以上の研究をまとめたメタアナリシスによると、政府が実施した政策と比べると、研究者もしくはNGOが実施した同様の施策のほうが、効果が大きい傾向があるそうです。[*7]

「何をするか」だけでなく、「誰がするか」も重要です。

ある政策が短期的に成功したとすれば、その理由は何か。その効果は持続するか。平均すると効果があっても格差が拡大するなどの、副作用はないか。スケールアップが可能か。費用対効果は十分に大きいのか。代替案はないのか。ほかの政策との組み合わせによってもっと効果を高められないか。もし失敗したとすれば、その理由は何か。それは現実的に解決できる課題か。そういったことに目を向け、地に足のついた議論をするために、エビデンスが活用されることが重要だと思います。

注意点3 エビデンスは「絶対に覆らない決定版」ではない

第3に、エビデンスは「絶対に覆らない決定版」ではないということです。のちにほかの研究者によって行われた追試によって、先に行われた研究の結果が覆ることもあります。

たとえば、心理学の分野で行われた「マシュマロ・テスト」という有名な実験があります。これは、子どもが15分間マシュマロを食べずに待っていられるかどうかで、子どもの「自制心」を測り、それがその後の人生における長期的な成功と関係するかどうかを調べたものです。

コロンビア大学のウォルター・ミシェル教授の研究で、幼児教育にかかわる人であれば知らない者はいないような有名な研究です[*8]。

しかし、2018年にマシュマロ・テストの追試をした研究が発表されました。かつてのマシュマロ・テストは1970年代初頭に約200人の4歳児を対象に行われたものですが、新しい研究はアメリカの代表性のある統計データに含まれる、約900人の4歳児のデータを分析したのです[*9]。

1970年代初頭には子どもたちに大人気だったマシュマロ以外にも、今やさまざまな種類のお菓子がありますから、チョコレートやクラッカーなど子どもの好みに応じたお菓子も用意されました。そうして同じように子どもたちの自制心を計測し、子どもたちが15歳になるまで追跡しました。

新しい研究によれば、かつてのマシュマロ・テストで測られた自制心と、将来の学力や問題行動とのあいだに明確な関連は確認されませんでした。

唯一、母親が大卒ではない子どもについては、長期的な効果があることが確認されましたが、その大きさはかつての研究の半分程度の大きさにとどまっていました。子どもたちの将来の成果には、幼少期の自制心よりも、親の収入や学歴の影響が大きいというのです。

ここで注意をしていただきたいのは、これは「自制心が将来の成果に与える影響はない」と主張する研究ではないということです。

第2章でもご紹介したニュージーランドのデータを用いた研究[*10]（57頁）のように、より現代的な方法で自制心を計測し、それが将来の成果と関連があることを示した研究は存在しています。

この追試が問うているのは、「マシュマロ・テストが子どもの自制心を測る方法として妥当なのか」ということであり、この研究の著者らは、マシュマロ・テストは自制心を計測する上で「単純化されすぎているかもしれない」と指摘しています。

このようにして、前に行われた研究の弱点を克服することで科学は進歩していきます。ですから、過去の研究結果が覆ることを否定的にとらえるのは誤りです。むしろ、より正しい結果に近づくために必要なプロセスとして理解すべきでしょう。

その一方、最近の科学には、より深刻な問題が生じています。それが、**「再現性の危機」**と呼ばれる問題です。これは、一言でいえば、「追試をすると再現できない実験があまりにも多い」ということです。

もっとも権威ある学術雑誌の1つである『ネイチャー』に掲載された有名な論文は、**70%以上の研究者が、過去の実験を再現することに失敗した経験がある**ことを明らかにしました。それどころか、自分自身で行った実験の再現にすら失敗したケースもあるというのです。[*11]

ノーベル経済学賞を受賞したプリンストン大学の故ダニエル・カーネマン教授の著書で紹介された実験について、ほかの研究者が追試を行ったところ、その多くに再現性がないことが明らかになり、経済学者に衝撃を与えました。

加えて、2021年には、匿名の研究者たちが、デューク大学のダン・アリエリー教授の有名な論文の元データを検証したところ、そもそものデータ自体に改ざんがあったのではないかという疑義が呈され、さらなる衝撃が走りました。

残念ながら、科学の世界は完璧ではなく、科学以外の世界と同様に不正も生じています。こうしたことを受けて、科学者のあいだでは「再現性を高める努力をすべきだ」という危機感はかつてなく高まっており、さまざまな取り組みが行われています。

優れた経済学者でもあり、現在はオーストラリアの国会議員でもあるアンドリュー・リー氏は、著書『RCT大全——ランダム化比較試験は世界をどう変えたのか』（上原裕美子訳、みすず書房、2020年）の中で、「錬金術」が消え去ったのは、実験を行う習慣が確立したからではなく、「実験を行なって世間に公表する風潮へと変化したこと」にあると主張しています。科学の世界で不正をなくすためには、実験の設計や手続きをきちんと公開するプロセスを確立する必要があるでしょう。

本書では複数の地域や国のデータを用いて追試が行われた研究を中心にご紹介することで、できるかぎりこうしたリスクを小さくするよう努力していますが、とはいえ本書で説明したエビデンスも、「絶対に覆らない決定版」であるとは考えないでいただきたいのです。

これは、政策にも同じことが言えます。今行われている政策が決定版だなどという前提を置いてしまうと、政府や行政は「無謬性（むびゅうせい）の原則」（決して誤りがないとされる教義）に陥り、失敗する可能性を考えなくなってしまいます。しかし、失敗することを想定して、事前に対応を考えておくのは当然のことですし、もし失敗した場合は、いかに速やかに修正するか、その失敗をどう次に活かすかということも重要です。

継続的にデータを収集し、常に見直しを求めることこそが、より良い政策につながります。

注意点4 海外のエビデンスは日本にはあてはまるとは限らない

第4に、海外のエビデンスは日本にはあてはまるとは限らないということです。同様に、日本国内のデータであっても、都市部のデータを用いて得られた結果が、地方にあてはまるとは限りません。これを「**外部妥当性**」の問題と呼びます。

残念ながら、権威ある国際学術誌に掲載された論文でも、制度や文化の異なるほかの地域や国への応用可能性までは十分に検討されていないのが実情です。[*12]

地域や国によって結果が異なるものもありますし、あまり変わらないものもあります。たとえば、第6章で紹介した学内やクラス内の成績順位が学力や学歴に与える影響を調べた研究では、さまざまな地域や国のデータを用いて検証しても、非常によく似た結果が得られています。第8章で紹介した競争心の男女差についても、地域や国による大きな違いは見られていません。

しかし、海外と日本の結果が異なるようなケースも多くあります。まずは、異なる地域や国のデータを用いた研究のあいだで結果が異なっているかを知ることが重要です。

仮に、海外のデータを用いた研究しかなかったとしても、参考にならないわけではありません。どうしてそのような結論が導き出されたかという、根底にある「メカニズム」に対する理解は私たちの判断の助けになります。

そのため、本書ではなるべく海外と日本で大きく結果が反しない研究を紹介しつつも、海外のデータを用いた研究しか存在しない場合は、とりわけメカニズムに焦点を当てた研究を中心にご紹介しています。海外のデータを用いて行われた研究では特に「効果があるか、ないか」だけにとどまらず、そのメカニズムにも注目してください。

最後に、「何」に対する効果なのかという点も重要です。たとえば、ある指導方法は学力を上げる効果がなかったというエビデンスが示されたとします。しかし、これは、学力以外の教育の「成果」、たとえば、非認知能力や将来の収入にも効果がないということを意味しません。

しかし、本来達成されるべき成果よりも、学力のように数字で「計測しやすい」成果を用いた検証が行われやすいことには注意が必要です。本書の第2章、第3章や第8章でも紹介したように、非認知能力や選好については、その測り方も含めて研究は急速に進んでいますし、同一個人を長期にわたって追跡したデータも蓄積され、将来の収入などの長期的な成果にどのような影響があったのかという問いに答える研究も増えてきています。

しかし、それでもなおかつ教育の成果は広範であり、数値化できないものも多いことは心に留めておく必要があります。

世界では「リアルタイムデータ」を用いたＥＢＰＭが始まっている

世界におけるＥＢＰＭはますます加速しています。

最近では、行政記録情報を用いた研究が増加しています。行政記録情報とは、個人や企業が、法令に基づいて国や自治体に対して提出した申請、届出、登録、報告等のことです。子どもに関するもので言えば、「母子保健法」に基づいて各市区町村が実施する健康診断や、「児童扶養手当法」に基づいてひとり親家庭に支給される児童扶養手当の受給などの情報です。

経済学分野の一流学術雑誌である『アメリカン・エコノミック・レビュー』に掲載された研究のうち、２００６年には４％に過ぎなかった行政記録情報を用いた研究が、２０１４年には26％に達していることがわかっています[*13]（**図10－4**）。

政府が管理する行政記録情報だけでなく、民間企業から提供されたリアルタイムデータを用いた分析も始まっています。これをリードしているのが、ハーバード大学のラージ・チェティ教授です。

図10-4 行政記録情報を用いた研究が増加している

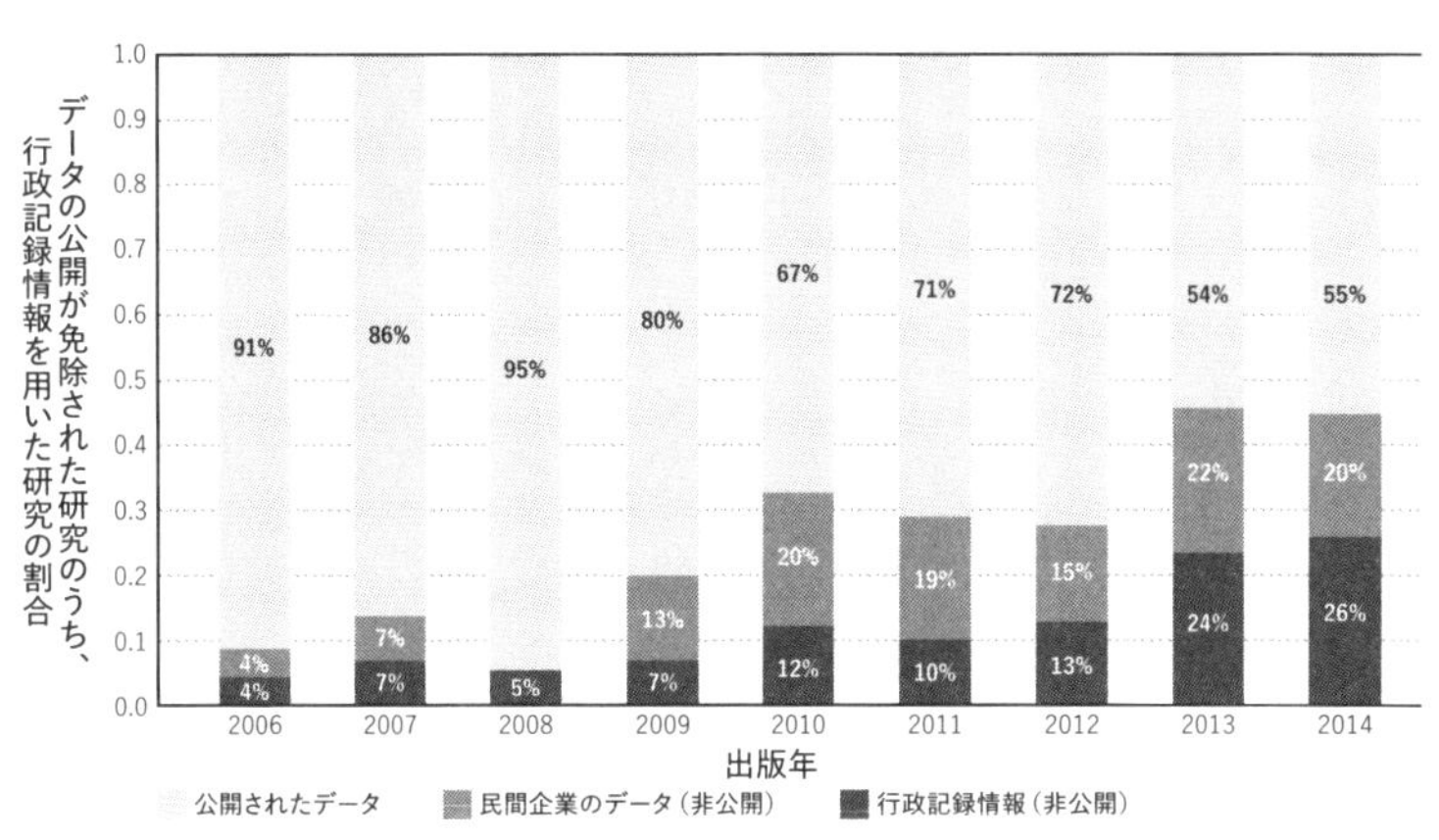

（出所）Einav & Levin (2014)の715頁の図表を抜粋。

チェティ教授率いる「オポチュニティ・インサイツ」という研究グループは、新型コロナウイルス感染症が拡大していた時期に、民間企業の売上や雇用、個人のクレジットカードの支払い履歴などを地域ごとに集計したリアルタイムデータを用いて、新型コロナウイルス感染症が「いつ」「誰に」「どのような」影響をもたらしたのかを詳細に分析しました。[*14]

これによって、政府が被害を受けた人々を迅速に救済することを助けたのです。そして、新型コロナウイルスの感染状況が落ち着いてきた今、どのような政策がうまくいって、どのような政策がうまくいかなかったのかをデータをもとに振り返り、正確に評価することでも重要な役割を担いました。

チェティ教授らの評価によれば、新型コロナウイルス感染症の拡大初期であった2020年3月中旬頃は、感染率が高い地域を中心に、高所得者が大幅に消費を減らしたことがわかりました。そして、高所得者の消費の減少は、地域の中小企業の収益を大きく減少させ、雇用にも影響を与えたことがわかっています。特に、収入の低い労働者の失業を拡大させたのです。これは簡単に回復せず、2021年12月頃まで失業率の高い状態が続いたことが示されています。

また、国による緊急事態宣言の解除は、消費と雇用への影響は小さかったこともわかりました。低所得世帯への給付金は、個人消費を大幅に増加させたものの、新型コロナウイルス感染症の悪影響が大きかった、たとえば飲食業や観光業にはほとんど流入せず、雇用にも影響を与えませんでした。

アメリカの新型コロナ対策の目玉の1つで、中小企業で働く労働者の雇用を守るために人件費を助成した「給与保護プログラム」(日本では「雇用調整助成金」という同様の政策がありました)もほとんど効果を発揮せず、中小企業の労働者の雇用を1件増加させるのに何と4530万円(30万1863ドル)もの税金を投じたことになると推計されています。

チェティ教授らは、**総需要を刺激したり、企業に流動性を供給したりする伝統的なマクロ経済政策は、パンデミックの際にはほとんど有効ではなかった**と総括しています。

感染症が拡大する時期に迅速に人々を救済することも、それが収束したあとで正確な評価を行うことも、どちらも大切なことです。日本でも同じことができれば望ましいのですが、日本では統計、行政記録情報や民間企業の保有するリアルタイムデータを駆使して、政策上の意思決定をしたという例は多くありません。それどころか、最近では、優れた日本人研究者が、データ整備の進んだ北欧諸国の行政記録情報を用いて研究を進めるなど、頭脳流出が懸念される状況にすらなっています。

しかし、裏を返せば、国民のプライバシーに配慮しながら、研究に利用できるデータをきちんと構築すれば、優れた研究者がこぞって日本のＥＢＰＭに貢献してくれるでしょう。研究利用できるデータの整備を進めていくことが日本のＥＢＰＭを推進する上で最重要と言えます。

もちろん、日本でもさまざまな取り組みは行われ始めています。兵庫県尼崎市の「学びと育ち研究所」のように、行政記録情報の研究利用を進め、ＥＢＰＭを推進する先駆的な事例があります。また、民間ではオイシックス・ラ・大地の代表取締役社長である高島宏平氏らが中心となって、多くの民間企業が参加する一般社団法人ＤＳＴがＥＢＰＭを推進しています。日本版オポチュニティ・インサイツとでも言うべき組織がすでに立ち上がっているのです。

高齢化が進む社会でも、子どもの教育投資への優先順位は高い

日本でＥＢＰＭが重要な分野の１つは、間違いなく、教育・子育ての分野です。厚生労働省の「国民生活基礎調査」（２０２２年）によれば、18歳以下の子どもがいる子育て世帯は全体の18％にまで減少しています。一方、高齢者のみの世帯は30％を超えていますから、子育て世帯はもはや少数派です。

これは、国全体の資源配分にも影響を及ぼしています。60％以上が65歳以上の国民によって支出された国民医療費（医療機関等で保険を用いて治療した費用の合計）の合計は45兆円（２０２１年度）。子どもの教育のために使われた文教および科学振興費の一般会計予算はたったの5兆円にすぎません（同年）。

東京科学大学の矢野眞和名誉教授らが実施した世論調査[*15]の中でも明らかになっているとおり、**日本では教育よりも、医療や介護に対する支出を優先すべきという選好を持つ人が多い**ことがわかっています。医療や介護サービスを利用する当事者の数が多いのですから、

当然の結果とも言えるでしょう。ですから、多数決で優先順位を決めると、医療や介護に対する支出が多くなり、子どもの教育や子育てへの支出は後回しになってしまいます。

このように考えると、「数」の多いところにお金をかけるだけでなく、「効果」の高いところにお金をかけていくという発想の転換が今ほど求められていることもないように私には思えるのです。

教育には「**外部性**」があり、教育を受けた本人だけでなく、ほかの人々にもプラスの影響があることがわかっています。

たとえば、過去50年にわたるアメリカの133の公共政策を評価した論文によれば、さまざまな公共政策の中でもっとも費用対効果が高いのは、子どもの教育と健康への投資だということです。[*16] **子どもの教育や健康への投資を行った政府の政策の多くは、子どもが大人になったあとの税収の増加や社会保障費の削減によって、初期の支出を上回る利益を得られている**ことが示されています。

しかし、子どもは成人になるまでに18年もの歳月が必要です。教育や子育てに対する支援は「継続的に」「安定的に」行われることが必要です。子育ての当事者の立場に立ってみると、急に支援が止まってしまったり、少なくなってしまうのは大問題です。それにもかかわらず、振り返ってみれば、日本の子育てに対する支援や教育政策は、時として流行が始まるかのように始まり、流行が終わるかのように終わってしまうものが少なくありません。少しでも継続的に、安定的に支出するためには、どのようなお金の使い方であれば社会全体に恩恵があるかということを示しつつ、多くの納税者の（特に、子どものいない82％の世帯の）納得を得ることが重要です。

これから、私たちの社会は、さらなる人口減少に立ち向かっていかねばなりません。限られたお金と時間を使って、教育や子育てへの投資がより効果的なものになるよう、そしてそのことによって広く社会全体が恩恵を受けられるよう、教育政策にエビデンスを活用する社会にしていくことが必要ではないでしょうか。

もし、本書をお読みいただいた皆さんに共感していただけたなら、筆者としては望外の喜びです。

謝辞

本書の編集を担当してくださったダイヤモンド社書籍編集局第一編集部の上村晃大さんのご尽力に感謝いたします。また、大門都さん、原真知子さん、鈴木弘子さん、畑恵理子さん、野口聡子さん、鈴木八幡萌さん、石黒志寿賈さんには本書の草稿段階でさまざまなコメントをいただきました。私自身には子どもがいませんから、今まさに子育てに奮闘している現役お母さんである彼女らのコメントが視野を広げる手助けをしてくれました。

慶應義塾大学の五由出龍之介さん、関根奈央さん、高村健大さん、半澤亮さん、廣瀬健仁さん、渡邉巽さんにも本書の草稿段階で原稿を見ていただいたり、データの整理、グラフの作成などをお手伝いしていただきました。伊芸研吾さん（慶應義塾大学特任准教授・エビデンス共創機構代表理事）には初稿に丁寧に目を通していただき、さまざまな誤りをご指摘いただきました。

また、本書で共著論文を紹介することをご了承くださった五十棲浩二さん（慶應義塾大学）、伊藤寛武さん（サイバーエージェント社）、佐藤豪竜さん（慶應義塾大学）、深井太洋さん（学習院大学）、藤澤啓子さん（慶應義塾大学）、西内啓さん（統計家）、矢ヶ崎将之さん（東北大学）、山口慎太郎さん（東京大学）、レ・クン・チエンさん（慶應義塾大学）にもお礼を申し上げます。

本書の中でご紹介した私たちの研究をすすめるにあたり、東京財団政策研究所（研究テーマ「教育の『質』が子供の学力や非認知能力に与える影響」）、経済産業研究所（研究テーマ「日本におけるエビデンスに基づく政策形成の実装」、代表者：大竹文雄・ファカルティフェロー）、日本学術振興会・科学技術研究費・基盤研究A（研究テーマ「新型コロナウイルスが子供たちの人的資本の蓄積にもたらした影響」、課題番号22H00064、研究代表者）、国立研究開発法人・科学技術振興機構・社会技術研究開発センター（RISTEX）「科学技術イノベーション政策のための科学」（研究テーマ「幼児教育の『質』が子供の学力や非認知能力に与える効果の検証」）からご支援をいただきました。また、千葉県から委託を受けた「保育の質の充実に向けた調査業務委託」の成果も含まれています。なかでもとりわけ、安西祐一郎・東京財団政策研究所所長、深尾京司・経済産業研究所所長、森川正之・同前所長（現一橋大学経済研究所特任教授）、大竹文雄・同ファカルティフェロー（大阪大学特任教授）、山口一男・同客員研究員（シカゴ大学教授）、山縣然太朗「科学技術イノベーション政策のための科学・研究開発プログラム」プログラム総括にご指導を賜りましたことにお礼申し上げます。

また、埼玉県の「埼玉県学力・学習状況調査」、群馬県の「非認知能力の評価・育成事業」にかかわる機会をいただき、一部はデータを直接分析する機会をいただいたことにも感謝いたします。個別にお名前を出すことはできませんが、私たちの研究にご協力をいただきましたすべての児童・生徒、保護者、保育士、幼稚園教諭、教員の皆さん、学校・教育委員会、文部科学省のご関係者に感謝いたします。

さまざまな方のご支援やご指導をいただいて完成した本書ですが、当然のことながらありうべき誤りのすべては筆者である私の責にありますことを申し添えます。

先日、ある雑誌の取材で記者の方から「教育に関心を持つようになったきっかけは何か」と聞かれました。人から問われて改めて考えてみると、父から受けた影響が大きかったように思います。私の父は定年で退職するまで地元の公立学校で体育の教員を務めました。定年退職したあとには教育委員会に奉職し、それに飽き足らず、現在も私立学校で現役で働いています。文字どおり、教育に生涯を捧げる人です。父の教員仲間や教え子たちが多く出入りする家庭で、教育の価値を信じて疑わない父に育てられたことが、教育に関心を持ち、研究をするきっかけとなったように思います。

そして本書の終わりに、互いに大学生だったときに出会ってから今日に至るまで、ずっと私の尊敬の対象であり続けてくれる夫に感謝の意を示して、結びの言葉とすることをお許しいただきたいと思います。

２０２４年12月　中室牧子

れてきてスピードが上がってくるからだろうと考えられます)。ニーデルレ教授らは、さらに詳細な分析の中で、足し算の成績が良いかどうかは、3回目に勝者総取り制を選択するかどうかにほとんど影響しておらず、1回目と2回目の成績が同じになるように調整したあとでも、3回目で勝者総取り制を選択する確率に顕著な男女差があることを確認しています。

注2 最近の研究では、大学生を対象とし、数学的タスクを課したラボ実験では、大きな競争心の男女差が見られることがわかってきています。ほかの年齢層や言語的タスクの場合、ほとんど男女差が見られないという指摘もあります。このため、どのようなタスクを課すかは、結果に大きな影響を及ぼす可能性があります(*34)。

注3 しかし、スタンフォード大学のニーデルレ教授のグループは、韓国・ソウルの640人の中学生を対象に競争心を計測し、これとは異なる結論の論文を発表しています(*35)。共学か別学かで競争心の差は見られなかったというのです。ニーデルレ教授らは、「ブース教授らの論文では、別学に通うような女子生徒がもともと共学に通う女子生徒よりも競争心が高かった可能性を排除していない」と批判していますが、ニーデルレ教授らの論文とブース教授らの論文で結論が違っている理由が、どのような理由によるものかはまだはっきりとわかっていません。

注4 相手と競争するかどうかを「オプトイン(競争を希望する場合に明示的に選択する)」から「オプトアウト(競争を希望しない場合に明示的に拒否する)」に変更すると、オプトアウト条件の下では、競争を選択するかどうかの男女差が消失したことを示す研究があります。つまり、組織における昇進や選挙に出馬するかどうかの選択をオプトアウト方式にすることで、性別による競争心の差を縮小できるかもしれません。個人の選択の自由を損なうことなく、女性の競争参加を増やし、リーダーシップポジションへの道を開く可能性があります。この研究もまた、「女性を変える」アプローチではなく、「システムを変える」アプローチこそが、男女格差の是正に効果的であると主張しています。

第6章

注1 近年の研究の中には、ピア効果には性別による異質性が存在することを示すものがあります。たとえば、イギリスの小・中学生のデータを用いた研究では(*32)、女子は自分と同じクラスに成績上位の生徒が多くなればなるほど、自分の成績も上昇したことが示されています。つまり、女子については「優れた友人から受ける影響は『良い影響』である」は、ある程度正しいと言えるかもしれません。しかし、男子はその逆の結果になっています。つまり、自分と同じクラスの成績上位の生徒の割合が高くなればなるほど、自分の成績は低下することが示されたのです。これ以外にも、ピア効果が男女で異なっていることを示した研究は複数発表されています。

注2 ギリシャでは、すべての高校2年生が受験する全国学力テストの結果が公開されており、生徒たちは全国あるいは学校内での自分の順位を知ることができていました。しかし、2005年にこの全国学力テストは廃止となり、生徒たちは自分の順位を知ることができなくなってしまいました。この研究では、こうした制度変更により、順位を知らされた生徒たちと知らされなかった生徒たちを比較しています。

第7章

注1 「希望どおりの学校に行けなかったら、別の学区に引越しをする人がいるのでは」と考えた方もいるかもしれません。しかし、もし生徒が新しい学区に引越しをした場合、その学区でも抽選が行われますので、新しい学区で必ず希望どおりになるとは限りません。このため、この制度の下では、仮にどうしても別学に行きたいという生徒がいたとしても、それを実現できる状況にはありませんでした。

注2 パク教授ら自身もこの研究の弱点として、教員が別学と共学にランダムに割り当てられたわけではないことを挙げています。つまり、韓国の別学の多くは私立高校で、共学の多くは公立高校であり、公立高校と私立高校では、教員の採用方法や異動のタイミングが異なっています。そのため、別学と共学で教員の質が完全に同じと考えてよいかという点には注意を要します。しかし、パク教授らは、論文の中で、教員の勤続年数や学歴、教員対生徒比率など、別学と共学で差がないことを確認しています。

第8章

注1 読者の中には、タスクである足し算の成績自体に男女差があったのではないかと考えた方もいるかもしれません。実際に、男子は理数系科目を得意とするのに対し、女子は苦手とするということはさまざまな研究で知られています。しかし、この実験では1回目の5分間に男性が解いた足し算の数は平均して10.68問で、女性は10.15問でした。2回目では、男性が12.1問、女性が11.8問で、男女で解けた問題数に統計的に有意な差(偶然では説明できない、意味のある差)はありませんでした(1回目よりも2回目のほうが成績が良くなるのは、徐々に計算に慣

あったとしても意欲的に取り組む態度を見ることができます。また、授業中の態度などに対する教員の主観的な評価が含まれていることもあるでしょうから、より非認知能力を計測していると言えそうです。実際に、有名な研究では、大学を4年で卒業できるかどうかは、入試のときの大学共通テストの結果よりも、高校のときの通知表の成績のほうが説明力が高いことを証明した研究もあります(*14)。しかし、ジャクソン教授は、この研究の中で非認知能力の付加価値と呼んでいる指標は、認知能力とまったく無関係であるとは言えないし、包括的に非認知能力を測定することができているとも言えないと述べています。つまり、この指標は、「認知能力の教員付加価値では計測できないもの」と考えるのが適当です。

第4章

注1 イギリスのデータにおける認知能力は、主に語彙力を計測するテストで測られています。3歳時点では、子どもたちは物の絵を見せられて、それが何かを言うように求められます。5歳と7歳のときには、カードに書かれた単語を音読することを求められます。このあとに登場するアメリカのデータにおける認知能力は、ウッドコック・ジョンソンテスト(Woodcock Johnson Achievement Test-Revised)と呼ばれるIQテストで測られており、これも言語力や語彙力の計測を行っています。さらにこのあとに登場するオーストラリアのデータにおける認知能力はピーボディー絵画語彙テスト(Peabody Picture Vocabulary Test)と呼ばれる語彙力を測るテストなど、複数の方法を用いて計測されています。非認知能力は、イギリス、アメリカ双方とも、SDQ(Strength and Difficulties Questionnaire)と呼ばれる質問紙調査で計測されています。これはイギリスの小児精神科医であるロバート・グッドマンによって開発され、2歳から17歳までの子どもの情緒や問題行動を計測することを目的に、世界的に広く用いられています。オーストラリアのデータは、SDQではないものの、SDQとよく似た25問の質問で構成される質問紙調査が用いられています。

第5章

注1 就学期の子どもを対象にした実験でも、アウトプットよりもインプットに対する金銭的インセンティブが効果的であったことは知っておくべきことです(*20)。しかし、アウトプットに目標を定めたケースがすべてうまくいかなかったわけではありません。目標設定の効果については、経済学よりも早い段階で心理学の研究対象になってきました。初期の心理学の研究のほとんどが、アウトプットに対する目標を定めると、成績が改善する傾向があることを示しています。しかし、これらの研究における目標設定と成績の関係は、因果関係とは言い難く、相関関係を示唆するものにとどまっています(*21)。しかし、経済学者がオランダの大学生を対象にして行った実験でも、アウトプットに目標を定めたとしても成績を改善する因果効果があることが示されています(*4)。このため、現時点では、インプットに目標を定めることについては成績を改善することを示す研究が多いが、アウトプットに目標を定めることの成否については議論が分かれていると言えるでしょう。

注

第1章

注1 部活動に起因する長時間労働を減らす目的で、文部科学省は公立中学校における部活動は「必ずしも教員がになう必要のない業務」とし、休日は「指導に携わる必要がない環境を構築する」という方向性を打ち出しました（*24）。また、スポーツ庁も、部活動に週2日以上の休養日を設け、1週間で11時間程度を上限とするガイドラインを発表しています。この結果、文部科学省が発表した2022年度の「教員勤務実態調査」を見ると、1週間あたりの活動日数を「6日間」と回答した教員は6.4％で、前回調査の49.2％から大幅に減少しました。公立学校の教員は、「公立の義務教育諸学校等の教育職員の給与等に関する特別措置法」（いわゆる給特法）の対象です。この法律では、時間外勤務手当を支給しない代わりに、給与月額の4％を「教職調整額」として支給するということになっています（なお、2024年4月に開催された文部科学大臣の諮問機関である中央教育審議会では、この調整額を10％以上に引き上げる案が議論されています）。つまり、部活動の指導をすると、完全にタダ働きになるわけではありませんが、実態に見合った時間外勤務手当を得られる状況にはありません。2021年4月から改正給特法が施行されており、依然として部活動に対しては、顧問等を担当する教員の裁量に委ねられています。

第2章

注1 心理学では、認知能力を「流動性知能」と「結晶性知能」の2つに分けて論じることがあります。わかりやすく言うと、前者は思考力であり、後者は知識です。一般的なIQテストは流動性知能を計測するために用いられ、学力テストは結晶性知能を計測するために用いられます。両者の相関が強いことを示す研究は少なくありません。いずれにせよ、認知能力が「読み・書き・そろばん」といった非常に狭い範囲の能力を計測しているわけではないという点には注意が必要です。

注2 本書では、1ドル＝150円として計算しています。

注3 しかし、オランダの12歳の4891組の双生児のデータを用いた研究は、自制心ややり抜く力が学力の分散の28.4％を説明するのにもかかわらず、遺伝の影響を取り除くとたった4.4％しか説明できなくなるということを示しており、過去の研究が遺伝の影響を適切に制御することができていない可能性を指摘している点には注意が必要です（*28）。

第3章

注1 この研究における認知能力は学力テストの成績を用いていますが、非認知能力は、学校の通知表の成績、進級、欠席、停学の4つの情報を主成分分析と呼ばれる方法を用いて1つの変数にしたものです。読者の皆さんの中には、「どうして学校の通知表の成績が非認知能力なのか」と不思議に思った方もいるのではないでしょうか。実は、学力テストの成績と比較すると、学校の通知表の成績は非認知能力との相関が強いということがわかっています。学校の通知表には、美術や音楽、家庭科などの科目の成績も含まれますから、受験に関係のない科目で

*9 Watts, T. W., Duncan, G. J., & Quan, H. (2018). Revisiting the marshmallow test: A conceptual replication investigating links between early delay of gratification and later outcomes. *Psychological Science*, 29(7), 1159–1177.

*10 Moffitt, T. E., Arseneault, L., Belsky, D., Dickson, N., Hancox, R. J., Harrington, H., Houts, R., Poulton, R., Roberts, B. W., Ross, S., Sears, M. R., Thomson, W. M., & Caspi, A. (2011). A gradient of childhood self-control predicts health, wealth, and public safety. *Proceedings of the National Academy of Sciences*, 108(7), 2693–2698.

*11 Baker, M. (2016). 1,500 scientists lift the lid on reproducibility. *Nature*, 533, 452–454.

*12 Banerjee, A., Banerji, R., Berry, J., Duflo, E., Kannan, H., Mukerji, S., Shotland, M. & Walton, M. (2017). From proof of concept to scalable policies: Challenges and solutions, with an application. *Journal of Economic Perspectives*, 31(4), 73–102.

*13 Einav, L., & Levin, J. (2014). Economics in the age of big data. *Science*, 346(6210), 1243089.

*14 Chetty, R., Friedman, J. N., Stepner, M., & Opportunity Insights Team (2024). The economic impacts of COVID-19: Evidence from a new public database built using private sector data. *Quarterly Journal of Economics*, 139(2), 829–889.

*15 矢野眞和・濱中淳子・小川和孝『教育劣位社会：教育費をめぐる世論の社会学』岩波書店、2016年

*16 Hendren, N., & Sprung-Keyser, B. (2020). A unified welfare analysis of government policies. *Quarterly Journal of Economics*, 135(3), 1209–1318.

Chetty, R., Friedman, J. N., & Rockoff, J. E. (2014b). Measuring the impacts of teachers II: Teacher value-added and student outcomes in adulthood. *American Economic Review*, 104(9), 2633–2679.

＊36 McCord, J. (1978). A thirty-year follow-up of treatment effects. *American Psychologist*, 33(3), 284.

＊37 文部科学省、「令和3年度地方教育費調査結果」

＊38 OECD, Education at a Glance 2023
https://www.oecd.org/en/publications/2023/09/education-at-a-glance-2023_581c9602.html

＊39 Coleman, J. S. (1968). Equality of educational opportunity. *Integrated education*, 6(5), 19–28.

＊40 Hanushek, E. A. (1989). Expenditures, efficiency, and equity in education: The federal government's role. *American Economic Review*, 79(2), 46–51.

＊41 Hedges, L. V., Laine, R. D., & Greenwald, R. (1994a). An exchange: Part I: Does money matter? A meta-analysis of studies of the effects of differential school inputs on student outcomes. *Educational Researcher*, 23(3), 5–14; Hanushek, E. A. (1994). Money might matter somewhere: A response to Hedges, Laine, and Greenwald. *Educational Researcher*, 23(4), 5–8; Hedges, L. V., Laine, R. D., & Greenwald, R. (1994b). Money does matter somewhere: A reply to Hanushek. *Educational Researcher*, 23(4), 9–10.

＊42 Jackson, C. K., Johnson, R. C., & Persico, C. (2016). The Effects of school spending on educational and economic outcomes: Evidence from school finance reforms. *Quarterly Journal of Economics*, 131(1), 157–218.

＊43 Hoxby, C. M. (2001). All school finance equalizations are not created equal. *Quarterly Journal of Economics*, 116(4), 1189–1231.

＊44 Mishel, L., & Rothstein, R. (2002). *The class size debate* (p. 3). Krueger A. B., Hanushek E. A., & Rice, J. K. (Eds.). Washington, DC: Economic Policy Institute.

第10章　エビデンスはいつも必ず正しいのか？

＊1 全日本教職員組合「〈記者発表資料〉『教育に穴があく（教職員未配置）』実態調査結果（5月）について」2024年7月18日
https://www.zenkyo.jp/_cms/wp-content/uploads/2024/07/24-07-18【記者発表資料】「教育に穴があく」（24年5月）調査結果.pdf

＊2 「『もう、やってられない』中教審で現場教師の本音訴え」教育新聞、2019年10月4日
https://www.kyobun.co.jp/article/20191004-04

＊3 「揺らぐ人材立国――青山学院大教授小針誠氏、指導要領、現場の声聞いて（教育岩盤）」『日本経済新聞』、2022年5月13日朝刊、38頁

＊4 Pane, J. F., Griffin, B. A., McCaffrey, D. F., & Karam, R. (2014). Effectiveness of cognitive tutor algebra I at scale. *Educational Evaluation and Policy Analysis*, 36(2), 127–144.

＊5 Al-Ubaydli, O., Lai, C.-Y., & List, J. A. (2023). A simple rational expectations model of the voltage effect. NBER Working Paper Series, 30850.

＊6 Bold, T., Kimenyi, M., Mwabu, G., Ng'ang'a, A., & Sandefur, J. (2018). Experimental evidence on scaling up education reforms in Kenya. *Journal of Public Economics*, 168, 1–20.

＊7 Vivalt, E. (2020). How much can we generalize from impact evaluations?. *Journal of the European Economic Association*, 18(6), 3045–3089.

＊8 Mischel, W., Shoda, Y., & Rodriguez, M. L. (1989). Delay of gratification in children. *Science*, 244(4907), 933–938.

from a randomized experiment in Colombia. The World Bank Policy Research Working Paper, 4836 ; Malamud, O., & Pop-Eleches, C. (2011). Home computer use and the development of human capital. *Quarterly Journal of Economics*, 126(2), 987–1027; Cristia, J., Ibarrarán, P., Cueto, S., Santiago, A., & Severín, E. (2017). Technology and child development: Evidence from the one laptop per child program. *American Economic Journal: Applied Economics*, 9(3), 295–320; Beuermann, D. W., Cristia, J., Cueto, S., Malamud, O., & Cruz-Aguayo, Y. (2015). One laptop per child at home: Short-term impacts from a randomized experiment in Peru. *American Economic Journal: Applied Economics*, 7(2), 53–80; Hall, C., Lundin, M., & Sibbmark, K. (2021). A laptop for every child? The impact of technology on human capital formation. *Labour Economics*, 69, 101957.

＊23 Fairlie, R. W., & Robinson, J. (2013). Experimental evidence on the effects of home computers on academic achievement among school children. *American Economic Journal: Applied Economics*, 5(3), 211–240; Fairlie, R. W., & Kalil, A. (2017). The effects of computers on children's social development and school participation: Evidence from a randomized control experiment. *Economics of Education Review*, 57, 10–19.

＊24 Muralidharan, K., Singh, A., & Ganimian, A. J. (2019). Disrupting education? Experimental evidence on technology-aided instruction in India. *American Economic Review*, 109(4), 1426–1460.

＊25 Ito, H., Kasai, K., Nishiuchi, H., & Nakamuro, M. (2021). Does computer-aided instruction improve children's cognitive and noncognitive skills?. *Asian Development Review*, 38(1), 98–118.

＊26 Escueta, M., Nickow, A. J., Oreopoulos, P., & Quan, V. (2020). Upgrading education with technology: Insights from experimental research. *Journal of Economic Literature*, 58(4), 897–996.

＊27 Duflo, E., Dupas, P., & Kremer, M. (2011). Peer effects, teacher incentives, and the impact of tracking: Evidence from a randomized evaluation in Kenya. *American Economic Review*, 101(5), 1739–1774.

＊28 Sawada, Y., Mahmud, M., Seki, M., & Kawarazaki, H. (2024). Fighting the learning crisis in developing countries: A randomized experiment of self-learning at the right level. *Economic Development and Cultural Change*, 72(4), 1893–1921.

＊29 Bianchi, N., Lu, Y., & Song, H. (2022). The effect of computer-assisted learning on students' long-term development. *Journal of Development Economics*, 158, 102919.

＊30 Beg, S., Halim, W., Lucas, A. M., & Saif, U. (2022). Engaging teachers with technology increased achievement, bypassing teachers did not. *American Economic Journal: Economic Policy*, 14(2), 61–90.

＊31 Pane, J. F., Griffin, B. A., McCaffrey, D. F., & Karam, R. (2014). Effectiveness of cognitive tutor algebra I at scale. *Educational Evaluation and Policy Analysis*, 36(2), 127–144.

＊32 Bettinger, E., Fairlie, R., Kapuza, A., Kardanova, E., Loyalka, P., & Zakharov, A. (2023). Diminishing marginal returns to computer-assisted learning. *Journal of Policy Analysis and Management*, 42(2), 552–570.

＊33 Sung, Y.-T., Chang, K.-E., & Liu, T. C. (2016). The effects of integrating mobile devices with teaching and learning on students' learning performance: A meta-analysis and research synthesis. *Computers & Education*, 94, 252–275.

＊34 Glewwe, P., & Muralidharan, K. (2016). Improving education outcomes in developing countries: Evidence, knowledge gaps, and policy implications. In *Handbook of the Economics of Education* (Vol. 5, pp. 653–743). Elsevier.

＊35 Chetty, R., Friedman, J. N., & Rockoff, J. E. (2014a). Measuring the impacts of teachers I: Evaluating bias in teacher value-added estimates. *American Economic Review*, 104(9), 2593–2632;

*10 Puma, M., Bell, S., Cook, R., Heid, C., Broene, P., Jenkins, F., Mashburn, A., & Downer, J. (2012). Third grade follow-up to the head start impact study: Final report. OPRE Report, 2012–45. Administration for Children & Families; Durkin, K., Lipsey, M. W., Farran, D. C., & Wiesen, S. E. (2022). Effects of a statewide pre-kindergarten program on children's achievement and behavior through sixth grade. *Developmental Psychology*, 58(3), 470–484; Peisner-Feinberg, E., Kuhn, L., Zadrozny, S., Foster, T., & Burchinal, M. (2020). Kindergarten follow-up findings from a small-scale RCT study of the North Carolina Pre-Kindergarten Program. The University of North Carolina, School of Education; Woodyard, H. T., Sass, T. R., & Fazlul, I. (2023). Assessing the benefits of education in early childhood: Evidence from a pre-K lottery in Georgia. EdWorkingPaper, 23–880. Annenberg Institute at Brown University; McCormick, M., Weiland, C., Hsueh, J., Pralica, M., Weissman, A. K., Moffett, L., Snow, C., & Sachs, J. (2021). Is skill type the key to the preK fadeout puzzle? Differential associations between enrollment in preK and constrained and unconstrained skills across kindergarten. *Child Development*, 92(4), e599–e620.

*11 Whitaker, A. A., Burchinal, M., Jenkins, J. M., Bailey, D. H., Watts, T. W., Duncan, G. J., Hart, E. R., & Peisner-Feinberg, E. S. (2023). Why are preschool programs becoming less effective?. EdWorkingPaper: 23–885. Annenberg Institute at Brown University; Hart, E. R., Bailey, D. H., Luo, S., Sengupta, P., & Watts, T. W. (2023). Do intervention impacts on social-emotional skills persist at higher rates than impacts on cognitive skills? A meta-analysis of educational RCTs with follow-up. EdWorkingPaper: 23–782. Annenberg Institute at Brown University.

*12 Campbell, F. A., Pungello, E. P., Burchinal, M., Kainz, K., Pan, Y., Wasik, B. H., Barbarin, O. A., Sparling, J. J., & Ramey, C. T. (2012). Adult outcomes as a function of an early childhood educational program: An Abecedarian Project follow-up. *Developmental Psychology*, 48(4), 1033.

*13 中西さやか・境愛一郎・中坪史典「子どもの『今，ここ』という視点は保育者に何をもたらすのか：保育カンファレンスでの議論に着目して」『幼年教育研究年報』第35巻、45-51頁、2013年

*14 Markowitz, A. J., & Ansari, A. (2020). Changes in academic instructional experiences in Head Start classrooms from 2001–2015. *Early Childhood Research Quarterly*, 53, 534–550; Coelho, V., Åström, F., Nesbitt, K., Sjöman, M., Farran, D., Björck-Åkesson, E., Christopher, C., Granlund, M., Almqvist, L., Grande, C., & Pinto, A. I. (2021). Preschool practices in Sweden, Portugal, and the United States. *Early Childhood Research Quarterly*, 55, 79–96.

*15 Christopher, C., & Farran, D. (2020). Academic gains in kindergarten related to eight classroom practices. *Early Childhood Research Quarterly*, 53, 638–649.

*16 千葉県「保育の質の充実に向けた調査事業の実施結果について」
https://www.pref.chiba.lg.jp/kosodate/hoikusho/hoikunoshitsutyousakekka.html

*17 Stipek, D. J., & Byler, P. (1997). Early childhood education teachers: Do they practice what they preach?. *Early Childhood Research Quarterly*, 12(3), 305–325.

*18 Mocan, N. (2007). Can consumers detect lemons? An empirical analysis of information asymmetry in the market for child care. *Journal of Population Economics*, 20, 743–780.

*19 藤澤啓子・杉田壮一朗・深井太洋・中室牧子「福祉サービス第三者評価と保育の質との関連：現状と課題」RIETI Discussion Paper Series、22–J–042、2022年

*20 Drange, N., & Telle, K. (2020). Segregation in a universal child care system: Descriptive findings from Norway. *European Sociological Review*, 36(6), 886–901.

*21 Blau, D. M. (2007). Unintended consequences of child care regulations. *Labour Economics*, 14(3), 513–538.

*22 Barrera-Osorio, F., & Linden, L. L. (2009). The use and misuse of computers in education: Evidence

A., & Ariely, D. (2010). Matching and sorting in online dating. *American Economic Review*, 100(1), 130–163.

＊28 大津市「小中学校における児童生徒のリーダーシップ及び男女共同参画に関する調査 最終報告書」令和2年3月
https://www.city.otsu.lg.jp/material/files/group/111/gendersurveyresurtreport.pdf

＊29 Ahern, K. R., & Dittmar, A. K. (2012). The changing of the boards: The impact on firm valuation of mandated female board representation. *Quarterly Journal of Economics*, 127(1), 137–197.

＊30 Niederle, M., Segal, C., & Vesterlund, L. (2013). How costly is diversity? Affirmative action in light of gender differences in competitiveness. *Management Science*, 59(1), 1–16.

＊31 Beaman, L., Duflo, E., Pande, R., & Topalova, P. (2012). Female leadership raises aspirations and educational attainment for girls: A policy experiment in India. *Science*, 335(6068), 582–586.

＊32 Porter, C., & Serra, D. (2020). Gender differences in the choice of major: The importance of female role models. *American Economic Journal: Applied Economics*, 12(3), 226–254.

＊33 Besley, T., Folke, O., Persson, T., & Rickne, J. (2017). Gender quotas and the crisis of the mediocre man: Theory and evidence from Sweden. *American Economic Review*, 107(8), 2204–2242.

＊34 Markowsky, E., & Beblo, M. (2022).When do we observe a gender gap in competition entry? A meta-analysis of the experimental literature. *Journal of Economic Behavior & Organization*, 198, 139–163.

＊35 Lee, S., Niederle, M., & Kang, N. (2014). Do single-sex schools make girls more competitive?. *Economics Letters*, 124(3), 474–477.

第9章 日本の教育政策は間違っているのか？

＊1 Heckman, J. J., Moon, S. H., Pinto, R., Savelyev, P. A., & Yavitz, A. (2010). The rate of return to the HighScope Perry Preschool Program. *Journal of Public Economics*, 94(1–2), 114–128.

＊2 Baker, M., Gruber, J., & Milligan, K. (2008). Universal child care, maternal labor supply, and family well-being. *Journal of Political Economy*, 116(4), 709–745.

＊3 Baker, M., Gruber, J., & Milligan, K. (2019). The long-run impacts of a universal child care program. *American Economic Journal: Economic Policy*, 11(3), 1–26.

＊4 Vandell, D. L., Belsky, J., Burchinal, M., Steinberg, L., Vandergrift, N., & NICHD Early Child Care Research Network. (2010). Do effects of early child care extend to age 15 years? Results from the NICHD study of early child care and youth development. *Child Development*, 81(3), 737–756.

＊5 Japel, C. (2009). What a difference a decade makes: Counting the benefits of investment in early childhood development in Quebec. *Paediatrics & Child Health*, 14(10), 662–663.

＊6 文部科学省、「令和5年度学校基本調査」

＊7 Peisner-Feinberg, E. S., Burchinal, M. R., Clifford, R. M., Culkin, M. L., Howes, C., Kagan, S. L., & Yazejian, N. (2001). The relation of preschool child-care quality to children's cognitive and social developmental trajectories through second grade. *Child Development*, 72(5), 1534–1553.

＊8 Fujisawa, K. K., Fukai, T., Le. Q. C., & Nakamuro, M. (2024). Analyzing Childcare Quality: Impacts on child development and parental mental health, and effectiveness of professional development. RIETI Discussion Paper Series, 24–E–058.

＊9 Sato, K., Fukai, T., Fujisawa, K. K., & Nakamuro, M. (2023). Association between the COVID-19 pandemic and early childhood development. *JAMA pediatrics*, 177(9), 930–938.

60-73頁、2009年

*10 Buser, T., Niederle, M., & Oosterbeek, H. (2021). Can competitiveness predict education and labor market outcomes? Evidence from incentivized choice and survey measures. NBER Working Paper, No. 28916.

*11 Reuben, E., Sapienza, P., & Zingales, L. (2015). Taste for competition and the gender gap among young business professionals. Columbia Business School Research Paper, 15–92.

*12 Flory, J. A., Leibbrandt, A., & List, J. A. (2015). Do competitive workplaces deter female workers? A large-scale natural field experiment on job entry decisions. *Review of Economic Studies*, 82(1), 122–155.

*13 Buser, T., Niederle, M., & Oosterbeek, H. (2014). Gender, competitiveness, and career choices. *Quarterly Journal of Economics*, 129(3), 1409–1447.

*14 Buser, T., Peter, N., & Wolter, S. C. (2017). Gender, competitiveness, and study choices in high school: Evidence from Switzerland. *American Economic Review*, 107(5), 125–130.

*15 Apicella, C. L., Dreber, A., Gray, P. B., Hoffman, M., Little, A. C., & Campbell, B. C. (2011). Androgens and competitiveness in men. *Journal of Neuroscience, Psychology, and Economics*, 4(1), 54–62.

*16 Gneezy, U., Niederle, M., & Rustichini, A. (2003). Performance in competitive environments: Gender differences. *Quarterly Journal of Economics*, 118(3), 1049–1074.

*17 Andersen, S., Ertac, S., Gneezy, U., List, J. A., & Maximiano, S. (2013). Gender, competitiveness, and socialization at a young age: Evidence from a matrilineal and a patriarchal society. *Review of Economics and Statistics*, 95(4), 1438–1443.

*18 Booth, A., Fan, E., Meng, X., & Zhang, D. (2019). Gender differences in willingness to compete: The role of culture and institutions. *Economic Journal*, 129(618), 734–764.

*19 Apicella, C. L., Demiral, E. E., & Mollerstrom, J. (2017). No gender difference in willingness to compete when competing against self. *American Economic Review*, 107(5), 136–140.

*20 Tungodden, J., & Willén, A. (2023). When parents decide: Gender differences in competitiveness. *Journal of Political Economy*, 131(3), 751–801.

*21 Booth, A., & Nolen, P. (2012). Choosing to compete: How different are girls and boys?. *Journal of Economic Behavior & Organization*, 81(2), 542–555.

*22 Tavani, C. M., & Losh, S. C. (2003). Motivation, self-confidence, and expectations as predictors of the academic performances among our high school students. *Child Study Journal*, 33(3), 141–152.

*23 Costa Jr, P. T., Terracciano, A., & McCrae, R. R. (2001). Gender differences in personality traits across cultures: robust and surprising findings. *Journal of Personality and Social Psychology*, 81(2), 322–331.

*24 Booth, A. L., & Nolen, P. (2012). Gender differences in risk behaviour: Does nurture matter?. *Economic Journal*, 122(558), F56-F78.

*25 「仏教に根ざした 女子が伸びる教育」寺子屋朝日、2019年6月14日
https://terakoya.asahi.com/ads/manabi/20190614/page01.html

*26 Bursztyn, L., Fujiwara, T., & Pallais, A. (2017). 'Acting Wife': Marriage market incentives and labor market investments. *American Economic Review*, 107(11), 3288–3319.

*27 Greitemeyer, T. (2007). What do men and women want in a partner? Are educated partners always more desirable?. *Journal of Experimental Social Psychology*, 43(2), 180–194; Hitsch, G. J., Hortaçsu,

Exposure to more female peers widens the gender gap in STEM participation. *Journal of Labor Economics*, 38(4), 1009–1054.

*19 Kim, H. J. K., Ahn, C., Behrman, J. R., Choi, J., Dimant, E., Hannum, E., Lee, A. H.-Y., Mutz, D., & Park, H. (2024). The long-run causal effects of single-sex schooling on work-related outcomes in South Korea. *Research in Social Stratification and Mobility*, 89, 100876.

*20 Sullivan, A., Joshi, H., & Leonard, D. (2011). Single-sex schooling and labour market outcomes. *Oxford Review of Education*, 37(3), 311–332.

*21 Lee, Y., & Nakazawa, N. (2022). Does single-sex schooling help or hurt labor market outcomes? Evidence from a natural experiment in South Korea. *Journal of Public Economics*, 214, 104729.

*22 Bigler, R. S. & Liben, L. S. (2007). Developmental intergroup theory: Explaining and reducing children's social stereotyping and prejudice. *Current Directions in Psychological Science*, 16(3), 162–166.

*23 Hara, H., & Rodriguez-Planas, N. (2023). Long-term consequences of teaching gender roles: evidence from desegregating industrial arts and home economics in japan. *Journal of Labor Economics*.

*24 Autor, D, Figlio, D., Karbownik, K., Roth, J., & Wasserman, M. (2016). School quality and the gender gap in educational achievement. *American Economic Review*, 106(5), 289–95.

*25 Autor, D., Figlio, D., Karbownik, K., Roth, J., & Wasserman, M. (2019). Family disadvantage and the gender gap in behavioral and educational outcomes. *American Economic Journal: Applied Economics*, 11(3), 338–381.

第8章　男子と女子は何が違うのか？

*1 Jagelka, T. (2024). Are economists' preferences psychologists' personality traits? A structural approach. *Journal of Political Economy*, 132(3), 910–970.

*2 Almlund, M., Duckworth, A. L., Heckman, J., & Kautz, T. (2011). Personality psychology and economics. In *Handbook of the Economics of Education* (Vol. 4, pp. 1–181). Elsevier.

*3 Niederle, M., & Vesterlund, L. (2007). Do women shy away from competition? Do men compete too much?. *Quarterly Journal of Economics*, 122(3), 1067–1101.

*4 Markowsky, E., & Beblo, M. (2022). When do we observe a gender gap in competition entry? A meta-analysis of the experimental literature. *Journal of Economic Behavior & Organization*, 198, 139–163.

*5 Okudaira, H., Kinari, Y., Mizutani, N., Ohtake, F., & Kawaguchi, A. (2015). Older sisters and younger brothers: The impact of siblings on preference for competition. *Personality and Individual Differences*, 82, 81–89.

*6 Yagasaki, M., & Nakamuro, M. (2018). Competitiveness, risk Attitudes, and the gender gap in math achievement. RIETI Discussion Paper Series, 18–E–066.

*7 Gneezy, U., & Rustichini, A. (2004). Gender and competition at a young age. *American Economic Review*, 94(2), 377–381.

*8 Booth, A., & Yamamura, E. (2018). Performance in mixed-sex and single-sex competitions: What we can learn from speedboat races in Japan. *Review of Economics and Statistics*, 100(4), 581–593.

*9 水谷徳子・奥平寛子・木成勇介・大竹文雄「自信過剰が男性を競争させる」『行動経済学』2号、

*3 Mael, F., Alonso, A., Gibson, D., Rogers, K., & Smith, M. (2005). Single-sex versus coeducational schooling: A systematic review. US Department of Education.

*4 Halpern, D. F., Eliot, L., Bigler, R. S., Fabes, R. A., Hanish, L. D., Hyde, J., Liben, L. S., & Martin, C. L. (2011). The pseudoscience of single-sex schooling. *Science*, 333(6050), 1706–1707.

*5 Hayes, A. R., Pahlke, E. E., & Bigler, R. S. (2011). The efficacy of single-sex education: Testing for selection and peer quality effects. *Sex Roles*, 65(9–10), 693–703.

*6 Park, H., Behrman, J. R., & Choi, J. (2013). Causal effects of single-sex schools on college entrance exams and college attendance: Random assignment in Seoul high schools. *Demography*, 50(2), 447–469.

*7 Choi, J., Park, H., & Behrman, J. R. (2015). Separating boys and girls and increasing weight? Assessing the impacts of single-sex schools through random assignment in Seoul. *Social Science & Medicine*, 134, 1–11.

*8 Choi, E. J., Moon, H. R., & Ridder, G. (2014). Estimation of an education production function under random assignment with selection. *American Economic Review*, 104(5), 206–211.

*9 Jackson, C. K. (2012). Single-sex schools, student achievement, and course selection: Evidence from rule-based student assignments in Trinidad and Tobago. *Journal of Public Economics*, 96(1–2), 173–187.

*10 Park, H., Behrman, J. R., & Choi, J. (2018). Do single-sex schools enhance students' STEM (science, technology, engineering, and mathematics) outcomes?. *Economics of Education Review*, 62, 35–47.

*11 Doris, A., O'Neill, D., & Sweetman, O. (2013). Gender, single-sex schooling and maths achievement. *Economics of Education Review*, 35, 104–119.

*12 Carrell, S. E., Page, M. E., & West, J. E. (2010). Sex and science: How professor gender perpetuates the gender gap. *Quarterly Journal of Economics*, 125(3), 1101–1144; Antecol, H., Eren, O., & Ozbeklik, S. (2015). The effect of teacher gender on student achievement in primary school. *Journal of Labor Economics*, 33(1), 63–89; Lim, J., & Meer, J. (2017). The impact of teacher–student gender matches :Random assignment evidence from South Korea. *Journal of Human Resources*, 52(4), 979–997.

*13 Spencer, S. J., Steele, C. M., & Quinn, D. M. (1999). Stereotype threat and women's math performance. *Journal of Experimental Social Psychology*, 35(1), 4–28.

*14 Booth, A. L., Cardona-Sosa, L., & Nolen, P. (2018). Do single-sex classes affect academic achievement? An experiment in a coeducational university. *Journal of Public Economics*, 168, 109–126.

*15 Eisenkopf, G., Hessami, Z., Fischbacher, U., & Ursprung, H. W. (2015). Academic performance and single-sex schooling: Evidence from a natural experiment in Switzerland. *Journal of Economic Behavior & Organization*, 115, 123–143.

*16 Kessels, U., & Hannover, B. (2008). When being a girl matters less: Accessibility of gender-related self-knowledge in single-sex and coeducational classes and its impact on students' physics-related self-concept of ability. *British Journal of Educational Psychology*, 78(2), 273–289.

*17 Calkins, A., Binder, A. J., Shaat, D., & Timpe, B. (2023). When sarah meets lawrence: The effects of coeducation on women's college major choices. *American Economic Journal: Applied Economics*, 15(3), 1–34.

*18 Jackson, C. K. (2012); Zölitz, U., & Feld, J. (2021). The effect of peer gender on major choice in business school. *Management Science*, 67(11), 6963–6979; Brenøe, A. A., & Zölitz, U. (2020).

*17 Pop-Eleches, C., & Urquiola, M. (2013). Going to a better school: Effects and behavioral responses. *American Economic Review*, 103(4), 1289–1324.

*18 Azmat, G., & Iriberri, N. (2010). The importance of relative performance feedback information: Evidence from a natural experiment using high school students. *Journal of Public Economics*, 94(7–8), 435–452; Bandiera, O., Larcinese, V., & Rasul, I. (2015). Blissful ignorance? A natural experiment on the effect of feedback on students' performance. *Labour Economics*, 34, 13–25; Tran, A., & Zeckhauser, R. (2012). Rank as an inherent incentive: Evidence from a field experiment. *Journal of Public Economics*, 96(9–10), 645–650.

*19 Villeval, M. C. (2020). Performance feedback and peer effects. (pp. 1–38). Springer International Publishing.

*20 Tincani, M. (2017). Heterogeneous peer effects and rank concerns: Theory and evidence. Mimeo

*21 Hermes, H., Huschens, M., Rothlauf, F., & Schunk, D. (2021). Motivating low-achievers—Relative performance feedback in primary schools. *Journal of Economic Behavior & Organization*, 187, 45–59.

*22 Dobrescu, L. I., Faravelli, M., Megalokonomou, R., & Motta, A. (2021). Relative performance feedback in education: Evidence from a randomised controlled trial. *Economic Journal*, 131(640), 3145–3181.

*23 Barrera-Osorio, F., Gonzalez, K., Lagos, F., & Deming, D. J. (2020). Providing performance information in education: An experimental evaluation in Colombia. *Journal of Public Economics*, 186, 104185.

*24 Dizon-Ross, R. (2019). Parents' beliefs about their children's academic ability: Implications for educational investments. *American Economic Review*, 109(8), 2728–2765.

*25 Stinebrickner, T., & Stinebrickner, R. (2012). Learning about academic ability and the college dropout decision. *Journal of Labor Economics*, 30(4), 707–748.

*26 「『大東亜以下』メールは学歴フィルター？　マイナビの誤送信で波紋」朝日新聞デジタル、2021年12月25日
https://digital.asahi.com/articles/ASPDS6470PDGUTIL05Y.html

*27 Conley, J. P., & Onder, A. S. (2013). An empirical guide to hiring assistant professors in economics. Vanderbilt University Department of Economics Working Papers, 13-00009.

*28 Marsh, H. W. (1987). The big-fish-little-pond effect on academic self-concept. *Journal of Educational Psychology*, 79(3), 280–295.

*29 Fang, J., Huang, X., Zhang, M., Huang, F., Li, Z., & Yuan, Q. (2018). The big-fish-little-pond effect on academic self-concept: A meta-analysis. *Frontiers in Psychology*, 9, 1569.

*30 Stouffer, S. A., Suchman, E. A., DeVinney, L. C., Star, S. A., & Williams Jr, R. M. (1949). *The American soldier: Adjustment during army life*. In Princeton, NJ, Princeton University Press.

*31 石田淳「相対的剝奪の社会学」『人間科学研究』6号、84-96頁、2012年

*32 Lavy, V., Silva, O., & Weinhardt, F. (2012). The good, the bad, and the average: Evidence on ability peer effects in schools. *Journal of Labor Economics*, 30(2), 367–414.

第7章　別学と共学、どちらがいいのか？

*1 文部科学省「学校基本調査」2023年度

*2 「大学入試：2024年入試速報・第5弾　大学合格者高校別ランキング　東大・京大」『サンデー毎日』3月31日号、110頁、2024年

2×2 achievement goal framework. *Journal of Personality and Social Psychology*, 80(3), 501–519; Barron, K. E., & Harackiewicz, J. M. (2003). Revisiting the benefits of performance-approach goals in the college classroom: Exploring the role of goals in advanced college courses. *International Journal of Educational Research*, 39(4–5), 357–374; Darnon, C., Butera, F., Mugny, G., Quiamzade, A., & Hulleman, C. S. (2009). "Too complex for me!" Why do performance-approach and performance-avoidance goals predict exam performance?. *European Journal of Psychology of Education*, 24, 423–434.

第6章 「第1志望のビリ」と「第2志望の1位」、どちらが有利なのか？

＊1 Hastings, J. S., Kane, T. J., & Staiger, D. O. (2009). Heterogeneous preferences and the efficacy of public school choice. NBER Working Paper, 2145.

＊2 Sacerdote, B. (2011). Peer effects in education: How might they work, how big are they and how much do we know thus far?. In *Handbook of the Economics of Education* (Vol. 3, pp. 249–277). Elsevier; Sacerdote, B. (2014). Experimental and quasi-experimental analysis of peer effects: Two steps forward?. *Annual Review of Economics*, 6, 253–272.

＊3 Burke, M. A., & Sass, T. R. (2013). Classroom peer effects and student achievement. *Journal of Labor Economics*, 31(1), 51–82.

＊4 Carrell, S. E., Sacerdote, B. I., & West, J. E. (2013). From natural variation to optimal policy? The importance of endogenous peer group formation. *Econometrica*, 81(3), 855–882.

＊5 Booij, A. S., Leuven, E., & Oosterbeek, H. (2017). Ability peer effects in university: Evidence from a randomized experiment. *Review of Economic Studies*, 84(2), 547–578.

＊6 五十棲浩二・伊藤寛武・中室牧子「日本における『小さな池の大魚効果』：校内順位の高さは学力向上をもたらすか」『日本経済研究』80号、57-85頁、2022年

＊7 Murphy, R., & Weinhardt, F. (2020). Top of the class: The importance of ordinal rank. *Review of Economic Studies*, 87(6), 2777–2826.

＊8 Denning, J. T., Murphy, R., & Weinhardt, F. (2023). Class rank and long-run outcomes. *Review of Economics and Statistics*, 105(6), 1426–1441.

＊9 Yu, H. (2020). Am I the big fish? The effect of ordinal rank on student academic performance in middle school. *Journal of Economic Behavior & Organization*, 176, 18–41.

＊10 Zax, J. S., & Rees, D. I. (2002). IQ, academic performance, environment, and earnings. *Review of Economics and Statistics*, 84(4), 600–616.

＊11 Elsner, B., & Isphording, I. E. (2018). Rank, sex, drugs, and crime. *Journal of Human Resources*, 53(2), 356–381.

＊12 Pagani, L., Comi, S., & Origo, F. (2021). The effect of school rank on personality traits. *Journal of Human Resources*, 56(4), 1187–1225.

＊13 Kiessling, L., & Norris, J. (2023). The long-run effects of peers on mental health. *Economic Journal*, 133(649), 281–322.

＊14 Kinsler, J., & Pavan, R. (2021). Local distortions in parental beliefs over child skill. *Journal of Political Economy*, 129(1), 81–100.

＊15 Elsner, B., & Isphording, I. E. (2017). A big fish in a small pond: Ability rank and human capital investment. *Journal of Labor Economics*, 35(3), 787–828.

＊16 Goulas, S., & Megalokonomou, R. (2021). Knowing who you actually are: The effect of feedback on short- and longer-term outcomes. *Journal of Economic Behavior & Organization*, 183, 589–615.

Pintrich, P. R. (2000). The role of goal orientation in self-regulated learning. In M. Boekaerts, P. R. Pintrich, & M. Zeidner (Eds.), *Handbook of Self-regulation* (pp. 452–502). San Diego, CA: Academic Press.

*8 Charness, G., & Gneezy, U. (2009). Incentives to exercise. *Econometrica*, 77(3), 909–931.

*9 Angrist, J., & Lavy, V. (2009). The effects of high stakes high school achievement awards: Evidence from a randomized trial. *American Economic Review*, 99(4), 1384–1414; Angrist, J., Lang, D., & Oreopoulos, P. (2009). Incentives and services for college achievement: Evidence from a randomized trial. *American Economic Journal: Applied Economics*, 1(1), 136–163; Kremer, M., Miguel, E., & Thornton, R. (2009). Incentives to learn. *Review of Economics and Statistics*, 91(3), 437–456.

*10 Acland, D., & Levy, M. R. (2015). Naiveté, projection bias, and habit formation in gym attendance. *Management Science*, 61(1), 146–160; Royer, H., Stehr, M., & Sydnor, J. (2015). Incentives, commitments, and habit formation in exercise: Evidence from a field experiment with workers at a fortune-500 company. *American Economic Journal: Applied Economics*, 7(3), 51–84.

*11 Loewenstein, G., Price, J., & Volpp, K. (2016). Habit formation in children: Evidence from incentives for healthy eating. *Journal of Health Economics*, 45, 47–54.

*12 Mas, A., & Moretti, E. (2009). Peers at work. *American Economic Review*, 99(1), 112–145.

*13 Hamilton, B. H., Nickerson, J. A., & Owan, H. (2003). Team incentives and worker heterogeneity: An empirical analysis of the impact of teams on productivity and participation. *Journal of Political Economy*, 111(3), 465–497.

*14 Babcock, P., Bedard, K., Charness, G., Hartman, J., & Royer, H. (2015). Letting down the team? Social effects of team incentives. *Journal of the European Economic Association*, 13(5), 841–870.

*15 Kandel, E., & Lazear, E. P. (1992). Peer pressure and partnerships. *Journal of Political Economy*, 100(4), 801–817.

*16 Babcock, P., Bedard, K., Fischer, S., & Hartman, J. (2020). Coordination and contagion: Individual connections and peer mechanisms in a randomized field experiment. *Journal of Public Economics*, 185, 104069.

*17 Kamei, K., & Ashworth, J. (2023). Peer learning in teams and work performance: Evidence from a randomized field experiment. *Journal of Economic Behavior & Organization*, 207, 413–432.

*18 Damgaard, M. T., & Nielsen, H. S. (2018). Nudging in education. *Economics of Education Review*, 64, 313–342; Damgaard, M. T., & Nielsen, H. S. (2020). Behavioral economics and nudging in education: Evidence from the field. In *The Economics of Education* (pp. 21–35). Academic Press.

*19 Bergman, P. (2021). Parent-child information frictions and human capital investment: Evidence from a field experiment. *Journal of Political Economy*, 129(1), 286–322.

*20 Allan, B. M., & Fryer Jr, R. G. (2011). *The power and pitfalls of education incentives*. Brookings Institution, Hamilton Project; Fryer Jr, R. G. (2011). Financial incentives and student achievement: Evidence from randomized trials. *Quarterly Journal of Economics*, 126(4), 1755–1798.

*21 Zimmerman, B. J., & Bandura, A. (1994). Impact of self-regulatory influences on writing course attainment. *American Educational Research Journal*, 31(4), 845–862; Schutz, P. A., & Lanehart, S. L. (1994). Long-term educational goals, subgoals, learning strategies use and the academic performance of college students. *Learning and Individual Differences*, 6(4), 399–412; Harackiewicz, J. M., Barron, K. E., Carter, S. M., Lehto, A. T., & Elliot, A. J. (1997). Predictors and consequences of achievement goals in the college classroom: Maintaining interest and making the grade. *Journal of Personality and Social Psychology*, 73(6), 1284–1295; Elliot, A. J., & McGregor, H. A. (2001). A

*35 Hotz, V. J., & Pantano, J. (2015). Strategic parenting, birth order, and school performance. *Journal of Population Economics*, 28(4), 911–936.

*36 Lin, W., Pantano, J., & Sun, S. (2020). Birth order and unwanted fertility. *Journal of Population Economics*, 33, 413–440.

*37 Cameron, L., Erkal, N., Gangadharan, L., & Meng, X. (2013). Little emperors: Behavioral impacts of China's one-child policy. *Science*, 339(6122), 953–957.

*38 Lehmann, J. Y. K., Nuevo-Chiquero, A., & Vidal-Fernandez, M. (2018). The early origins of birth order differences in children's outcomes and parental behavior. *Journal of Human Resources*, 53(1), 123–156.

*39 Dudink, A. (1994). Birth date and sporting success. *Nature*, 368(6472), 592.

*40 Du, Q., Gao, H., & Levi, M. D. (2012). The relative-age effect and career success: Evidence from corporate CEOs. *Economics Letters*, 117(3), 660–662.

*41 Bedard, K., & Dhuey, E. (2006). The persistence of early childhood maturity: International evidence of long-run age effects. *Quarterly Journal of Economics*, 121(4), 1437–1472.

*42 Yamaguchi, S., Ito, H., & Nakamuro, M. (2023). Month-of-birth effects on skills and skill formation. *Labour Economics*, 84, 102392.

*43 川口大司・森啓明「誕生日と学業成績・最終学歴」『日本労働研究雑誌』49巻12号(通号569)、29-42頁、2007年

*44 Kawaguchi, D. (2011). Actual age at school entry, educational outcomes, and earnings. *Journal of the Japanese and International Economies*, 25(2), 64–80.

*45 Shigeoka, H. (2015). School entry cutoff date and the timing of births. NBER Working Paper No. 21402.

第5章　勉強できない子をできる子に変えられるのか?

*1 Morisano, D., Hirsh, J. B., Peterson, J. B., Pihl, R. O., & Shore, B. M. (2010). Setting, elaborating, and reflecting on personal goals improves academic performance. *Journal of Applied Psychology*, 95(2), 255–264.

*2 Dobronyi, C. R., Oreopoulos, P., & Petronijevic, U. (2019). Goal setting, academic reminders, and college success: A large-scale field experiment. *Journal of Research on Educational Effectiveness*, 12(1), 38–66; Schippers, M. C., Scheepers, A. W. A., & Peterson, J. B. (2015). A scalable goal-setting intervention closes both the gender and ethnic minority achievement gap. *Palgrave Communications*, 1, 15014.

*3 Clark, D., Gill, D., Prowse, V., & Rush, M. (2020). Using goals to motivate college students: Theory and evidence from field experiments. *Review of Economics and Statistics*, 102(4), 648–663.

*4 Van Lent, M., & Souverijn, M. (2020). Goal setting and raising the bar: A field experiment. *Journal of Behavioral and Experimental Economics*, 87, 101570.

*5 De Paola, M., & Scoppa, V. (2015). Procrastination, academic success and the effectiveness of a remedial program. *Journal of Economic Behavior & Organization*, 115, 217–236.

*6 Bettinger, E. P., & Baker, R. B. (2014). The effects of student coaching: An evaluation of a randomized experiment in student advising. *Educational Evaluation and Policy Analysis*, 36(1), 3–19.

*7 Bandura, A., & Schunk, D. H. (1981). Cultivating competence, self-efficacy, and intrinsic interest through proximal self-motivation. *Journal of Personality and Social Psychology*, 41(3), 586–598.;

*17 Reynolds, S. A., Fernald, L. C. H., Deardorff, J., & Behrman, J. R. (2018). Family structure and child development in Chile: A longitudinal analysis of household transitions involving fathers and grandparents. *Demographic Research*, 38(58), 1777–1814.

*18 Sata, M., Yamagishi, K., Sairenchi, T., Ikeda, A., Irie, F., Watanabe, H., Iso, H., & Ota, H. (2015). Impact of caregiver type for 3-year-old children on subsequent between-meal eating habits and being overweight from childhood to adulthood: A 20-year follow-up of the Ibaraki Children's Cohort (IBACHIL) Study. *Journal of Epidemiology*, 25(9), 600–607; Lindberg, et al., (2016).

*19 Pong, S. L., & Chen, V. W. (2010). Co-resident grandparents and grandchildren's academic performance in Taiwan. *Journal of Comparative Family Studies*, 41(1), 111–129.

*20 Zeng, Z., & Xie, Y. (2014). The effects of grandparents on children's schooling: Evidence from rural China. *Demography*, 51(2), 599–617.

*21 Lehti, H., Erola, J., & Tanskanen, A. O. (2019). Tying the extended family knot—Grandparents' influence on educational achievement. *European Sociological Review*, 35(1), 29–48.

*22 Del Boca, D., Piazzalunga, D., & Pronzato, C. (2014). Early child care and child outcomes: The role of grandparents. Mimeo

*23 Ahn, T., & Choi, K. D. (2019). Grandparent caregiving and cognitive functioning among older people: Evidence from Korea. *Review of Economics of the Household*, 17(2), 553–586.

*24 Joensen, J. S., & Nielsen, H. S. (2018). Spillovers in education choice. *Journal of Public Economics*, 157, 158–183.

*25 Grose, M. (2021). *Why First-borns Rule the World and Later-borns Want to Change It*. Penguin Random House Australia.

*26 Dustan, A. (2018). Family networks and school choice. *Journal of Development Economics*, 134, 372–391.

*27 Black, S. E., Devereux, P. J., & Salvanes, K. G. (2005). The more the merrier? The effect of family size and birth order on children's education. *Quarterly Journal of Economics*, 120(2), 669–700.

*28 Breining, S., Doyle, J., Figlio, D. N., Karbownik, K., & Roth, J. (2020). Birth order and delinquency: Evidence from Denmark and Florida. *Journal of Labor Economics*, 38(1), 95–142.

*29 Havari, E., & Savegnago, M. (2022). The intergenerational effects of birth order on education. *Journal of Population Economics*, 35(1), 349–377.

*30 Booth, A. L., & Kee, H. J. (2009). Birth order matters: The effect of family size and birth order on educational attainment. *Journal of Population Economics*, 22(2), 367–397; De Haan, M. (2010). Birth order, family size and educational attainment. *Economics of Education Review*, 29(4), 576–588.

*31 Brenøe, A. A., & Molitor, R. (2018). Birth order and health of newborns: What can we learn from Danish registry data?. *Journal of Population Economics*, 31, 363–395; Lundberg, E., & Svaleryd, H. (2017). Birth order and child health. Mimeo

*32 Powell, B., & Steelman, L. C. (1995). Feeling the pinch: Child spacing and constraints on parental economic investments in children. *Social Forces*, 73(4), 1465–1486.

*33 Price, J. (2008). Parent-child quality time: Does birth order matter?. *Journal of Human Resources*, 43(1), 240–265.

*34 Black, S. E., Grönqvist, E., & Öckert, B. (2018). Born to lead? The effect of birth order on noncognitive abilities. *Review of Economics and Statistics*, 100(2), 274–286.

*11 Aaronson, D., Barrow, L., & Sander, W. (2007). Teachers and student achievement in the Chicago public high schools. *Journal of Labor Economics*, 25(1), 95–135.

*12 Alan, S., Boneva, T., & Ertac, S. (2019). Ever failed, try again, succeed better: Results from a randomized educational intervention on grit. *Quarterly Journal of Economics*, 134(3), 1121–1162.

*13 Yeager, D. S., & Dweck, C. S. (2012). Mindsets that promote resilience: When students believe that personal characteristics can be developed. *Educational Psychologist*, 47(4), 302–314.

*14 Bowen, W. G., Chingos, M. M., & McPherson, M. S. (2009). *Crossing the finish line*. Princeton University Press.

第4章　親は子育てに時間を割くべきなのか？

*1 総務省、平成27年度国勢調査

*2 内閣官房こども家庭庁設立準備室「こども・子育ての現状と若者・子育て当事者の声・意識」令和5年1月19日
https://www.cas.go.jp/jp/seisaku/kodomo_seisaku_kyouka/dai1/siryou5.pdf

*3 「『時間貧困に陥ったの私だ』　子育て世帯、体験を語る」『日本経済新聞電子版』2023年1月12日
https://www.nikkei.com/article/DGXZQOUD215DY0R21C22A1000000/

*4 Bono, E. D., Francesconi, M., Kelly, Y., & Sacker, A. (2016). Early maternal time investment and early child outcomes. *Economic Journal*, 126(596), F96–F135.

*5 Guryan, J., Hurst, E., & Kearney, M. (2008). Parental education and parental time with children. *Journal of Economic Perspectives*, 22(3), 23–46.

*6 Del Boca, D., Flinn, C., & Wiswall, M. (2014). Household choices and child development. *Review of Economic Studies*, 81(1), 137–185.

*7 Meroni, E. C., Piazzalunga, D., & Pronzato, C. (2022). Allocation of time and child socio-emotional skills. *Review of Economics of the Household*, 20(4), 1155–1192.

*8 Del Boca, D., Monfardini, C., & Nicoletti, C. (2017). Parental and child time investments and the cognitive development of adolescents. *Journal of Labor Economics*, 35(2), 565–608.

*9 Andersen, S. C., & Nielsen, H. S. (2016). Reading intervention with a growth mindset approach improves children's skills. *Proceedings of the National Academy of Sciences*, 113(43), 12111–12113.

*10 Yeager, D. S., & Dweck, C. S. (2012). Mindsets that promote resilience: When students believe that personal characteristics can be developed. *Educational Psychologist*, 47(4), 302–314.

*11 国立青少年教育振興機構、「青少年の体験活動等に関する意識調査（令和元年度調査）報告書」
https://koueki.net/user/niye/110367133-1zentai_231102.pdf

*12 The Survey of Health, Ageing and Retirement in Europe (SHARE), 2004

*13 Del Boca, D., Piazzalunga, D., & Pronzato, C. (2018). The role of grandparenting in early childcare and child outcomes. *Review of Economics of the Household*, 16, 477–512.

*14 Deindl, C., & Tieben, N. (2017). Resources of grandparents: Educational outcomes across three generations in Europe and Israel. *Journal of Marriage and Family*, 79(3), 769–783.

*15 Sadruddin, A. F. A., Ponguta, L. A., Zonderman, A. L., Wiley, K. S., Grimshaw, A., & Panter-Brick, C. (2019). How do grandparents influence child health and development? A systematic review. *Social Science & Medicine*, 239, 112476.

*16 Cruise, S., & O'Reilly, D. (2014). The influence of parents, older siblings, and non-parental care on infant development at nine months of age. *Infant Behavior and Development*, 37(4), 546–555.

*22 Deming, D. J. (2017). The growing importance of social skills in the labor market. *Quarterly Journal of Economics*, 132(4), 1593–1640.

*23 Weinberger, C. J. (2014). The increasing complementarity between cognitive and social skills. *Review of Economics and Statistics*, 96(5), 849–861.

*24 Weidmann, B., & Deming, D. J. (2020). Team players: How social skills improve group performance. NBER Working Paper Series, 27071.

*25 Kawaguchi, D. (2016). Fewer school days, more inequality. *Journal of the Japanese and International Economies*, 39, 35–52.

*26 Attanasio, O., Cattan, S., Fitzsimons, E., Meghir, C., & Rubio-Codina, M. (2020). Estimating the production function for human capital: Results from a randomized controlled trial in Colombia. *American Economic Review*, 110(1), 48–85.

*27 Yamaguchi, S., Ito, H., & Nakamuro, M. (2023). Month-of-birth effects on skills and skill formation. *Labour Economics*, 84, 102392.

*28 Kevenaar, S. T., van Bergen, E., Oldehinkel, A. J., Boomsma, D. I., & Dolan, C. V. (2023). The relationship of school performance with self-control and grit is strongly genetic and weakly causal. *npj Science of Learning*, 8, 53.

第3章　非認知能力はどうしたら伸ばせるのか？

*1 Hille, A., & Schupp, J. (2015). How learning a musical instrument affects the development of skills. *Economics of Education Review*, 44, 56–82.

*2 Greene, J. P., Kisida, B., & Bowen, D. H. (2014). The educational value of field trips: Taking students to an art museum improves critical thinking skills, and more. *Education Next*, 14(1), 78–86; Erickson, H. H., Watson, A. R., & Greene, J. P. (2022). An experimental evaluation of culturally enriching field trips. *Journal of Human Resources*, 1020–11242R1.

*3 Alan, S., & Mumcu, I. (2024). Nurturing childhood curiosity to enhance learning: Evidence from a randomized pedagogical intervention. *American Economic Review*, 114(4), 1173–1210.

*4 Kosse, F., Deckers, T., Pinger, P., Schildberg-Hörisch, H., & Falk, A. (2020). The formation of prosociality: Causal evidence on the role of social environment. *Journal of Political Economy*, 128(2), 434–467.

*5 Rao, G. (2019). Familiarity does not breed contempt: Generosity, discrimination, and diversity in Delhi schools. *American Economic Review*, 109(3), 774–809.

*6 Jackson, C. K. (2018). What do test scores miss? The importance of teacher effects on non–test score outcomes. *Journal of Political Economy*, 126(5), 2072–2107.

*7 Chetty, R., Friedman, J. N., & Rockoff, J. E. (2014a). Measuring the impacts of teachers I: Evaluating bias in teacher value-added estimates. *American Economic Review*, 104(9), 2593–2632; Chetty, R., Friedman, J. N., & Rockoff, J. E. (2014b). Measuring the impacts of teachers II: Teacher value-added and student outcomes in adulthood. *American Economic Review*, 104(9), 2633–2679.

*8 Chamberlain, G. E. (2013). Predictive effects of teachers and schools on test scores, college attendance, and earnings. *Proceedings of the National Academy of Sciences*, 110(43), 17176–17182.

*9 Goldhaber, D., Cowan, J., & Walch, J. (2013). Is a good elementary teacher always good? Assessing teacher performance estimates across subjects. *Economics of Education Review*, 36, 216–228.

*10 伊藤寛武・田端紳「教員付加価値から見た教員の役割について―日本の小学生を例にして」『日本労働研究雑誌』No. 740、48-69頁、2022年

*7 Gensowski, M. (2018). Personality, IQ, and lifetime earnings. *Labour Economics*, 51, 170–183.

*8 Heckman, J. J., Humphries, J. E., & Kautz, T. (Eds.). (2014). *The myth of achievement tests: The GED and the role of character in American life*. University of Chicago Press.

*9 Roberts, B. W., Kuncel, N. R., Shiner, R., Caspi, A., & Goldberg, L. R. (2007). The power of personality: The comparative validity of personality traits, socioeconomic status, and cognitive ability for predicting important life outcomes. *Perspectives on Psychological Science*, 2(4), 313–345.

*10 Cunha, F., Heckman, J. J., & Schennach, S. M. (2010). Estimating the technology of cognitive and noncognitive skill formation. *Econometrica*, 78(3), 883–931.

*11 Algan, Y., Beasley, E., Côté, S., Park, J., Tremblay, R. E., & Vitaro, F. (2022). The impact of childhood social skills and self-control training on economic and noneconomic outcomes: Evidence from a randomized experiment using administrative data. *American Economic Review*, 112(8), 2553–2579.

*12 Heckman, J. J. (2013). *Giving kids a fair chance*. MIT Press.

*13 Lee, S. Y., & Ohtake, F. (2018). Is being agreeable a key to success or failure in the labor market?. *Journal of the Japanese and International Economies*, 49, 8–27.

*14 Castillo, M., Ferraro, P. J., Jordan, J. L., & Petrie, R. (2011). The today and tomorrow of kids: Time preferences and educational outcomes of children. *Journal of Public Economics*, 95(11–12), 1377–1385; Cadena, B. C., & Keys, B. J. (2015). Human capital and the lifetime costs of impatience. *American Economic Journal: Economic Policy*, 7(3), 126–153.

*15 Sutter, M., Kocher, M. G., Glätzle-Rützler, D., & Trautmann, S. T. (2013). Impatience and uncertainty: Experimental decisions predict adolescents' field behavior. *American Economic Review*, 103(1), 510–531.

*16 Golsteyn, B. H. H., Grönqvist, H., & Lindahl, L. (2014). Adolescent time preferences predict lifetime outcomes. *Economic Journal*, 124(580), F739–F761.

*17 Moffitt, T. E., Arseneault, L., Belsky, D., Dickson, N., Hancox, R. J., Harrington, H., Houts, R., Poulton, R., Roberts, B. W., Ross, S., Sears, M. R., Thomson, W. M., & Caspi, A. (2011). A gradient of childhood self-control predicts health, wealth, and public safety. *Proceedings of the National Academy of Sciences*, 108(7), 2693–2698.

*18 Duckworth, A. L., Peterson, C., Matthews, M. D., & Kelly, D. R. (2007). Grit: perseverance and passion for long-term goals. *Journal of Personality and Social Psychology*, 92(6), 1087–1101; Duckworth, A. L., & Quinn, P. D. (2009). Development and validation of the Short Grit Scale (GRIT–S). *Journal of Personality Assessment*, 91(2), 166–174.

*19 Credé, M., Tynan, M. C., & Harms, P. D. (2017). Much ado about grit: A meta-analytic synthesis of the grit literature. *Journal of Personality and Social Psychology*, 113(3), 492–511.

*20 Nyhus, E. K., & Pons, E. (2005). The effects of personality on earnings. *Journal of Economic Psychology*, 26(3), 363–384; Salgado, J. F. (1997). The five factor model of personality and job performance in the European Community. *Journal of Applied Psychology*, 82(1), 30–43; Hogan, J., & Holland, B. (2003). Using theory to evaluate personality and job-performance relations: A socioanalytic perspective. *Journal of Applied Psychology*, 88(1), 100–112; Barrick, M. R., & Mount, M. K. (1991). The big five personality dimensions and job performance: A meta-analysis. *Personnel Psychology*, 44(1), 1–26.

*21 Schanzenbach, D. W., Nunn, R., Bauer, L., Mumford, M., & Breitwieser, A. (2016). *Seven facts on noncognitive skills from education to the labor market*. Washington: The Hamilton Project.

*14 Lundin, M., Skans, O. N., & Zetterberg, P. (2021). Leadership experiences, labor market entry, and early career trajectories. *Journal of Human Resources*, 56(2), 480–511.

*15 Baert, S., & Verhaest, D. (2021). Work hard or play hard? Degree class, student leadership and employment opportunities. *Oxford Bulletin of Economics and Statistics*, 83(4), 1024-1047.

*16 Lazear, E. P., Shaw, K. L., & Stanton, C. T. (2015). The value of bosses. *Journal of Labor Economics*, 33(4), 823–861; Hoffman, M., & Tadelis, S. (2021). People management skills, employee attrition, and manager rewards: An empirical analysis. *Journal of Political Economy*, 129(1), 243–285.

*17 Deng, W., Li, X., Wu, H., & Xu, G. (2020). Student leadership and academic performance. *China Economic Review*, 60, 101389.

*18 Strain, M. R., & Webber, D. A. (2017). High school experiences, the gender wage gap, and the selection of occupation. *Applied Economics*, 49(49), 5040–5049.

*19 Fox, R. L., & Lawless, J. L. (2014). Uncovering the origins of the gender gap in political ambition. *American Political Science Review*, 108(3), 499–519.

*20 Dale, S. B., & Krueger, A. B. (2002). Estimating the payoff to attending a more selective college: An application of selection on observables and unobservables. *Quarterly Journal of Economics*, 117(4), 1491–1527.

*21 Dale, S. B., & Krueger, A. B. (2014). Estimating the effects of college characteristics over the career using administrative earnings data. *Journal of Human Resources*, 49(2), 323–358.

*22 Abdulkadiroğlu, A., Angrist, J. D., Narita, Y., Pathak, P. A., & Zarate, R. A. (2017). Regression discontinuity in serial dictatorship: Achievement effects at Chicago's exam schools. *American Economic Review*, 107(5), 240–45; Abdulkadiroğlu, A., Angrist, J. D., Narita, Y., & Pathak, P. (2022). Breaking ties: Regression discontinuity design meets market design. *Econometrica*, 90(1), 117–151.

*23 Beuermann, D. W., & Jackson, C. K. (2020). The short-and long-run effects of attending the schools that parents prefer. *Journal of Human Resources*, 1019-10535R1.

*24 「休日の部活、教員以外でも可　長時間労働緩和へ　文科省が改革案、23年度から」『朝日新聞』、2020年9月1日朝刊、29頁

第2章　学力テストでは測れない「非認知能力」とは何なのか？

*1 Heckman, J. J., & Kautz, T. (2012). Hard evidence on soft skills. *Labour Economics*, 19(4), 451–464.

*2 一般社団法人日本経済団体連合会「2018年度　新卒採用に関するアンケート調査結果」https://www.keidanren.or.jp/policy/2018/110.pdf

*3 Bowles, S., Gintis, H., & Osborne, M. (2001). The determinants of earnings: A behavioral approach. *Journal of Economic Literature*, 39(4), 1137–1176.

*4 Kautz, T., Heckman, J. J., Diris, R., Ter Weel, B., & Borghans, L. (2014). Fostering and measuring skills: Improving cognitive and non-cognitive skills to promote lifetime success. NBER Working Paper Series, 20749.

*5 Heckman, J. J., Stixrud, J., & Urzua, S. (2006). The effects of cognitive and noncognitive abilities on labor market outcomes and social behavior. *Journal of Labor Economics*, 24(3), 411–482.

*6 Lindqvist, E., & Vestman, R. (2011). The labor market returns to cognitive and noncognitive ability: Evidence from the Swedish enlistment. *American Economic Journal: Applied Economics*, 3(1), 101–128.

参考文献

はじめに

＊1　文部科学省、「令和3年度子供の学習費調査」
https://www.mext.go.jp/b_menu/toukei/chousa03/gakushuuhi/kekka/k_detail/mext_00001.html

＊2　一般社団法人日本経済団体連合会「2018年度　新卒採用に関するアンケート調査結果」
https://www.keidanren.or.jp/policy/2018/110.pdf

＊3　国立社会保障・人口問題研究所「第16回出生動向基本調査（結婚と出生に関する全国調査）」

＊4　江藤淳「SFCと漱石と私——慶応義塾大学最終講義」『Voice』232号、136–162頁、PHP研究所、1997年

第1章　将来の収入を上げるために、子どもの頃に何をすべきなのか？

＊1　Barron, J. M., Ewing, B. T., & Waddell, G. R. (2000). The effects of high school athletic participation on education and labor market outcomes. *Review of Economics and Statistics*, 82(3), 409–421.

＊2　Ewing, B. T. (2007). The labor market effects of high school athletic participation: Evidence from wage and fringe benefit differentials. *Journal of Sports Economics*, 8(3), 255–265.

＊3　Rooth, D. O. (2011). Work out or out of work—The labor market return to physical fitness and leisure sports activities. *Labour Economics*, 18(3), 399–409.

＊4　Felfe, C., Lechner, M., & Steinmayr, A. (2016). Sports and child development. *PLoS one*, 11(5), e0151729.

＊5　Rees, D., & Sabia, J. (2010). Sports participation and academic performance: Evidence from the National Longitudinal Study of Adolescent Health. *Economics of Education Review*, 29 (5), 751–759.

＊6　Henderson, D. J., Olbrecht, A., & Polachek, S. W. (2006). Do former college athletes earn more at work? A nonparametric assessment. *Journal of Human Resources*, 41(3), 558–577.

＊7　Carlson, S. A., Fulton, J. E., Lee, S. M., Maynard, L. M., Brown, D. R., Kohl III, H. W., & Dietz, W. H. (2008). Physical education and academic achievement in elementary school: Data from the early childhood longitudinal study. *American Journal of Public Health*, 98(4), 721–727.

＊8　Stevenson, B. (2010). Beyond the classroom: Using Title IX to measure the return to high school sports. *Review of Economics and Statistics*, 92(2), 284–301.

＊9　Cuffe, H. E., Waddell, G. R., & Bignell, W. (2017). Can school sports reduce racial gaps in truancy and achievement?. *Economic Inquiry*, 55(4), 1966–1985.

＊10　Marsh, H. W., & Kleitman, S. (2003). School athletic participation: Mostly gain with little pain. *Journal of Sport and Exercise Psychology*, 25(2), 205–228.

＊11　McNichols, D., Sabia, J. J., & Kumpas, G. (2024). Did expanding sports opportunities for women reduce crime?: Evidence from a natural experiment. *Journal of Human Resources*, 59(3), 810–851.

＊12　株式会社リベタス・コンサルティング「公立小学校・中学校等教員勤務実態調査研究」平成30年3月
https://www.mext.go.jp/component/a_menu/education/detail/__icsFiles/afieldfile/2018/09/27/1409224_005_1.pdf

＊13　Kuhn, P., & Weinberger, C. (2005). Leadership skills and wages. *Journal of Labor Economics*, 23(3), 395–436.

す

せ

そ

た

ち

て

く

け

こ

さ

し

索引

［著者］
中室牧子（なかむろ・まきこ）
慶應義塾大学総合政策学部 教授。慶應義塾大学卒業後、米ニューヨーク市のコロンビア大学大学院でMPA、Ph.D.（教育経済学）を取得。日本銀行等を経て、2019年から現職。デジタル庁シニアエキスパート（デジタルエデュケーション担当）、東京財団政策研究所研究主幹、経済産業研究所ファカルティフェロー を兼任。政府のデジタル行財政改革会議、規制改革推進会議等で有識者委員を務める。日本学術会議会員（第26期）。テレビ朝日系「大下容子ワイド！スクランブル」コメンテーター（木曜隔週）。朝日新聞論壇委員。著書に発行部数37万部を突破した『「学力」の経済学』（ディスカヴァー・トゥエンティワン）、共著に『「原因と結果」の経済学』（ダイヤモンド社）がある。

科学的根拠（エビデンス）で子育て
――教育経済学の最前線

2024年12月10日　第1刷発行
2025年 7 月 4 日　第9刷発行

著　者――――――中室牧子
発行所――――――ダイヤモンド社
〒150-8409　東京都渋谷区神宮前6-12-17
https://www.diamond.co.jp/
電話／03･5778･7233（編集）　03･5778･7240（販売）

装丁――――――竹内雄二
本文･図版デザイン･DTP―吉村朋子
校正――――――加藤義廣（小柳商店）、鷗来堂
製作進行――――ダイヤモンド・グラフィック社
印刷――――――信毎書籍印刷（本文）、新藤慶昌堂（カバー）
製本――――――ブックアート
編集担当――――上村晃大

ISBN 978-4-478-12109-2